TODD SATTERSTEN JACK COVERT

Os 100 melhores livros de negócios de todos os tempos

O QUE DIZEM, POR QUE SÃO IMPORTANTES E COMO PODEM AJUDAR VOCÊ

TODD SATTERSTEN JACK COVERT

Os 100 melhores livros de negócios de todos os tempos

O QUE DIZEM, POR QUE SÃO IMPORTANTES E COMO PODEM AJUDAR VOCÊ

Tradução
Alessandra Mussi

ELSEVIER

CAMPUS

Do original: *The 100 Best Business Books of All Time*
Tradução autorizada do idioma inglês da edição publicada por Portfolio

Copidesque: Cláudia Amorim
Revisão: Andréa Campos Bivar e Jussara Bivar
Editoração Eletrônica: Estúdio Castellani

Elsevier Editora Ltda.
Conhecimento sem Fronteiras
Rua Sete de Setembro, 111 – 16º andar
20050-006 – Centro – Rio de Janeiro – RJ – Brasil

Rua Quintana, 753 – 8º andar
04569-011 – Brooklin – São Paulo – SP – Brasil

Serviço de Atendimento ao Cliente
0800-0265340
sac@elsevier.com.br

ISBN 978-85-352-3629-3
Edição original: ISBN 978-1-59184-240-8

CIP-Brasil. Catalogação-na-fonte
Sindicato Nacional dos Editores de Livros, RJ

C914c Covert, Jack
Os 100 melhores livros de negócios de todos os tempos : o que dizem, por que são importantes e como podem ajudar você / Jack Covert, Todd Sattersten ; tradução Alessandra Mussi. – Rio de Janeiro : Elsevier, 2010.

Tradução de: The 100 best business books of all time : what they say, why they matter, and how they can help you

ISBN 978-85-352-3629-3

1. Negócios – Bibliografia. 2. Administração – Bibliografia. 3. Empresários – Livros e leitura – Estados Unidos. 4. Executivos – Livros e leitura – Estados Unidos. 5. Bibliografia – Livros selecionados – Estados Unidos. I. Sattersten, Todd. II. Título.

10-0544.
CDD: 016.65
CDU: 016:005

Dedico este livro a A. David Schwartz, que viu algo em mim que eu mesmo não via e que deve estar orgulhoso ou revirando-se no túmulo neste instante. Seja como for, obrigado!

Jack Covert

Para Eric e Sue Sattersten – pelo amor e apoio desde o comecinho.

Todd Sattersten

PREFÁCIO À EDIÇÃO BRASILEIRA

Toda seleção pressupõe a definição de um critério e todo critério precisa necessariamente representar a amplitude daquilo que é analisado. É uma tarefa árdua, muitas vezes ingrata, que requer certa dose de conhecimento, perspicácia e sensibilidade para enxergar autores e ideias verdadeiramente revolucionários, alquimistas que, de tão peculiares, mudaram em definitivo – e para melhor – a história do mundo dos negócios.

Sattersten e Covert, neste definitivo *Os 100 Melhores Livros de Negócios de Todos os Tempos*, chegam à essência do *management* ao iluminarem nomes que fizeram história e redefiniram a forma como a ciência dos negócios é vista e praticada.

Separado por grandes áreas, como liderança, empreendedorismo, inovação e criatividade, vendas e marketing e gestão, entre outros, o livro atinge seu objetivo à medida que propicia aos leitores, em meio a dicas indispensáveis, um resumo prático de cada um desses livros, ao mesmo tempo em que discute as temáticas centrais com exemplos e *cases* únicos de sucesso. Trata-se de uma obra que surge em momento oportuno, pois, em tempos nos quais novas ideias e tendências desaparecem quase que na mesma velocidade com que surgem é sempre salutar termos ao alcance das mãos e dos olhos o saber daqueles que chegaram para ficar.

Reunir estrelas do calibre de Peter Drucker, Ram Charan, Edward De Bono, Jim Collins e dezenas de outras mentes elevadas num único lugar talvez faça deste livro o maior seminário da área de negócios de todos os tempos.

É tempo de encontros e reencontros. É tempo de aprendizado.

Boa leitura!

José Salibi Neto
Chief Knowledge Officer
HSM Brasil

APRESENTAÇÃO À EDIÇÃO BRASILEIRA

A sociedade humana se desenvolveu com uma intensidade que não se poderia imaginar, determinando demandas de produtos e serviços crescentemente complexos. Tudo se diversificou rapidamente perante demandas cada vez mais exigentes, abrindo-se para conteúdos sofisticados e inovadores, tornados possíveis por agregação do que poderíamos chamar de conhecimento.

Possivelmente, a gestão desse conhecimento e sua influência na criação dos produtos exigidos pelos consumidores mundiais sejam os temas de maior interesse e impacto do século XX. Se isso foi real até passado recente, no novo milênio, em particular no século XXI, tornou-se básico e fundamental para o sucesso dos empreendimentos e das iniciativas produtivas.

Como consequência de tudo isso, amplas oportunidades surgiram, todavia sucedidas por requisitos cada vez mais avançados. É visível a crescente necessidade de pesquisas generalizadas e de muito trabalho para a construção da base tecnológica essencial para a competitividade dos empreendimentos. E isto é hoje claro, tanto na produção como na administração das entidades que se comprometem a conquistar espaços e satisfazer tais demandas. A regra está clara mostrando que avanço, sofisticação e complexidade são atributos entre os mais presentes no intercâmbio mundial de produtos e serviços.

Neste início de século, a constatação é evidente. O acesso a bases de conhecimento e informações cresceu para dimensões realmente espetaculares, jamais prenunciadas no passado. Na medida em que a qualidade e a sofisticação dos produtos crescem, sejam eles materiais ou intelectuais, os consumidores ou usuários mundiais demandam mais e mais, não somente nos países, mas internacionalmente. Ou seja, a constatação é direta. Produtos e serviços de todo o mundo estão no mercado de todos os países. O mundo se "mundializa" – se valer a expressão – e se torna virtualmente cada vez menor, em face das velocidades com que as coisas acontecem.

Sujeito a esse cenário variado foi que ouvi o título que seria dado a este livro. Confesso que fiquei surpreso. E a reação foi, "se o objetivo dos autores puder ser atingido" – diria, que bom! Embora, se me permitem, não posso deixar de observar que, do meu pequeno canto no Brasil, considerei a proposição, no mínimo, um desafio ambicioso.

Em que pesem todas as dúvidas iniciais e naturais não podemos deixar de aceitar que Jack Covert e Todd Sattersten produziram uma extraordinária ideia e disso é difícil discordar. Criaram uma alternativa razoavelmente inusitada. No lugar da quase impossível tarefa de ler milhares de livros os autores se propuseram e conseguiram extrair de publicações cuidadosa e inteligentemente selecionadas o foco central de cada obra. Puderam abrir para o leitor o que de atrativo ou de interessante cada uma delas poderia fornecer. E isso é apresentado de forma fácil, sob redação simples e direta, somando informações bibliográficas capazes de permitir qualquer desejo de aprofundamento pessoal.

Ou seja, num cenário mundial no qual reais montanhas de informações estão disponíveis, e certamente acima de nossa capacidade de lidar com elas, de repente, explorando uma nova e criativa ideia os autores entregam-nos um real presente. Dentro das dimensões de um livro normal, trouxeram a um nível possível o universo gigantesco e amplo de discussões sobre a criação de um negócio e seu desenvolvimento. Uma viagem pelos comportamentos e atitudes. Extraíram sementes que, selecionadas com argúcia e perspicácia, oferecem pontos de partida aos leitores para gerar novas ideias e iniciativas, no fabuloso e imenso campo de fazer negócios no mundo global da atualidade.

Ou seja, a boa ideia ocorreu e a ação aconteceu. Do pensamento inicial, Jack e Todd foram procurar, pesquisar, analisar e trazer à tona os objetivos aos quais se propuseram. Colocaram um expressivo esforço, mais do que isso, lançaram-se num imenso trabalho para selecionar autores e livros – empenhando-se para cumprir a promessa. Sempre ameaçados a exceder os limites de se manterem dentro da proposta de "apenas 100 livros", e deles extrair o que oferecem de principal e superlativo, concluíram o trabalho.

E o resultado aqui está e disponível a cada um dos leitores. *Os 100 Melhores Livros de Negócios de Todos os Tempos* é uma base de consultas. Abre conhecimento e informações adequadamente trabalhados, oferecendo fontes de dados adicionais para mais informações ou conclusões. Em resumo, compensou, e muito, o trabalho dos autores. A dimensão do que produziram somente dependerá do alcance da obra ao nosso público, que, também tenho a certeza, aplaudirá a seleção da Campus/Elsevier para trazer para o nosso mercado este real presente, agora em português.

Enfim, o trabalho se apresenta com a qualidade que se deseja. É uma viagem ao mundo do conhecimento técnico empresarial, uma jornada para tornar melhor o processo produtivo daqueles que podem destacar o seu interesse pessoal, ou, finalmente, uma condensação de informações dificilmente obtidas de outra forma.

Ozires Silva
Março de 2010

NOTA DA EDITORA

Embora muitos dos livros indicados nesta obra tenham suas respectivas edições em português, optamos por preservar a grafia original (em inglês) dos títulos, mas informando as referências da edição brasileira quando houver.

AGRADECIMENTOS

Em primeiro lugar, agradecemos a Sally Haldorson, que passou oito anos escondida em nosso grupo de atendimento ao cliente apesar de possuir mestrado em redação criativa. Sally atua como editora, chefe de torcida, humorista e árbitra. Sally, este livro jamais se tornaria realidade sem você.

Nosso próximo agradecimento vai para Joy Panos Stauber. Devemos tudo (tudo mesmo!) sobre o formato deste livro a Joy. Ela é nossa designer, diretora de arte e criadora de marcas há vários anos. Melhor ainda é ter Joy como amiga.

Kate Mytty atuou como controladora de tráfego aéreo. Este foi um projeto imenso, com várias partes em andamento simultâneo. Kate encarregou-se de todos os detalhes que fazem a diferença.

Rebecca Schlei Hartman cuidou para que tudo desse certo. Verificou citações e números de páginas, questionou o uso da linguagem e ficou atenta a erros que jamais veríamos. Rebecca nos fez perceber que os detalhes são muito importantes.

As palavras de muitos integrantes de nossa equipe aparecem nas páginas deste livro. Além das pessoas já citadas, agradecemos a Todd Lazarski, Jon Mueller, Roy Normington, Aaron e Dylan Schleicher pela contribuição a nosso trabalho.

Quando assinamos o contrato, dissemos a todos que a tônica deste livro não seria Jack ou Todd, mas a 800-CEO-READ. Precisamos agradecer a Meg Bacik, Jake Cohen, Scott Kopf, Shane Muellemann, Mel Koenig e Shawn Quinn, e a todos os mencionados anteriormente, cuja dedicação manteve a empresa operando de modo tranquilo e eficiente enquanto trabalhávamos neste projeto.

Nossos agradecimentos ao apoio de Carol Grossmeyer, Rebecca Schwartz e Daniel Goldin, de nossa empresa controladora, a Dickens Books. A publicação deste livro representa muito para toda a empresa.

Também queremos agradecer ao pessoal da Portfolio. Will Weisser leu nossa proposta inicial e desafiou-nos a desenvolvê-la. Adrian Zackheim ajudou-nos a encontrar o público-alvo. Adrienne Schultz ofereceu o apoio e a orientação de que cada trabalho e autor precisam. Não há torcedora melhor que Deb Lewis. Nosso "muito obrigado" a Maureen Cole e Jeffrey Krames pelo suporte durante todo o processo.

Nosso carinho especial a Barbara Cave Henricks e a Sara Schneider, que nos ajudaram a divulgar o livro. Ray Bard leu os primeiros manuscritos e nos ajudou a refletir sobre a melhor maneira de comercializar esta coletânea. Charles Fishman recebe os créditos pelo subtítulo. Nick e Nikki Smith Morgan nos ajudaram a lapidar a mensagem do livro enquanto conversávamos com outras pessoas sobre o assunto.

Precisamos agradecer a todos os autores cujas obras estão incluídas aqui. Apenas resumimos o árduo trabalho de vocês, cujas ideias têm melhorado o mundo dos negócios. Muito obrigado!

Por fim, agrademos a nossos familiares. Escrever este livro foi difícil – muito mais do que esperávamos. Jack diz: "Ann, obrigado por estar comigo nos últimos quarenta anos. Agradeço também às minhas netas, pela alegria e felicidade que me proporcionam. Houve momentos no processo em que, com sua graça, vocês colocaram tudo na perspectiva certa." Todd diz: "Obrigado, Amy, pela paciência e compreensão. Ethan, Zach e Alexa, vocês *têm* um pai."

Obrigado pela leitura.

SUMÁRIO GERAL

BIOGRAFIAS

EMPREENDEDORISMO

NARRATIVAS

INOVAÇÃO E CRIATIVIDADE

VOCÊ

LIDERANÇA

ESTRATÉGIA

NARRATIVAS

INOVAÇÃO E CRIATIVIDADE

GRANDES IDEIAS

LIÇÕES APRENDIDAS

INTRODUÇÃO

11.000. Esse foi o número de livros publicados nos Estados Unidos em 2007. Empilhados, chegariam à altura de um edifício de nove andares. Para ler o volume aproximado de 880 milhões de palavras dessa gigantesca pilha, o leitor levaria cerca seis anos e meio. Talvez a solução do problema que sua empresa enfrenta atualmente esteja em uma dessas páginas.

Na verdade, há pouco tempo, uma editora compartilhou uma pesquisa conosco que mostrava que as pessoas compram livros de negócios principalmente para encontrar soluções. Diante do dilema "não entendo nada sobre isso" e "vamos contratar um consultor", os livros de negócios oferecem uma boa relação entre custo, benefício e tempo dedicado à leitura.

Mas isso não é tudo. Essas obras podem mudar sua vida, se você permitir. *O Lexus e a Oliveira* ensina como mudar de paradigma, passando da mentalidade local para a global. *Descubra seus Pontos Fortes* é um livro que o levará a questionamentos e o incentivará a explorar seus talentos em vez de se preocupar com suas deficiências. *Moneyball* mostra que qualquer setor da economia está maduro o bastante para ser reinventado.

Contudo, é difícil encontrar essas preciosidades. A interminável lista de lançamentos requer filtragem para separar os bons dos absolutamente formidáveis. A solução desse problema está em *Os 100 Melhores Livros de Negócios de Todos os Tempos.*

Recomendar os melhores livros de negócios está no DNA de nossa empresa. Nos primórdios de 800-CEO-READ, Jack compilava manualmente as aquisições semanais para manter os clientes informados sobre os últimos lançamentos. Essa lista semanal evoluiu para um conjunto mensal de resenhas chamado "Jack Covert Selects". Quando Todd ingressou na empresa, em 2004, as recomendações cresceram e surgiram um blog diário, um podcast quinzenal e uma publicação mensal de ensaios, a ChangeThis (changethis.com). As mais recentes inclusões são o 800-CEO-READ Business Book Awards e a publicação *In the Books*, ambos ressaltando o que há de melhor em livros de negócios.

Depois de passar 25 anos navegando entre "os novos e os novíssimos" livros de negócios, decidimos que é chegada a hora de reunir aqueles que mais merecem atenção.

DE TODOS OS TEMPOS?

Certamente haverá quem discorde de nossas escolhas para a lista dos 100 melhores livros de negócios de todos os tempos. Portanto, queremos esclarecer desde já quais foram nossos critérios de seleção. Em primeiro lugar, o critério mais importante foi a qualidade da ideia. Como reconhecemos que esse julgamento de qualidade é subjetivo, descobrimos que o único caminho para escolher os melhores é fazer as mesmas perguntas em relação a cada livro: O autor apresenta um bom argumento? Há algo de novo na proposta da obra? A ideia converge ou diverge do que sabemos intrinsecamente sobre negócios? Podemos usar a ideia do livro para melhorar os negócios? Depois de fazer essas perguntas a milhares de livros, encontramos vários candidatos. No entanto, uma boa ideia não foi o único critério de seleção para os *100 Melhores*.

O segundo fator na escolha dos livros foi a aplicação do conceito ao cenário atual. Descartamos livros com teorias datadas e em desuso ou com casos de sucesso de empresas que não existem mais. Por exemplo, a visão de Frederick Taylor na virada para o século XX, segundo a qual os trabalhadores não passavam de peças substituíveis na engrenagem da máquina organizacional, foi amplamente substituída por uma visão mais humanista que defende a ideia de que as pessoas agregam diversidade e pontos fortes ao que fazem. As escolhas incluídas neste livro representam um ponto de vista mais contemporâneo (portanto, mais aplicável) e, desse modo, divergem de outras listas de "melhores".

Por fim, os livros precisam ser acessíveis. Uma boa ideia pode se tornar indecifrável se transmitida em linguagem confusa, e mensagens importantes se perdem quando cercadas de enrolação desnecessária. Por mais que possamos gostar de Adam Smith, não selecionamos *A Riqueza das Nações* devido à absoluta magnitude da obra. Sugerimos *Crossing the Chasm,* de Geoffrey Moore, como substituto mais acessível para *Diffusion of Innovations*, de Everett Rogers. Nesse sentido, defendemos o direito de fácil acesso do leitor a qualquer ideia do autor.

COMO USAR ESTE LIVRO

Este livro contém 12 seções organizadas por categoria. Começamos com o tema mais importante de todos: você. Em seguida, incluímos liderança, estratégia, vendas e marketing. Colocamos uma breve seção sobre regras e sistemas de pontuação (*scorekeeping*), dedicada a temas como gestão, biografia e empreendedorismo, concluídas com narrativas e livros sobre inovação, criatividade e grandes ideias.

Apresentamos uma seção intitulada Lições Aprendidas, com uma estrutura diferente das outras e uma rápida análise do mundo dos negócios. Todas essas obras comprovam que livros de negócios podem ser preciosos mesmo para as pessoas mais ocupadas.

Nas resenhas propriamente ditas, procuramos manter a fidelidade ao subtítulo do livro – *O que dizem, por que são importantes e como podem ajudar você* – em uma tarefa ambiciosa nas quinhentas a mil palavras destinadas a cada livro, mas o esforço resultou em resenhas que consistem em um amálgama do resumo de cada livro, nossas próprias histórias, o contexto para as ideias apresentadas pelos autores e nossa visão sobre a melhor maneira de usá-las. Como dividimos a tarefa de resenhar as obras, identificamos o resenhista (Jack ou Todd) no início de cada resumo.

Fomos tão cuidadosos com o design deste livro quanto o fomos com a escolha das obras aqui incluídas. Procuramos inspiração em diferentes fontes para chegar a um layout diferenciado. O estilo fácil de pesquisa das revistas serviu como base para nossas citações destacadas e títulos extensos, e também permitimos que o leitor decida como percorrer as listas. Também recheamos *Os 100 Melhores* com boxes independentes das resenhas, a fim de conduzir você além dos livros de negócios, com sugestões de filmes, romances e até histórias infantis que oferecem insights tão relevantes quanto os da obra resenhada.

Esperamos que você goste do livro e use-o para encontrar soluções para os problemas de gestão que talvez esteja enfrentando. Adoraríamos ouvir sua opinião quanto às nossas escolhas e relatos de sucessos resultantes da leitura de um dos livros aqui recomendados. Para entrar em contato com os autores, mande e-mail para jack@800ceoread.com ou todd@800ceoread.com. Nosso site (em inglês) www.100bestbiz.com contém mais informações interessantes.

VOCÊ. Sim, você mesmo! Que tal dedicar um tempo a você mesmo para variar?

Você tem coisas a fazer e hábitos a abandonar e a adotar.

Você tem uma vida a viver.

Para começar, leia este capítulo.

Flow

A Descoberta do Fluxo. Rocco, 1999.

MIHALY CSIKSZENTMIHALYI

Resenhado por Jack

A busca da felicidade foi contemplada por muitos pensadores ao longo dos tempos, de Aristóteles a Thomas Jefferson e Viktor Frankl, e assim continua até os dias de hoje. Não importa o quanto a sociedade tenha evoluído em termos de conforto físico ou de realizações culturais, a felicidade continua elusiva. Falamos e escrevemos livros sobre ela e, mesmo assim, mal a reconhecemos.

Entretanto, todos nós já a experimentamos. A felicidade aparece naqueles momentos de concentração sem esforço, quando minutos, até mesmo horas, parecem transcorrer sem que se perceba o tempo passar. É o armador de um jogo de basquete inconscientemente fazendo três pontos no grande jogo. É o escritor sentado à frente de seu teclado enquanto a história se escreve sozinha. Nesses momentos, experimentamos o que Mihaly Csikszentmihalyi chama de *fluxo*, quando estamos totalmente concentrados e completamente sem perceber o que acontece. Essa realização do fluxo capta o estado de felicidade desejado há muito tempo.

Esses momentos surgem para nós como efêmeros e imprevisíveis, embora a pesquisa de Csikszentmihalyi demonstre o contrário. Algumas buscas e atividades servem para alcançar um estado de fluxo. O autor descreve as características comuns dessas atividades como "um sentimento de que as habilidades de uma pessoa são apropriadas para lidar com os desafios em questão, em um sistema de ação ligado à regra, com um objetivo direcionado que fornece dicas claras de quão bom é o desempenho de uma pessoa". Os jogos, no sentido mais amplo da palavra, contêm esses elementos. As regras fornecem os limites. A prática constrói a habilidade, e o sistema de pontuação oferece resposta imediata sobre o desempenho.

Se trabalhos são construídos como jogos, Csikszentmihalyi apresenta, o fluxo seria alcançado com muito mais frequência no trabalho. Ele nos dá os cirurgiões como exemplo de trabalhadores que conseguem atingir o fluxo com confiança. O objetivo do cirurgião é claro: consertar o que está quebrado. O feedback é imediato e contínuo: verificar o monitor do batimento cardíaco. O desafio intenso é recorrente, embora nenhum cirurgião seja o mesmo. A própria sala de operação é projetada para impedir que haja distrações, e, como o risco é grande, um cirurgião fica em um estado de concentração "tão intenso que não existe atenção sobrando para pensar em qualquer coisa irrelevante ou se preocupar com problemas. A autoconsciência desaparece, o sentido de tempo se torna distorcido". Todas essas características criam uma rapidez emocional para um cirurgião. O único momento em que um cirurgião perde esse nível de engajamento é quando entra na posição de rotina repetitiva e o jogo torna-se previsível.

O fluxo é "um estado em que as pessoas estão tão envolvidas em uma atividade que nada mais parece importar; a experiência em si é tão agradável que as pessoas a farão mesmo que custe muito, pelo simples prazer de fazê-la".

A premissa desse livro baseia-se na experiência que todos nós tivemos: aqueles momentos preciosos em que o tempo voa e que sentimos que conseguimos realizar uma porção de coisas. Incluí esse livro no começo desta seção como ponto de partida, uma discussão ampla sobre nossa abordagem mental para realizarmos tarefas, mas a importância das melhores experiências vai além da produtividade e consiste na capacidade de nos oferecer períodos de felicidade. *Conheço* a sensação do fluxo, o tipo de excitação que ele oferece e, como todas as boas coisas, quero aprender a explorar esse sentimento com mais frequência. Não parece existir nenhum outro esforço que valha mais a pena.

Flow: The Psychology of Optimal Experience. Harper Perennial, 1991.

PARA SABER MAIS >> Página 246, para a arte da possibilidade >> Página 45, para a arte da liderança >> Página 260, para a arte da autoconsciência | E TAMBÉM: *Em Busca de Sentido* (Vozes, 25ª edição, 2008), de Viktor E. Frankl; *The Pursuit of Happiness*, de David G. Myers; e *Group Genious*, de Keith Sawyer.

Getting Things Done

A Arte de Fazer Acontecer. Campus/Elsevier, 2005.

DAVID ALLEN

Resenhado por Todd

A maioria dos esforços para ser organizado fracassa. Mesmo com o uso diligente do planejador Franklin Covey ou de um PDA, as tarefas mudam a toda hora com base nas prioridades do momento corporativo. Os calendários captam somente uma fração do total de nossas responsabilidades, e listas simples de coisas a serem feitas demonstram ser, como o autor David Allen observa, "inadequadas para lidar com o volume e a natureza variável da média da carga de trabalho profissional".

Nesse livro, Allen sugere que a produtividade vem de um estado mental tranquilo, mas as distrações facilmente desestabilizam a consciência. Uma lista de coisas para fazer mal definida força o cérebro a entrar em círculos repetitivos de alternativas infinitas. O livro transfere o foco dos problemas de tempo, informação e prioridades definidos comumente para a Ação, com letra maiúscula. Ao definir e gerenciar as ações, tarefas ambíguas transformam-se em processos com etapas claras, e, uma vez que essas ações são capturadas, utilizando-se um sistema confiável, o barulho mental se dissipa, permitindo espaço para pensamentos mais substanciais.

"O grande problema é que sua mente fica lembrando-lhe coisas quando você não pode fazer nada por elas."

Allen apresenta um "método de fluxo de trabalho" que consiste em cinco etapas distintas. Tudo o que comanda atenção – e-mails não lidos, uma pilha de revistas, a lista sem fim de projetos da vida doméstica – é coletado e processado e as decisões são tomadas sobre as ações subsequentes. Os resultados são organizados em listas, calendários ou projetos. O fluxo global é revisado semanalmente, permitindo uma visão bem ampla do progresso. O estágio final é fazer: escrever o e-mail, retornar a ligação telefônica, comprar os alimentos. Como Allen diz, apesar da declaração da maioria das pessoas de que não existe tempo suficiente em um dia, tempo não é o problema: elaborar as ações necessárias é onde as pessoas falham.

A característica modular do sistema de Allen é atraente a todas as pessoas que estejam procurando ser mais produtivas. Embora o maior propósito desta obra seja alcançado com devoção em todas as fases interconectáveis, adotar uma única disciplina ou técnica independente pode trazer benefícios mensuráveis. Por exemplo, Allen sugere o uso de uma agenda para registrar os itens que podem ser tratados em data posterior. Recentemente segui seu conselho e comecei uma agenda eletrônica (ao contrário do sistema de agendas manuais recomendado por ele), e estou feliz em dizer que o benefício simples de um sistema confiável de acompanhamento das ligações e dos futuros livros de negócios elimina uma porção visível de minha RAM pessoal.

OS CINCO ESTÁGIOS DE GERENCIAMENTO DO FLUXO DE TRABALHO

Nós...

1. *coletamos* as coisas que exigem nossa atenção
2. *processamos* seu significado e o que é preciso fazer em relação a elas
3. *organizamos* os resultados
4. *revisamos* as opções para o que formos escolher e...
5. *executamos*

Dizer que esse livro tem um grupo de adeptos seria meia verdade. Programadores e entusiastas de tecnologia foram os primeiros a aderirem, atraídos por sua abordagem simples, porém metódica, a fim de eliminar a confusão mental. Essas mesmas pessoas testaram e experimentaram com o uso mais efetivo de software, muitas vezes escrevendo seu próprio código para criar uma solução que melhor atendesse a suas necessidades únicas. Várias dezenas de aplicações independentes foram trazidas ao mercado, assim como suplementos para padrões industriais como o Outlook, da Microsoft. Os novos adeptos desse livro podem fazer uma simples busca no Google para descobrir fóruns, posts em blog e fornecedores de todos os tamanhos para ajudar com as suas metamorfoses organizacionais.

Atletas de alto nível treinam durante anos para aperfeiçoar os menores aspectos de seu desempenho. Nesse livro, Allen sugere o mesmo. Pendências mentais e caixas de entradas lotadas drenam nossa capacidade de desempenho. Ao implementar processos e focar a ação, os executivos compartilham com os atletas os mesmos benefícios de uma mente clara e de um impulso além.

Getting Things Done: The Art of Stress-Free Productivity. Penguin Books, 2001.

PARA SABER MAIS >> Página 16, para a eficácia pessoal >> Página 278, para a eficácia inicial >> Página 83, para a eficácia organizacional | E TAMBÉM: *Gerencie sua Mente, não o seu Tempo* (Landscape, 2007), de David Allen; *Mind Hacks*, de Tom Stafford e Matt Webb; e *Lifehacker*, de Gina Trapani.

NEGÓCIOS

Jack Covert Selects

As resenhas dos livros em Jack Covert Selects foram uma adaptação de um memorando que eu fazia a cada semana no final dos anos 1980 chamado The New Acquisition List. Todo sábado eu datilografava (isso, era uma máquina de escrever) os títulos de novos livros daquela semana com 25 a 50 palavras. Em seguida, enviava a lista para meus clientes, principalmente aos bibliotecários de empresas e ao raro e dedicado leitor de livros de negócios. Essa parte preenchia um vácuo até a chegada da Amazon, em 1995, e fazia as resenhas sobre gêneros específicos, como livros de negócios, estarem disponíveis de imediato. Meus clientes também mudaram durante aquela época; as compras corporativas começavam a ir pelo caminho dos dinossauros devido ao fácil acesso a novas informações por meio da internet.

Para o novo milênio, David Schwartz, meu mentor e dono da Harry W. Schwartz Bookshops, da qual se originou a 800-CEO-READ, sugeriu que tornássemos a New Acquisitions List uma resenha mensal de livros recomendados – as quais consistiriam em minhas palavras, e não nas dos editores. As resenhas continuariam a conversa com os clientes sobre bons livros enquanto diferenciavam nossos títulos sugeridos da informação disponível on-line. Jack Covert Selects foi nosso primeiro passo em direção à construção de nossa empresa como o árbitro de bons livros de negócios. Minhas resenhas tornaram-se pedra fundamental, com ampla margem de produtos de informação que oferecíamos a todos os ávidos leitores de livros de negócios.

Ao longo dos anos, fizemos a resenha de mais de 350 livros. Dezoito títulos que aparecem neste livro foram originalmente apresentados em Jack Covert Selects.

Escrito por Jack Covert

Títulos resenhados neste livro que apareceram em *Jack Covert Selects*

The Effective Executive

O Gerente Eficaz. LTC, 1990.

PETER F. DRUCKER

Resenhado por Todd

As teorias e os argumentos de Peter Drucker sempre começam no nível mais básico, sem assumir o conhecimento prévio de um tópico por parte do leitor. A premissa desse livro não é diferente. Drucker começa perguntando: Se a medida mais importante do trabalho manual é a eficiência, qual é a medida conclusiva para os trabalhadores do conhecimento? Drucker defende que mais do que *fazer as coisas da maneira certa*, os trabalhadores do conhecimento devem lutar pela eficácia ao *fazer as coisas certas*. Essa poderosa observação sobre como as pessoas devem trabalhar foi o que nos levou a incluir esse livro entre *Os 100 Melhores*.

"Talvez nada diferencie mais os executivos eficazes do que cuidado com o tempo", começa Drucker, com seu estilo clássico ao se dirigir ao ponto central de uma questão. Ele cita estudos que mostram como os seres humanos têm percepção pobre do tempo e como são péssimos para se lembrar de como passam o tempo. Como o executivo típico fica à mercê daqueles a quem serve e se mais da metade do tempo de um executivo está sendo ditado por outras pessoas, está na hora de lutar pelo controle novamente. Os fatores comuns que consomem tempo e que precisam ser levados em consideração são três: fazer coisas que não precisam ser feitas, fazer coisas que poderiam ser feitas por outras pessoas e fazer coisas que exigem que outros façam coisas desnecessárias.

Executivos eficazes usam as forças das pessoas dentro da empresa. Nesse livro, Drucker fala sobre a importância delas, quase 35 anos antes de a teoria popular do Instituto Gallup ter sido discutida em *Descubra seus Pontos Fortes*? Contudo, na alavancagem de forças extraordinárias, é necessário também lidar com as fraquezas. Drucker não tem escrúpulos sobre a contratação de prima-donas e gênios, e diz que qualquer desconforto gerencial é parte do negócio. Contribuição é a única medida de sucesso que importa.

Sobre essa questão, Drucker passa um capítulo inteiro discorrendo sobre contribuição, afirmando que esse tipo de medida proporciona foco para os executivos eficazes. Ao nível organizacional, um olho na contribuição muda a atenção descendente e interna para cima e para fora em direção a clientes e consumidores. "Perguntar: 'Como posso contribuir?' é olhar para o potencial improvável no trabalho", escreve Drucker. Ele acredita que a comunicação, o trabalho de equipe, o autoaprimoramento e o desenvolvimento de outras pessoas, no todo, tornam-se extensões naturais de contribuição.

A contribuição em si mesma vem somente com a concentração. Drucker sentiu que esse era o verdadeiro segredo da eficácia, e sua declaração: "Executivos eficazes fazem primeiro o que é prioridade e realizam uma coisa de cada vez" prenuncia o surgimento da filosofia de David Allen em *A Arte de Fazer Acontecer?* Com o foco em uma atividade singular, os executivos fazem perguntas sobre questões importantes, especialmente aquelas que nunca atenderam às expectativas. Abandonar o passado é importante para o progresso. A própria natureza do trabalho de um executivo é tomar decisões sobre consignar recursos para as possibilidades de amanhã.

"Afinal de contas, eficácia não é uma 'disciplina', é uma autodisciplina."

Tomada de decisão é a prática final de Drucker sobre eficácia. Executivos competentes resolvem problemas uma vez. Para começar, eles analisam os problemas de forma geral e tentam resolvê-los com regras que serão simples e fáceis de serem seguidas por qualquer pessoa, não somente por aqueles que estão envolvidos no problema atual. Os tomadores de decisão também entendem que não fazer nada é também uma opção aceitável. Executivos competentes sabem que uma decisão não está completa até que seja posta em prática. Soluções simples que todos na organização podem entender melhoram a possibilidade de serem adotadas. Aqui, ouvimos os ecos do livro *Execution*, quando Drucker enfatiza a ideia de que decisão é meramente intenção se não é parte da responsabilidade de alguém.

Tempo. Pontos fortes. Contribuição. Concentração. Tomada de decisão. Cada um desses temas foi coberto em vários trabalhos desde que Drucker falou sobre eles pela primeira vez em *The Effective Executive*, mas seu livro fica sozinho como um livro indispensável para o líder, abordando os tópicos na medida certa e da perspectiva correta para permitir a ação.

O livro pode servir como ponto de partida para um iniciante e como lembrete vivo para os mais experientes de que o trabalho não é executar tarefas, mas sim fazer as coisas certas.

The Effective Executive: The Definitive Guide to Getting the Right Things Done. HarperCollins, 2006

PARA SABER MAIS >> Página 157, para construir forças >> Página 5, para ver como estreitar o foco >> Página 83, para transformar decisões em ações | E TAMBÉM: *Administrando para Obter Resultados* (Pioneira, 1998), de Peter F. Drucker; e "What Makes an Effective Executive", de Peter F. Drucker, *Harvard Business Review*, junho de 2004 (também incluído na introdução da edição de 2006 de *The Effective Executive*).

How to Be a Star at Work

Como Brilhar no Trabalho: Nove estratégias decisivas para ter sucesso. Campus/Elsevier, 1999.

ROBERT E. KELLEY

Resenhado por Jack

Para se sobressair nos negócios, é necessário estar acima de seus pares e ser notado por todos pelos motivos certos. Esse livro nos mostra como alcançar a façanha sem ter de vender a alma ao deus da arrogância.

Os conceitos essenciais desse livro giram em torno da pesquisa feita pelo Bell Labs (Bell Telephone Laboratories) em meados dos anos 1980 e depois da dissolução da "Ma Bell". Por 24 meses, Robert E. Kelley e sua equipe trabalharam como consultores para a administração do Bell Labs a fim de descobrir o que separava um profissional de alto desempenho de todo o resto. Primeiro, pesquisaram os gerentes de nível médio e seniores, perguntando-lhes qual consideravam ser a diferença entre um profissional de alto desempenho (estrela) e um mediano. As respostas já eram as esperadas: as estrelas seriam as mais talentosas, as que melhor resolvem os problemas, mais direcionadas, mais sociáveis e as que não têm medo de correr riscos. A empresa, então, fez vários testes com diversas estrelas e com profissionais medianos. Os resultados foram surpreendentes. Os pesquisadores não descobriram nenhuma diferença que pudesse ser mensurável. Para a Bell, isso trazia boas e más notícias. A má notícia era que não havia qualquer traço que a gerência pudesse procurar para fornecer um atalho para encontrar as estrelas. A boa notícia foi a percepção de que todos os empregados podem demonstrar os elementos necessários para se tornar estrelas e, então, ser acompanhados nesse caminho por gerentes conscientes.

Kelley apresenta nove estratégias para aprender a alcançar a "situação de estrela". Um dos nove pontos que ele delineia é a "Sabedoria Organizacional":

> O que os profissionais de nível médio pensam é: o talento para bajular e manter conversas fiadas no local de trabalho para ajudar a ser notado pelas pessoas certas. O que os produtores estrelas sabem é: uma estratégia de trabalho que me possibilite navegar pelos interesses da concorrência dentro da organização, promover cooperação, gerenciar conflitos e fazer as coisas acontecerem.

Para ajudar os leitores a ganharem sabedoria organizacional, Kelley oferece uma abordagem de seis passos que é totalmente passível de ser realizada: encon-

AS NOVE ESTRATÉGIAS DE TRABALHO

1. Iniciativa: caminhos brilhantes nos espaços brancos da organização.
2. Rede de relacionamento: conhecer as pessoas que sabem e conectar-se à rede de conhecimento.
3. Autogestão: saber gerenciar a vida profissional.
4. Perspectiva: ter visão ampla.
5. Saber seguir outras estrelas.
6. Trabalho em equipe: aprender a trabalhar em grupo.
7. Liderança: exercer a liderança com "l" minúsculo em um mundo onde os líderes lideram com "L" maiúsculo, promovendo suas grandes visões, ambições e seus egos inflados.
8. Sabedoria organizacional: usar a habilidade e o conhecimento de sobrevivência nas ruas dentro da zona de poder da empresa.
9. Saber aplicar a técnica "mostrar e contar" para persuadir a plateia com a mensagem certa.

tre um mentor; entenda o organograma "real", e não aquele que aparece no relatório anual; domine a criação de relacionamentos; aprenda a gerenciar conflitos, crie um nicho e desenvolva a credibilidade.

Outra das estratégias de Kelly é a "Iniciativa", que ele descreve como: "caminhos brilhantes nos espaços brancos da organização". Kelley dá exemplos de pessoas que tiveram iniciativa e obtiveram resultados interessantes. Ele fala sobre uma burocrata do governo que tinha medo de perder o emprego durante um possível downsizing dentro de seu departamento. No esforço para estabelecer seu valor para a organização, ela levou todos os manuais de financiamento federal e de seguro-saúde para casa, a fim de estudar e descobrir um "truque" contábil entre a forma como o estado e os funcionários públicos calculavam os custos hospitalares e a receita. Como resultado, descobriu que o estado estava recebendo menos do governo federal do que deveria. No final, o estado conseguiu um cheque de $489 milhões e nossa burocrata manteve seu emprego. Kelley acredita que as estrelas mostram iniciativa quando: "procuram por responsabilidades que estejam acima e além do esperado em sua descrição de funções", "comprometem-se com esforços extras em benefício de colegas de trabalho ou de um grupo maior", "apegam-se com tenacidade a uma ideia ou projeto e o seguem por toda a implementação bem-sucedida" e "sinceramente, correm alguns riscos pessoais ao assumirem novas responsabilidades". Na pesquisa do autor, 60% a 80% dos funcionários medianos na força de trabalho não têm iniciativa inerente e são resistentes ao esforço extra porque acham que estão fazendo o trabalho de outra pessoa.

"Estrelas não nascem feitas, são fabricadas."

Curiosamente, a pesquisa de Kelley ajudou alguns grupos a terem cada vez mais sucesso, cujos detalhes foram adicionados em um capítulo na edição revisada do livro. Por exemplo, ele descobriu que as mulheres e as minorias algumas vezes tinham dificuldade com três das estratégias – iniciativa, rede de relacionamento e trabalho em equipe – devido a uma história de discriminação no local de trabalho. Embora tenha descoberto que, de maneira geral, quando todos os empregados incorporavam a estratégia da estrela na rotina diária o índice de produtividade da companhia aumentava uma média de 100%, Kelley também descobriu que quando as mulheres e as minorias incorporavam essa estratégia, os índices de produtividade aumentavam mais de 400%.

Para Kelley, a natureza não é um fator determinante no eterno debate sobre natureza *versus* cultura, e o desempenho pode ser ensinado até mesmo em grandes organizações. Isso por si só diz muito sobre a eficácia das estratégias desse livro. *How to Be a Star at Work* é um livro útil necessário aos empregados e empregadores que queiram passar para o próximo nível.

How to Be a Star at Work: 9 Breakthrough Strategies You Need to Succeed. Three Rivers Press, 1999.

PARA SABER MAIS >> Página 282, para ver o que um CEO espera >> Página 107, para melhorar uma rede de relacionamento >> Página 174, para ver com as pessoas são programadas | E TAMBÉM: *Nadar ou Afundar: Emprego novo, chefe novo* (Gente, 2007), de Milo Sindell e Thuy Sindell; *Virei Chefe, e Agora? Como obter sucesso logo nos primeiros 100 dias* (Campus/Elsevier, 2005), de Thomas J. Neff e James M Citrin; e *Know-How: As 8 competências que separam os que fazem acontecer dos que não fazem* (Campus/Elsevier, 2007), de Ram Charan.

The 7 Habits of Highly Effective People

Os 7 Hábitos das Pessoas Altamente Eficazes. Best Seller, 2005.

STEPHEN R. COVEY

Resenhado por Todd

Esse livro é resultado da pesquisa de doutorado de Stephen Covey sobre a literatura de desenvolvimento pessoal. Ele analisou o valor dos trabalhos escritos sobre autoajuda, psicologia popular e autoaperfeiçoamento e identificou duas filosofias distintas. A primeira é sobre o que identificamos como princípios encontrados nos trabalhos dos primeiros visionários americanos, como Benjamin Franklin; princípios como integridade, dedicação, humildade e simplicidade. Covey chama isso de "Ética do Caráter" e foi essa a filosofia dominante na literatura de sucesso americana até o começo do século XX. Mas Covey constatou uma mudança na literatura após a Segunda Guerra Mundial, com ênfase mais no aperfeiçoamento da personalidade, do comportamento e da atitude do que na qualidade do caráter: a Ética da Personalidade. Ele aponta alguns livros, mesmo sem citar seus títulos, *Como Fazer Amigos e Influenciar Pessoas, Pense e Enriqueça* e *O Poder do Pensamento Positivo,* afirmando que na melhor das hipóteses esses livros se concentram em características secundárias e, na pior, ensinam decepção, utilizando uma mentalidade de solução imediata.

Covey divide os primeiros seis hábitos igualmente em hábitos de vitória privada e hábitos de vitória pública. O primeiro hábito privado, "Ser proativo", descreve a liberdade de escolha que uma pessoa tem entre estímulo e resposta, entre habilidade e uma simples corporificação de "vamos analisar as alternativas" *versus* "não há nada que eu possa fazer".

"Gerenciar é saber subir a escada do sucesso; a liderança determina se a escada está encostada na parede certa."

O segundo hábito, "Começar com o objetivo em mente", encoraja o uso da imaginação, antevendo um conjunto de escolhas criativas sobre o futuro, as mesmas energias empregadas na liderança. Covey defende o desenvolvimento de demonstrações de missões pessoais para codificar os diversos papéis e responsabilidades do lar, do trabalho e da comunidade. "Primeiro o mais importante" traz a identidade definida recentemente, derivada das demonstrações da missão, e compara tarefas e prioridades para garantir o alinhamento. Quando Covey perguntou aos leitores qual dos hábitos era o mais difícil de ser adotado, esse processo de gerenciamento classificou-se em primeiro lugar e ele escreveu outro livro, *Primeiro o Mais Importante* (Campus/Elsevier, 2003), a fim de explicar melhor os desafios.

OS 7 HÁBITOS

1. Ser proativo
2. Começar com o objetivo em mente
3. Primeiro o mais importante
4. Pensamento ganha-ganha
5. Procurar primeiro compreender... depois, ser compreendido
6. Criar sinergia
7. Afinar o instrumento

"O autocontrole e a autodisciplina são os fundamentos do bom relacionamento com as pessoas", escreve Covey e, depois, segue em frente com seus três hábitos: "Pensamento ganha-ganha", "Procurar primeiro compreender... depois, ser compreendido" e "Criar sinergia". Todos são baseados em relacionamentos. "Pensamento ganha-ganha" é a liderança interpessoal que cria benefícios mútuos para todas as partes. Um clássico sobre negociação, *Como Chegar ao Sim* (Imago, 2005), adota a mesma filosofia, exigindo que as pessoas empreguem a mentalidade de abundância ao interagirem e olharem além do paradigma confinado do jogo de soma zero.

Ser um bom ouvinte é uma habilidade que é útil em qualquer relacionamento e se situa na essência do "Procure primeiro compreender... depois, ser compreendido." Quando alguém está falando conosco, nossa resposta natural é ouvir de forma autobiográfica: concordando ou discordando, fazendo perguntas sob nosso ponto de vista, dando conselho com base em nossas próprias experiências, tentando entender o que faz alguém sentir algo com base na maneira como reagiríamos. Covey passa grande parte do capítulo em cima de um exemplo extenso de uma conversa entre um filho desiludido e um pai bem-intencionado. Ele repete a conversa várias vezes, mostrando o quanto é ineficaz ouvir com nossos preconceitos. Ao ouvir, escreve o autor, *"reformule o conteúdo e reflita o sentimento"*. Em seguida, ele mostra como a conversa muda completamente. A segunda metade da discussão sobre esse hábito é apresentar ideias e Covey retorna à filosofia da retórica de Aristóteles do *ethos* (caráter), *pathos* (emoção) e *logos* (lógica).

"Criar sinergia" engloba o processo inteiro dos Sete Hábitos. Quando as pessoas se juntam, o todo é maior do que a soma das partes e grandes insights e resultados que não foram analisados anteriormente são alcançados. Covey sugere que a sinergia é a terceira alternativa a "meu jeito ou o jeito errado". Todos os relacionamentos crescem quando há confiança e cooperação.

O sétimo hábito, "Afinar o instrumento", retorna ao indivíduo, mas "renovará os seis primeiros e o tornará verdadeiramente independente e capaz de uma interdependência eficaz". Covey acredita que todos temos quatro dimensões que precisam de renovação contínua: a física, a mental, a espiritual e a social/emocional. Ele sugere que passemos uma hora trabalhando nos primeiros três, todos os dias, e que encontremos tempo para nossos exercícios aeróbicos. Leiamos os clássicos. Mantenhamos um diário, meditemos ou rezemos. Somente teremos energia para sermos bem-sucedidos em outros aspectos de nossa vida se estivermos sempre nos recarregando.

The 7 Habits of Highly Effective People: Powerful Lessons in Personal Change. Free Press, 2004.

PARA SABER MAIS >> Página 19, para conhecer a filosofia de Covey para tarefas >> Página 260, para ver como ouvir >> Página 34, para começar com o objetivo em mente | E TAMBÉM: *Em busca de Sentido* (Sinodal, 2006), de Viktor E. Frankl; *Primeiro o Mais Importante* (Campus/Elsevier, 2003), de Stephen R. Covey; e *Descasque seu Abacaxi* (Record, 2003), de Brian Tracy.

How to Win Friends and Influence People

Como Fazer Amigos e Influenciar Pessoas. IBEP Nacional, 2000.

DALE CARNEGIE

Resenhado por Todd

"Alô, 800-CEO-READ. Aqui é Meg. Como posso ajudá-lo?"

"Aqui é Maria da Silva da empresa XYZ. Meu pedido não chegou e eu precisava dele para hoje."

Esse é o tipo de ligação que qualquer empresa odeia receber. O cliente não obteve o que precisava e agora existe um relacionamento que precisa ser reparado. É a mesma coisa que estar atrasado para o jantar em que sua esposa fez seu prato preferido: uma expectativa não foi atendida e o sentimento de alguém está, agora, ferido. Seja você um representante de uma empresa de serviços, o presidente de uma divisão ou uma adorável esposa, um conjunto de habilidades é necessário para reparar a quebra emocional e maximizar o potencial em cada relacionamento.

De um modo geral, esse livro é recomendado especialmente ao público do núcleo de desenvolvimento pessoal. O título por si só implica um tapinha nas costas, gentis apertos de mãos e sempre uma palavra amiga para um conhecido novo da rede de relacionamentos. Como resultado, muitos leitores reagem instintivamente com ceticismo à mensagem de Carnegie. O próprio autor admite que, depois de um elogio feito aos cabelos de um funcionário dos correios, a pessoa que estava ouvindo perguntou-lhe: "O que você queria dele?" Carnegie rebate tal interpretação sarcástica e cita o psicólogo Alfred Adler para expressar as lentes através das quais o livro deve ser lido: "É sobre a pessoa que não se importa com os semelhantes que têm as maiores dificuldades na vida e causa grandes ferimentos em outras pessoas. É desses indivíduos que saem todas as falhas humanas."

Ao elogiar o homem dos correios, Carnegie estava obedecendo ao que ele acredita ser a mais importante lei do contato humano: sempre faça a outra pessoa se sentir importante. "Por favor", "Obrigado" e "Você se incomodaria...?" são simples extensões do mandamento. "Faça a outra pessoa se sentir importante..." é uma sabedoria comum, mas o modo como Carnegie finaliza essa declaração configura todo o livro: "... e o faça de maneira sincera".

Carnegie divide o livro em quatro seções principais. Na primeira, ele explica os três dogmas para se relacionar com as pessoas. Depois, usa seis capítulos curtos para descrever como fazer as pessoas gostarem de você. Na terceira seção, mostra como conseguir ganhar pessoas para que pensem da mesma forma como você, com 12 princípios. Nas seções finais, Carnegie fala sobre liderança, com os seguintes títulos: "Fale primeiro sobre os próprios erros" e "Dê ao cachorro um bom nome".

"Sempre faça a outra pessoa se sentir importante."

Não importa se você está lidando com a perda de uma remessa ou um jantar de negócios, Carnegie fornece várias ferramentas para acalmar as águas turbulentas. Comece usando o nome da pessoa e diga o quanto você está aborrecido com o passo em falso. Admita o erro e deixe que ele ou ela expresse seu descontentamento. E – o último sinal de sinceridade – diga: "Não o culpo nem um pouco por estar se sentindo desse jeito. Se estivesse no seu lugar, estaria pensando a mesma coisa."

Depois de 70 anos e 15 milhões de exemplares vendidos, as pessoas ainda leem esse livro porque nele há verdades simples como em todos os livros de Carnegie. Com o passar do tempo, seus princípios foram criticados com alegações de que as histórias são muito antigas para serem usadas neste novo século. No entanto, o livro nos lembra de que tudo o que temos são os relacionamentos humanos e existe sempre uma maneira melhor de lidar com as pessoas.

How to Win Friends and Influence People. Pocket Books, 1998.

PARA SABER MAIS >> Página 16, para ver a repreensão de Covey a Carnegie >> Página 170, para ver um dos exemplos de Carnegie >> Página 177, para ver nossa lista de clássicos | E TAMBÉM: *Pense e Enriqueça* (Record, 2004), de Napoleon Hill e Arthur Peli; e *O Poder do Pensamento Positivo* (Cultrix, 1995), de Normam Vincent Peale.

GLOBALIZAÇÃO DAS BOAS MANEIRAS

Em 1990, Roger Axtell escreveu *Do's and Taboos Around the World*, o primeiro guia mais vendido sobre comportamento internacional, inspirado na experiência de mais de 500 viajantes internacionais. Hoje, a necessidade de compreender as culturas diversas dos países com os quais fazemos negócios aumentou devido à globalização.

Você sabia? Cingapura orgulha-se de ser o país com menor índice de corrupção na Ásia. Como consequência, suas leis contra suborno são muito severas e, sendo assim, os funcionários do governo não podem receber presentes de jeito nenhum. (Do guia *Kiss, Bow, or Shake Hands: Asia*, de Terri Morrison e Wayne A. Conaway)

Você sabia? No Oriente Médio, um negócio não é fechado mesmo depois de os termos terem sido acordados entre as partes. As negociações continuam até a assinatura do contrato. (Do guia *Multicultural Manners: Essential Rules of Etiquete of the 21st Century*, de Norine Dresser)

Você sabia? Nas negociações tradicionais, os chilenos consideram os sentimentos mais importantes do que os fatos. A verdade é considerada mais subjetiva e pessoal. (Do guia *Kiss, Bow, or Shake Hands: Latin America*, de Terri Morrison e Wayne A. Conaway)

CONFIRA ALGUNS TÍTULOS SOBRE O ASSUNTO

Do's and Taboos Around the World

Multicultural Manners – Essential Rules of Etiquete for the 21st Century

An American's Guide to Doing Business in China

Kiss, Bow or Shake Hands: How to do Business in Sixty Countries

Cultural Intelligence: A Guide to Working with People from Other Cultures

Escrito por Aaron Schleicher

Swim with the Sharks Without Being Eaten Alive

Como Nadar entre os Tubarões sem Ser Comido Vivo: Supere a concorrência nas vendas, no gerenciamento, na motivação e na negociação. Best Seller, 2007.

HARVEY B. MACKAY

Resenhado por Jack

Harvey Mackay sempre foi um cara "confiante". Depois da faculdade, Mackay pegou um emprego de nível básico em uma empresa de envelopes local e trabalhou em vendas. Três anos mais tarde, comprou uma empresa pequena e a transformou em um negócio de $100 milhões. Agora é autor recordista em vendas de livros e já vendeu mais de 4 milhões de exemplares em 35 idiomas desde o lançamento de seu primeiro livro. Mas seu alcance se estende além da esfera de suas próprias realizações pessoais. Ele ajudou a organizar a campanha para manter o time de beisebol Minesota Twins, em Minneapolis, levantou o dinheiro necessário para construir o Metrodome nessa cidade e também conseguiu fundos para a pesquisa do câncer na University of Minesota. Há muita coisa sobre Harvey Mackay que serve de inspiração, incluindo esse clássico livro motivacional sobre como agir nas situações de negócios, sobreviver e prosperar em meio aos "tubarões" que estão aí fora, preparados para comer seu almoço.

A edição original desse livro foi publicada em 1988, mas a edição de 2005 tem uma "nota do autor" em que Mackay fala das mudanças que aconteceram entre essas publicações. Na versão mais atualizada, ele acrescentou o material sobre como aplicar a tecnologia para poupar tempo em alcançar os outros de forma mais eficaz. O novo material é prova positiva de que, como Mackay declara, os "tubarões mudam" e estar atualizado com todos os ativos que estiverem disponíveis é a chave para o sucesso contínuo. O principal trunfo deste livro é o conteúdo original que nunca envelhece.

O livro é dividido em quatro partes: vendas, gerenciamento, negociações e uma parte final chamada Quickies (notas rápidas). Em quase 90 capítulos (de um livro com 280 páginas) o leitor poderá encontrar lições sucintas, fáceis de ser entendidas. Por exemplo, a Lição 9, na parte de vendas, foi um despertar para mim porque reconheci que estou do outro lado dessa lição ao visitar os editores na cidade de Nova York. Mackay explica como você não precisa ter um título de um clube sofisticado para impressionar um cliente. Ele oferece instruções passo a passo sobre frequentar os melhores restaurantes da cidade e saber o que pedir de forma que, ao entrar em um deles, você é recebido pessoalmente pelo *maître* e, quando a refeição acaba, você apenas sai, pois tudo já foi pago antecipadamente. Resultado final? Você deu ao cliente a impressão de ser uma pessoa muito importante e merecedora do negócio. A Lição 19 é um capítulo conciso que contém somente o seguinte insight: "Tudo o que você precisa fazer é deixá-lo pensar que a ideia é dele." Simples, mas eficaz, com apenas a quantia certa de audácia do mundo real para saber que Mackay significa negócio.

Outros exemplos da sabedoria de Mackay são contraintuitivos. Da parte de Gerenciamento, temos a Lição 64 que fala sobre contratação: "Pergunte a si mesmo: Como você se sentiria se essa mesma pessoa trabalhasse para seu concorrente em vez de trabalhar para você?". Nessa mesma seção encontramos na Lição 44: "Se você descobrir que um de seus executivos está olhando para a parede... em vez de estar preenchendo um relatório, vá lá e parabenize-o... Ele está pensando. É a tarefa mais difícil e valiosa de qualquer pessoa." Esses são certamente conceitos óbvios – contratar gente boa e incentivar um ambiente criativo – mas Mackay chega a esses insights com a perspectiva alternativa que nos permite internalizar as lições porque elas são totalmente inesperadas.

"Eu costumava dizer que criar uma rede de relacionamento era a habilidade mais menosprezada. Agora, acredito que é a habilidade de gerenciamento mais importante, sem sombra de dúvida."

Na parte final, a seção Quickies, ele inclui uma história divertida intitulada "Como conhecer uma celebridade". Quando Mackay estava se preparando para encontrar Fidel Castro, ele fez uma pequena pesquisa e descobriu que Fidel gostava de jogar boliche. Ao se encontrar com Fidel Castro, Mackay perguntou a ele como se mantinha em tão boa forma. Fidel, que supostamente não entendia inglês, respondeu antes que o tradutor o fizesse: "jogando boliche". "Mackay contou a Fidel que tinha sido campeão de boliche três vezes na faculdade e... de repente, Fidel e Mackay estavam se comunicando em inglês". Mackay acredita que para se conectar com celebridades, é preciso evitar a "síndrome do fã" e, em vez disso, falar com elas sobre seus interesses.

Há livros que são pioneiros e há os que nos mostram uma nova forma de pensar sobre princípios básicos. Harvey Mackay escreveu uma versão clássica desses últimos tipos de livro, com o imperativo agregado de que sua sobrevivência está em risco. A informação oferecida aqui é verdadeiramente atemporal, apresentada com humor, e ficará por perto para poupar muitas vidas de negócios por muitos anos ainda.

Swim with the Sharks Without Being Eaten Alive: Outsell, Outmanage, Outmotivate and Outnegotiate Your Competition. Collins Business, 2005.

PARA SABER MAIS >> Página 279, para mais irreverência >> Página 281, para mais citações rápidas >> Página 115, outro animal | E TAMBÉM: *Peixe!* (Campus/Elsevier, 2000), de Stephen C. Lundi, Harry Paul e John Christensen; *Eating the Big Fish,* de Adam Morgan; *Não São os Grandes, mas os Rápidos, que Ganham* (Campus/Elsevier, 2001), de Jason Jennings e Laurence Haughton; e *What They Don't Teach You at Harvard Business School,* de Mark H. McCormick.

The Power of Intuition

GARY KLEIN

Resenhado por Todd

Histórias de uma estátua grega falsa no Getty Museum e o "Laboratório do Amor", de John Gottman, na University of Washington, transformaram o esforço do aluno de segundo ano Malcolm Gladwell, *Blink – A decisão em um piscar de olhos* (Rocco, 2005), em um best-seller, levando o tema da intuição ao primeiro plano das conversas em 2005. Em uma das histórias importantes de Gladweel, havia um homem chamado Gary Klein. O PhD baseado em Ohio vinha estudando a tomada de decisão havia três décadas e era bem conhecido na área por seu trabalho com profissionais de cargos de alta intensidade.

Klein descobriu que os bombeiros, os oficiais militares da marinha americana e as enfermeiras de recém-nascidos não fazem esforço consciente ao considerarem todas as opções antes de tomar uma atitude: em vez disso, eles rapidamente juntam as informações e agem. À medida que mais dados ficam disponíveis, esses especialistas reavaliam e mudam o curso, se necessário. Quando perguntados sobre como chegavam a decisões rápidas, muitos responderam com referências místicas e vagas, do tipo "A Força" e "PES, percepção extrassensorial" para descrever suas habilidades. Klein, insatisfeito, investigou mais profundamente.

À medida que a leitura do livro prossegue, a desconstrução da tomada de decisão feita em fração de segundo parece desorientadora. Com que frequência você pensa sobre a forma como pensa? Todos nós temos lembranças de momentos em que ficamos diante de decisões importantes, como mudar para uma cidade grande ou se deveríamos ou não aceitar uma oferta de emprego, mas os pressentimentos vagos que herdamos dos homens das cavernas são difíceis de articular e, muitas vezes, difíceis de seguir. Estudos mostram que profissionais em áreas que vão do gerenciamento do comando naval até a plataforma de petróleo em alto-mar usam a intuição 90% das vezes ao tomarem decisões. Ao escolher pessoas cuja própria vida, e a dos outros, depende da exatidão da intuição, Klein descobriu que alguns estavam em sintonia com esse processo mental inconsciente. Ele descreve o processo a fim de desenvolver uma estrutura conceitual que pode ser ensinada.

O modelo de decisão de Klein está ilustrado em uma sequência que começa com a situação como um todo. Primeiro, procuramos por dicas: um bombeiro busca a fonte de calor ou um agente contábil tenta achar uma linha comum nas propostas das vendas anteriores. Essas dicas levam ao reconhecimento de modelos, os perigosamente desconhecidos ou os que tenham familiaridade confortável. Depois, nosso cérebro começa a rodar "roteiros de ação" nos quais simulamos um esforço e avaliamos cada ação potencial de forma única até encontrarmos resposta satisfatória. Com a decisão tomada, agimos e começamos todo o processo novamente.

Reconhecer o processo permite melhorar a intuição e Klein sugere inúmeras formas. Ao longo de todo o livro, o autor fornece uma vasta coleção de jogos de decisão. São histórias simples que levam o leitor a situações hipotéticas nebulosas. Em um caso, o presidente de sua empresa pede que você lidere o desenvolvimento de um novo produto com os funcionários que se tornaram ociosos em virtude da queda nas vendas. Klein, então, apresenta 26 informações que aparecem à medida que o projeto avança, estendendo-se das fofocas dos colegas de trabalho até os e-mails de toda a empresa, e lhe pede que anote suas reações a cada uma delas e o impacto em seu projeto. Esse exercício concentra-se diretamente no desenvolvimento de habilidades iniciais do modelo: filtrar as dicas e ver modelos em desenvolvimento.

"Defino intuição como a *maneira como traduzimos nossa experiência em* ação."

Intuição não é um poder mágico ou um atributo mental extraordinário que alguns têm e outros não. A intuição aprimorada vem do reconhecimento dessa rotina inconsciente e da acumulação da experiência do mundo real. Embora as apostas sejam claramente mais altas na vida das pessoas que fizeram parte da pesquisa de Klein, o mundo dos negócios compartilha a necessidade para uma tomada de decisão rápida e precisa, e *The Power of Intuition*, mostra como confiar em seu instinto e aprimorar seu sexto sentido.

The Power of Intuition: How to Use Your Gut Feeling to Make Better Decisions at Work. Currency/Doubleday, 2004.

PARA SABER MAIS >> Página 88, para saber o que mais influencia nossas decisões >> Página 269, para ver como as multidões tomam decisões >> Página 27, para tomar decisões sobre sua vida | E TAMBÉM: *Blink – A decisão num piscar de olhos* (Rocco, 2005), de Malcolm Gladwell; *Fontes do Poder* (Instituto Piaget, 2001), de Gary Klein; e *Tomada de Decisões: Armadilhas* (Saraiva, 1993), de J. Edward Russo e Paul J.H. Schoemaker.

What Should I Do with My Life?

O que Devo Fazer da Minha Vida? Histórias verídicas de pessoas que responderam a essa questão fundamental. Nova Fronteira, 2004.

PO BRONSON

Resenhado por Jack

Po Bronson encontrava-se em um momento crítico de sua vida. Seu emprego como roteirista de televisão dissolvera-se quando as séries que ele escreveu foram canceladas. Ele estava desempregado e com seu primeiro filho a caminho. Sem sucumbir às preocupações de como faria para receber seu próximo pagamento, Bronson fez a si mesmo a pergunta universal: "O que devo fazer da minha vida?" Sua introspecção aguçou sua curiosidade sobre como as outras pessoas conseguiam antever um novo tipo de futuro ou identidade para si quando se viam paradas na mesma encruzilhada profissional. Assim, ele decidiu investigar e decidiu "viajar por todo o país em busca de pessoas cujas histórias me tocassem".

As histórias que ele coletou são sobre pessoas comuns, algumas com famílias, outras com pouca instrução, algumas com dinheiro – todas as pessoas comuns com as quais podemos aprender muito.

O livro foi publicado em 2002, durante o que Bronson descreve como "uma época em que estávamos perdendo o respeito por líderes corporativos, não acreditávamos mais que a nova tecnologia pudesse tornar nossa vida melhor e o ataque sobre nossa liberdade tornou a vida preciosa e importante. As pessoas estavam reavaliando o que importava para elas e no que acreditar". O que ele nos apresenta são histórias sobre os fantasmas e obstáculos que impedem a todos nós de perseguir o que Bronson chama de "nosso verdadeiro chamado".

A organização desse material não é convencional. Oito partes estão alinhadas apenas ao fantasma contra o qual a pessoa está lutando ou com o obstáculo que teve sucesso em transpor. Há alguma coisa rica e satisfatória sobre essa forma interpessoal de agrupar as histórias. Por exemplo, ao explicar por que ele retratou pessoas que demonstraram paciência e persistência, Bronson escreve: "Eu os inclui não só para advertir o jovem e urgente, mas para respeitar uma realidade mais ampla. A maioria de nós pega a via mais lenta, sem atalhos." Bronson relaciona-se com as pessoas de sua pesquisa de uma forma tão íntima que é impossível não ficar interessado em suas histórias.

O autor entrevistou pessoas de todas as classes sociais, as quais, de forma receptiva, expuseram a alma e fizeram confissões ao escritor. Bronson não faz nenhuma tentativa de se afastar, servindo como pesquisador e escrivão. Embora isso seja algumas vezes um sinal do ego do autor, aqui parece natural e integral ao assunto pesquisado. Bronson teve uma vida fascinante, sofreu muito e passou pelas mesmas incertezas, suas próprias histórias acrescentam um tecido conjuntivo aos capítulos.

"A pergunta mais comum que me faziam era: 'Seu livro é sobre a vida ou sobre profissões?' Eu ria e os advertia para não se deixarem enganar pela semântica, e respondia: 'É sobre pessoas que tiveram a coragem de serem honestas com elas mesmas.'"

Na parte introdutória, Bronson compartilha uma história sobre um garoto de 17 anos de Phoenix que recebe uma carta do Dalai Lama instruindo-o a ir à Índia e a cumprir seu destino com a reencarnação de um guerreiro ancião tibetano. O garoto concorda e começa uma viagem de 12 anos para se tornar monge. Em outro caso, uma executiva de Relações Públicas na Inglaterra deixou passar uma promoção em um bom emprego que lhe dobraria o salário e, em vez disso, foi atrás de uma graduação como designer paisagista. Essas duas histórias têm em comum uma decisão inesperada, a escolha de pegar uma estrada não muito usual. Guiados por um compasso interno, as ações dessas duas pessoas exemplificam o que Bronson chama de "retidão". Muitas vezes tomamos decisões para mudar o curso de nossa vida seguindo um pressentimento originado somente pela paixão, uma direção que não se baseia na experiência do mundo real, mas que satisfaz alguma necessidade não realizada.

Po Bronson espera que este livro possa nos dar a coragem de sair de nossos ninhos confortáveis armados com as histórias inspiradoras de pessoas comuns que tomaram uma atitude antes de nós. Ele mesmo aprendeu uma lição valiosa que compartilha conosco: "Eu costumava pensar que a vida apresentava um cardápio de cinco páginas de escolhas. Agora penso que a escolha está em ser honesto conosco e com os outros; o resto é mais uma descoberta, a retirada de camadas, descobrindo talentos que a gente acha que não tem."

What Should I Do with My Life? The True Story of People Who Answered the Ultimate Question. Ballantine Books, 2005.

PARA SABER MAIS >> Para se inspirar, leia uma das biografias resenhadas neste livro. Comece na página 169 | E TAMBÉM: *Eu Poderia Fazer Qualquer Coisa se Soubesse o quê* (Objetiva, 1996), de Barbara Sher e Barbara Smith; *I Don't Know What I Want, But I Know It's Not This,* de Julie Jansen; *Free Agent Nation,* de Daniel H. Pink; e *Qual a Cor do seu Paraquedas?* (GMT, 1998), de Richard Nelson Bolles.

Oh, the Places You'll Go!

Ah, os Lugares Aonde Você Irá!. Cia. das Letrinhas, 2001.

DR. SEUSS/THEODORE GEISEL

Resenhado por Todd

Alguns anos atrás recebemos um pedido substancial desse livro de um de nossos clientes corporativos. Quando começamos a receber pedidos subsequentes, ficamos curiosos. Por que um fabricante internacional precisava de tamanha quantidade de livros do Dr. Seuss? Um telefonema feito ao departamento de Recursos Humanos nos revelou que a empresa estava utilizando o livro na orientação de novos empregados.

Apesar de seu empregador nunca ter lhe apresentado uma cópia, talvez você tenha recebido um exemplar como presente de formatura ou em um chá de bebê. Pode ser também que você esteja se perguntando o que esse livro está fazendo na lista dos livros de negócios mais recomendados. Caso você tenha aberto seu exemplar há algum tempo, aproveite a oportunidade e retire-o da última prateleira de sua estante, onde provavelmente estará enfiado entre um livro de geometria e um atlas cheio de dobras nos cantos das páginas. Sabe por quê?

Esse livro, publicado em 1990, foi o último livro de Theodore Geisel (também conhecido como Dr. Seuss). O livro ficou durante seus dois primeiros anos na lista dos mais vendidos do *The New York Times* e Geisel comentou: "Isso vem confirmar o seguinte: eu não escrevo mais para crianças. Eu escrevo para pessoas."

É por causa de seu amplo atrativo e sua eficácia que merece ser mencionado aqui. Jack e eu muitas vezes dizemos que já vimos o mesmo livro reproduzido dúzias de vezes, apenas entre capas diferentes. Verificar quantas vezes um assunto foi tratado ou que um clichê tenha sido reanimado pode ser desanimador. Contudo, o que faz com que estejamos sempre voltados a um deles é a mágica criada quando uma ideia e a forma como é embalada conduz a um novo (e verdadeiro) significado.

É um livro de autoajuda no estilo mais magnífico, da mesma forma que Thoreau e Emerson defenderam o autoaprimoramento no nível do indivíduo. O livro não poderia começar com anotação mais positiva:

Parabéns!
Hoje é o seu dia.
Você está de partida para lugares formidáveis!
Você está fora e longe!

Apesar de pequeno, o livro cobre toda a gama da experiência humana. É dito a nosso jovem sem nome que a escolha está em seu poder e tudo o que ele tem a fazer é decidir. Mas decidir requer julgamento e tem consequências. Dr. Seuss lhe indica o caminho menos viajado porque "lá as coisas podem acontecer e, na maioria das vezes, acontecem".

É a realidade das negativas que tornam o livro tão verossímil e estimulante. Confusão, solidão e procrastinação aparecem. Cada um deles é um desafio, mas Seuss nunca duvida que nosso pequeno homem conseguirá vencer as dificuldades. Geisel disse: "Todos os meus livros têm algo em comum – a esperança – e *Oh, the Places You'll Go!* proporcionará uma dose saudável para enfrentar cada nova experiência ou desapontamento que estiver no caminho de alguém."

"E você terá sucesso?
Sim! Você terá, com certeza!
(98 e ¾% de garantia.)"

Durante muitas noites li esse livro para meus filhos. Não tenho certeza se lia para eles ou para mim, mas sei que o livro chega a tocar o ideal de que podemos ser pessoas melhores e ajudar o mundo a se tornar um lugar melhor para nós e para nossos filhos. Todo livro deveria trazer essa promessa.

Oh, the Places You'll go!. Random House, 1990.

PARA SABER MAIS >> Veja a seguir livros de negócios para crianças de todas as idades.

Livros de Negócios para Crianças de Todas as Idades

Às vezes, para pensar fora da caixa é preciso desenhar além das linhas, desenhar inspiração, isto é, de fontes improváveis. "Todos os adultos já foram crianças uma vez", escreveu Antoine de Saint-Exupéry. Seja para reavaliar, rejuvenescer ou escapar das exigências de nossa vida corrida, recomendamos uma volta às histórias e lições que foram as mais significativas para nós quando éramos crianças. As verdades que podemos encontrar nelas são atemporais. A seguir, algumas histórias em que sempre encontramos inspiração.

O Pequeno Príncipe (Agir, 48ª ed., 2006) é um clássico de Antoine de Saint-Exupéry sobre um garotinho que muda a vida de um adulto ao lhe relembrar as pequenas verdades que muitas vezes são esquecidas com o passar do tempo: as crianças aprendem fazendo perguntas. As flores brotam quando são nutridas. O trabalho é fútil quando não tem propósito. Deve-se experimentar o mundo para apreciá-lo. Ainda há tempo para fazer amigos e, talvez, um pouco mais profundo, *"On ne voit bien qu'avec le coeur, l'essentiel est invisible pour le yeuz"* — "Só se vê bem com o coração, o essencial é invisível para os olhos". *O Pequeno Príncipe* vai lhe colocar em um estado de espírito renovado; pode ser até que você comece a olhar as estrelas hoje à noite.

Baseado em um conto de Leo Tolstoy, *As Três Perguntas* (Martins Fontes, 2004), de Jon J. Muth, seguem um garoto, Nikolai, durante sua procura por respostas a três perguntas: "Qual é o melhor momento para fazer as coisas? Quem é mais importante? Qual é a coisa certa a ser feita?" À medida que Nikolai visita seus amigos animais e ajuda alguns em dificuldade, descobre — com a ajuda de uma velha tartaruga chamada Leo — que já possui as respostas. A prosa concisa de Muth e as aquarelas serenas tornam *As Três Perguntas* uma leitura contemplativa para crianças e adultos.

Rules of the Red Rubber Ball, de Kevin Carroll, é um pequeno livro com uma grande mensagem para pessoas de todas as idades; não importa o que faça, vá atrás do que lhe faz mais feliz... e faça-o com naturalidade. Para o jovem Carroll, que cresceu nas ruas de Filadélfia, o playground era seu refúgio e sua paixão. *Rules of the Red Rubber Ball* é a incrível história de busca da bola de borracha vermelha pelo resto da vida e, também, uma carga poderosa para sonhar grande, correr riscos e arranjar tempo para brincar com tudo o que fazemos.

Em *Walk On! A Guide for Babies of All Ages*, Maria Frazee usa a experiência dos bebês ao começar a andar como metáfora para aprender como sair do padrão de comportamento, correr riscos, transpor os obstáculos e determinar em quem e no que confiar. São as primeiras experiências do "tente, tente novamente" que passamos como seres humanos. Com essa observação universal – "Veja, como tudo parece ser diferente olhando daqui" – *Walk On!* nos faz lembrar de que algumas vezes temos que contar somente conosco mesmo e encontrar uma nova perspectiva no mundo.

Escrito por Rebecca Schlei

Chasing Daylight

Claro como o Dia: Como a certeza da morte mudou a minha vida. Nova Fronteira, 2006.

EUGENE O'KELLY

Resenhado por Jack

Um exemplar promocional desse livro ficou parado em minha mesa de escritório durante três semanas, intocado – um dos muitos que recebo dos editores. Estava limpando a mesa para uma nova remessa de livros quando resolvi ler a última página:

> No dia 24 de maio de 2005, Eugene O'Kelly entrou no consultório de seu médico com um calendário lotado e planos para uma vida toda em sua cabeça. Seis dias depois ele deixava o cargo de CEO da KPMG. Seus planos de toda uma vida minguaram em 100 dias, deixando-lhe somente tempo suficiente para dizer adeus.

Fechei a porta do meu escritório, transferi minhas chamadas telefônicas e li esse pequeno livro maravilhoso em uma só tarde. E não tenho vergonha em admitir que chorei.

O livro relata os detalhes dos três meses e meio entre o diagnóstico de um câncer terminal no cérebro de O'Kelly e sua morte. Sua voz melancólica, mas, ao mesmo tempo, extraordinariamente esperançosa, narra o livro e nos lembra de que devemos acolher os momentos frágeis e fugidios de nossa vida – o tempo que temos com nossa família, amigos e até mesmo conosco. O'Kelly é muito honesto em relação a seus medos. Contudo, o que na verdade me tocou foi seu estilo de escrever, simples, mas profundo. Por exemplo, leia a seguinte passagem:

> Morrer é uma empreitada difícil. Os últimos detalhes. A burocracia, os serviços de advogado. Todas as coisas que são chatas e enlouquecedoras sobre a vida quando tudo está indo bem. É claro, as outras coisas que acontecem quando se está morrendo – a parte física e a imensa parte emocional – podem ser inacreditavelmente horríveis. Mas se a burocracia é suficiente para aquebrantar o espírito – e é – o que mais sobra?

O impacto dessas poucas frases continua a me tocar, não importa quantas vezes eu as leia. Ele poderia escrever sobre qualquer coisa: a venda da casa ou sobre os planos para uma próxima viagem. Mas ficou claro que ele falava sobre coragem, sobre deixar a vida da maneira certa.

Imagine que você é o CEO de uma das maiores empresas de auditoria, onde começou carreira como assistente de contabilidade em 1973. Você tem apenas 53 anos e ainda tem muito o que viver, ou, pelo menos, um plano de aposentadoria tentador. Mas aí você fica sabendo que tem um câncer no cérebro e que não pode ser operado. É o fim de uma vida que você havia planejado. *Chasing Daylight* mexe com a gente porque somos humanos. Talvez esse livro tenha me tocado porque sou da mesma geração de O'Kelly. Ou quem sabe porque eu tenha perdido um grande amigo, um mentor, um ano antes, com câncer no pulmão e ainda estivesse abalado com a perda. Mas quem lê esse livro tem a percepção única do que se passa na mente de um homem ciente de que vai morrer. Mesmo sendo parte da condição humana, quando chega de forma prematura, a morte é algo que assusta.

"Fui abençoado. Disseram que eu tinha três meses de vida."

Eu estava preocupado se o autor contaria uma história sobre uma iluminação mística ou, como muitas memórias de fim de vida, passasse o livro falando de seus arrependimentos – passagens sentimentais demais sobre a filha mais nova e a família querida. Não que não haja espaço para coisas desse tipo, mas essas são líricas que escutamos em canções, e não era essa a natureza de O'Kelly. Quando descobriu a seriedade da doença, fez o que foi treinado para fazer como contador – elaborou listas: "1. deixar o emprego, 2. escolher um protocolo médico que me permita..., 3. tornar o tempo que me resta a melhor fase de minha vida e, na medida do possível, torná-lo um período bom também para todos os afetados por essa situação." Em seguida, criou uma lista de coisas a fazer em seus últimos dias: "*Deixar assuntos legais e financeiros em ordem. *Criar (mas também estar aberto a) grandes momentos – 'momentos perfeitos'. *Começar a fazer a transição para o próximo estado. *Planejar o funeral." Enfim, um contador até o fim.

O título do livro vem da rotina de O'Kelly jogar golfe com a esposa depois de chegar em casa do trabalho – jogando durante todo o verão, em busca da luz do dia. O amor de sua família é imenso e o final do livro é muito comovente. Sua esposa escreveu o último capítulo, contando como ele morreu. Ela também corrigiu seus escritos dos últimos dias desde que o tumor começou a se espalhar e fazendo a realidade dele ser outra.

Chasing Daylight é uma confirmação eloquente de que nossa vida e as pessoas que dela participam são alegrias temporárias, mas o tempo que passamos desfrutando nunca é perdido. Se conseguirmos vencer nossos medos – até mesmo o de enfrentar o fim de nossa vida e de deixar aqueles que amamos – podemos conseguir qualquer coisa. Esse foi o meu livro favorito de 2006 e continuará a ser por muito tempo. Insisto e recomendo que o leiam: esse livro mudará a sua vida.

Chasing Daylight: How My Forthcoming Death Transformed My Life. McGraw-Hill, 2008.

PARA SABER MAIS >> Ponha este livro de lado e passe algum tempo com as pessoas que você gosta. | E TAMBÉM: *Not Fade Away,* de Laurence Shames e Peter Barton; *O Ano do Pensamento Mágico* (Nova Fronteira, 2006), de Joan Didion; e *A Lição Final* (Agir, 2008), de Randy Pausch e Jeffrey Zaslow.

LIDERANÇA é a qualidade aparentemente não identificável que todos nós desejamos que nossos políticos, CEOs e – queiramos ou não admitir – nossos pais tenham. Esta seção mostra que não há nada elusivo sobre o que é necessário para se liderar pessoas. Todos esses autores pegam rotas diferentes para o mesmo destino: todo mundo quer um líder para definir como será o futuro e que os leve para lá.

On Becoming a Leader

WARREN BENNIS

Resenhado por Todd

Warren Bennis defende o postulado de que a liderança não pode ser aprendida: "Mais líderes foram feitos por acidente, circunstâncias, guinadas e desejos do que por meio de todos esses cursos de liderança juntos. Os cursos só podem ensinar técnicas... Desenvolver caráter e visão é a forma como os líderes inventam a si mesmos." Entrevistas com quase 30 líderes de todas as classes sociais, e a própria experiência de Bennis como líder, acadêmico e consultor (dando consultoria até mesmo para o presidente dos Estados Unidos), conferem incrível profundidade ao livro. O interesse perene desse título reflete sua única prescrição para a liderança.

Líderes bem-sucedidos são aqueles que podem acessar e depois expressar seus verdadeiros "eus", diz Bennis – um aceno à sua crença na psicologia humanística. Desenvolvida por Abraham Maslow, esse ramo da psicologia preocupa-se de forma específica com o que significa ser humano: o principal objetivo para o indivíduo é a autoatualização. O que pode parecer algum caminho místico oriental para alcançar a iluminação é, na verdade, uma filosofia central das hierarquias da necessidade de Maslow. Você deve ter se deparado com essa filosofia mais recentemente nas ferramentas com base nas forças de Gallup. Deixe-me colocar de outra forma: para ser bem-sucedido, você precisa descobrir no que é bom e fazê-lo.

"Nenhum líder se propõe a ser um líder", diz Bennis. "As pessoas estabelecem viver a vida, expressando-se de forma plena. Quando essa expressão tem valor, elas se tornam líderes." Assim, Bennis nos pede que levemos em consideração nossa vida e como a família, os amigos e a escola moldaram nossas crenças, enfatizando que aqueles relacionamentos e experiências não nos definem, mas, ao contrário, proporcionam o material para descobrir ou refletir sobre a verdade e o verdadeiro eu. Embora o cérebro esquerdo lógico, com frequência, venha a competir com o lado direito emocional, o instinto serve bem a um líder somente se ele ou ela puder ouvir uma voz interior equilibrada. Para fazer isso, precisamos examinar nossos motivos e lutar por expressões saudáveis de valor, enquanto abandonamos as buscas egoístas.

Não existe um caminho direto para a iluminação pessoal e a estrutura do livro parece imitar o sinuoso curso que todos devemos percorrer. Os capítulos com títulos provocativos como "Conhecendo a si mesmo" e "Operando pelo instinto" fornecem um conceito livre. Bennis, então, extrai de uma ampla variedade de fontes e entrevistas que emprestam ao livro um tom de conversação. Página após página, o conhecimento de várias fontes desafia os leitores a considerarem a liderança de diversas perspectivas. Por exemplo, o último filme do diretor de cinema Sydney Pollack observa que "dirigir um carro, pilotar um avião – pode-se reduzir essas coisas a uma série de manobras que são sempre executadas da mesma forma. Mas em algo como a liderança, assim como com a arte, você reinventa a roda todas as vezes que aplica o princípio". Esse conteúdo extra oferece outro ponto de contraste com o pacote mais corriqueiro e certinho de como digitar os guias de liderança.

"Mais líderes foram feitos por acidente, circunstâncias, guinadas e desejos do que por todos esses cursos de liderança juntos."

Nesse livro, Bennis trata a liderança com um grau de seriedade que é a mudança de perspectiva. Ele faz referência a um cientista da University of Michigan que garante que, depois da guerra nuclear e da epidemia mundial, o risco maior para a sociedade é a qualidade da liderança de nossas instituições. Bennis prossegue com um desafio aos leitores: "Nossa qualidade de vida depende da qualidade de nossos líderes. Já que ninguém mais parece ser voluntário, depende de você. Se você já sonhou com a liderança, agora é a hora, este é o lugar e você está nele. Precisamos de você."

On Becoming a Leader: The Leadership Classic. Basic Books, 2003.

PARA SABER MAIS >> Página 250, para aprender a liderar em tempos incertos >> Página 45, para outro livro de liderança com a mesma vibração << Página 27, para descobrir o que fazer | E TAMBÉM: *Judgment*, de Noel M. Tichy e Warren Bennis; *Organizing Genius*, de Warren Bennis e Patricia Ward Biederman; e *The Maslow Business Reader*, de Abraham H. Maslow e Deborah C. Stephens.

The Leadership Moment

O Momento de Liderar. Campus/Elsevier, 2008.

MICHAEL USEEM

Resenhado por Jack

Em 5 de agosto de 1949, Wagner Dodge e sua equipe de 15 bombeiros foram chamados para saltar de paraquedas em Mann Gulch, Montana, para combater o fogo que queimava a floresta e os campos. No linguajar dos "saltadores da fumaça", era um fogo de dez horas, um que eles lutariam durante toda a noite e que o teriam sob controle na manhã seguinte. Enquanto tentavam apagar as chamas, o vento que surgiu de forma inesperada espalhou o fogo e a fuga para o rio na base do desfiladeiro ficou bloqueada. Dodge e sua equipe abandonaram suas tentativas de lutar contra o incêndio e tentaram escapar, mas se viram encurralados pelas labaredas que avançavam. No caos, Dodge parou, acendeu um fósforo e o jogou na grama da savana. Com um movimento absurdo ele esperava criar um fogo dentro do incêndio para se proteger e a sua equipe. Eles ignoraram seu gesto enfático para que se juntassem a ele e, em vez disso, procuraram suas próprias rotas para se salvar. Para 13 dos homens de Dodge, essa decisão foi uma escolha fatal. Nesse livro, o professor Michael Useem, da Wharton School, utiliza essa história e mais uma série de outras para ilustrar os momentos únicos que os líderes enfrentam.

Useen conta histórias de forma magistral, concentrando-se em pessoas reais que experimentaram um momento de liderança para ensinar seus nove princípios. Ele define esse momento como um tempo quando nossa credibilidade e reputação estão em jogo, quando o destino ou a sorte de outros depende do que vamos fazer. A liderança nessas ocasiões é melhor quando "a visão é estratégica, a voz persuasiva, os resultados tangíveis". Useem retira uma variedade ampla de ocupações e incidentes para mostrar o que líderes verdadeiros fazem, ou não fazem, quando a situação é crítica. Essa perspectiva envolvente resulta em um trabalho inspirador que amplia a definição do que significa ser um líder.

O autor começa cada capítulo com episódios cativantes, mas depois disseca as ações tomadas e, em alguns casos, os erros cometidos para enfatizar a lição subjacente. Durante o incêndio no Mann Gulch, o primeiro erro de Dodge aconteceu mais cedo, naquele dia, quando ele instruiu seus homens a avançar sem ele em direção ao incêndio enquanto retornava para pegar suprimentos do campo de salto. Quando voltou, o fogo estava muito alto, alastrando-se mais, e a única opção era fugir. Naquele momento, Dodge cometeu outro erro ao dizer para a equipe que soltasse todas as ferramentas. Useem diz que dar esse comando foi o equivalente a Dodge "ordenar aos soldados que tirassem os uniformes". As duas decisões foram certas para o conjunto de circunstâncias em que Dodge se encontrava, mas Useem acredita que há uma razão adicional, menos aparente, para que sua equipe tenha perdido a confiança nele. O estilo de comunicação de Dodge era quieto e instrutivo e, com o tempo, ele não estabeleceu empatia com os homens. Quando apresentou uma solução incomum em um ambiente inesperado, sua equipe não teve ponto de referência para que pudesse confiar nele.

"A liderança nessas ocasiões é melhor quando a visão é estratégica, a voz, persuasiva e os resultados, tangíveis."

Outros momentos de liderança acontecem quando uma decisão é tomada em prol de um bem maior. Useem conta a história otimista de Roy Vagelos, da Merck & Co., e sua missão para combater uma doença generalizada chamada de cegueira do rio. Em 1988, mais de 20 milhões de pessoas no mundo todo, a maioria pobre, contraiu a doença; um terço ficou cega. A doença é causada por um verme parasitário que se desenvolve na água. Os químicos da Merck descobriram que uma droga para vermes do coração em animais também poderia matar esse parasita. Tais descobertas foram apresentadas a Vagelos, o líder de pesquisas, e se criou um dilema: um novo produto com nenhum potencial de lucro, já que os que receberiam o remédio não teriam dinheiro para pagar pelo tratamento. Além disso, a transferência das drogas de uso animal para uso humano geralmente falham e, dada a natureza da doença, aqueles infectados precisariam de doses anuais por até 14 anos a fim de erradicar completamente o parasita. Apesar das significativas desvantagens, Vagelos deu luz verde ao projeto e os estudos se mostraram sucesso imediato. Quando chegou a hora de tomar a decisão para comercializar o produto, Vagelos, então CEO da Merck, decidiu novamente apoiar o projeto. Contudo, dessa vez, ele estava apoiando um projeto que entraria em confronto direto com a responsabilidade fiscal dos acionistas. Vagelos aguentou firme e apoiou a iniciativa, apesar de todo o burburinho, demonstrando que fazer a coisa certa é a liderança em seu melhor.

Embora muito do material contido no livro relate incidentes de negócios tradicionais externos, a riqueza de conhecimento de Useem, de seu cargo na Wharton, permite-lhe traçar paralelos com os desafios que os líderes de negócios contemporâneos enfrentam durante toda a carreira. O formato em história proporciona ao leitor acesso vívido ao alto nível de intensidade suportado por líderes em todas as situações e inspiração para tirar o melhor de cada momento de liderança.

The Leadership Moment: Nine True Stories of Triumph and Disaster and Their Lessons for Us All. Three Rivers Press, 1998.

PARA SABER MAIS >> Página 60, outro líder na história >> Página 77, um grande momento de liderança >> Página 221, um fraco momento de liderança | E TAMBÉM: *The Killer Angels,* de Michael Shaara; *Leading at the Edge,* de Dennis N.T. Perkins; e *Este Barco Também é seu* (Cultrix, 2006), de Michael Abrashoff.

Liderança

no Cinema

Um filme pode ser puro entretenimento ou pode influenciar o que você faz no dia a dia. Embora poucos nunca precisem aprender como montar uma armadilha explosiva quando estiver liderando sobreviventes de um naufrágio durante a caça a um tesouro, muitos enfrentam desafios de liderança no escritório. Para inspiração e até mesmo para algumas ideias sobre liderança, segue um guia de filmes que descrevem o que há de melhor sobre o assunto.

"12 Homens e Uma Sentença" [1957]

Estrelado por Jack Klugman, Jack Warden, Henry Fonda e Ed Begley. Dirigido por Sidney Lumet. Recebeu três indicações para o Oscar e quatro Globos de Ouro. Em quase todas as listas de "filmes imperdíveis" dos críticos de cinema, "12 Homens e Uma Sentença" exemplifica as habilidades de liderança, direção e negociação necessárias a muitos gerentes e CEOs. O filme gira em torno de um julgamento e 12 jurados que debatem o destino de um homem acusado. Todos, menos um dos jurados, acreditam que o acusado é culpado e o que se segue é um debate tenso e dramático que revela em profundidade o caráter de cada um desses 12 homens. Dentro da história, ferramentas importantes de persuasão e negociação com confrontos estão disponíveis para os espectadores atentos.

"Apolo 13 – Do Desastre ao Triunfo" [1995]

Estrelado por Tom Hanks, Bill Paxton, Kevin Bacon e Gary Sinise e dirigido por Ron Howard, o filme recebeu nove indicações para o Oscar (ganhou dois) e quatro indicações para o Globo de Ouro. Em 1970, três astronautas partiram a fim de levar o homem à Lua. Apesar de nenhum dos três ter posto o pé na Lua, a missão foi considerada um "fracasso bem-sucedido". Uma explosão na hora do lançamento deixou-os com uma aeronave deteriorada e a sobrevivência dos astronautas em perigo. Na Terra, o diretor de voo, Eugene Kranz, pressionou a equipe da NASA além dos limites imagináveis para encontrar uma solução que pudesse trazer os astronautas de volta, vivos. No espaço, o comandante James Lovell manteve sua tripulação concentrada nas tarefas, trabalhando juntos e, dadas as circunstâncias, otimistas. A liderança extraordinária desempenhada por esses dois homens é, assim como a missão, lendária.

"Sonhos de uma Noite de Inverno" [1995]

Estrelado por Michael Maloney, Joan Collins, Jennifer Saunders e Julia Sawatha e dirigido por Kenneth Branagh, o filme ganhou o Osella Dourada e foi indicado para o Leão de Ouro. Ele aborda um velho tema que aparece com frequência na literatura. Neste caso, é um grupo da comunidade que almeja fazer uma produção de Hamlet para salvar uma igreja. Seja um espetáculo teatral ou uma nova ideia na sala de reuniões, uma pessoa sempre ganhará, dirigirá o plano de ação e trabalhará duro para implementá-lo. Com certeza, nem todos esses shows acontecem sem problemas, mas, na vida real, as habilidades necessárias para fazer todos remarem no mesmo barco são críticas para o sucesso. Algum conflito inevitavelmente aparece e os empregados (nesse caso os atores da peça) não estão motivados ou não conseguem ter uma visão do todo. É preciso um grande líder para deixar claro o objetivo principal, manter cada membro e no curso, e sustentar o nível de intensidade que, em última análise, culminará em algo bem significativo.

Outros filmes sobre liderança

"Aliens – o Resgate" [1986]

"Sociedade dos Poetas Mortos" [1989]

"Elizabeth" [1998]

Escrito por Roy Normighton, Sally Haldorson e Kate Mytty

The Leadership Challenge

O Novo Desafio da Liderança. Campus/Elsevier, 2001.

JAMES M. KOUSES E BARRY Z. POSNER

Resenhado por Todd

Para começar a pesquisa do livro, Jim Kouzes e Barry Posner fizeram uma pergunta a pessoas com formações distintas: "Que valores, traços de personalidade ou características você procura e admira em um líder?" Vinte atributos apareceram na maioria das respostas e quatro deles foram consistentes: honestidade, vanguarda, inspiração e competência. As descobertas correspondem ao que os especialistas em comunicação chamam de "credibilidade das fontes". Apresentadores de noticiários bem-sucedidos, pessoal de vendas e políticos, todos exibem essas qualidades, mas é particularmente a habilidade de ser uma pessoa de vanguarda que eleva alguém à categoria de líder.

Os autores continuaram com a pesquisa, estudando líderes distintos para determinar como eles trabalhavam quando seus desempenhos atingiam o melhor. Depois de juntar vários casos de estudo (agora alguns milhares) sobre os melhores momentos de liderança pessoal e procurando por temas comuns nessas experiências, Kouzes e Posner desenvolveram cinco regras de liderança: apontar o caminho, inspirar uma visão compartilhada, desafiar o estabelecido, deixar os outros agirem e encorajar o coração. Quando eles encontraram paralelos entre a pesquisa inicial que os seguidores valorizavam em um líder e os temas comuns subjacentes no melhor da liderança, os autores viram que tinham achado algo interessante. Mais tarde, eles testaram a validade de suas pesquisas fazendo a correlação do comportamento de liderança daqueles com medidas externas como um aumento no desempenho financeiro e a satisfação da equipe.

Para verificar como a exaustiva pesquisa de Kouzes e Posner foi empregada, considere a característica de liderança *vanguardista* alinhada com o segundo princípio dos autores, "inspirar a visão compartilhada". Os líderes imaginam o que é possível: como disse um entrevistado, "sou o departamento de futuros de minha organização". Ainda assim, os gerentes seniores dizem que passam somente 3% do tempo olhando e pensando no futuro. Aqueles que atuam na linha de frente, afirmam os autores, deveriam dedicar cinco vezes, ou mais, do tempo a cada passo que dão na trilha que leva ao gabinete executivo. Os autores sugerem a leitura de publicações para estimular a inspiração: *The Futurist* e *Popular Science* vêm à mente.

Outro truque recomendado por eles, rotulado de "o efeito de Janus", é ampliar o horizonte de seu tempo. Comece com o passado, pensando onde você e sua empresa estavam... e, então, pense sobre o futuro. O professor Omar El Sawy é referenciado aqui por ter descoberto que começar com história permite aos que fazem prognósticos ver duas vezes mais longe em direção ao futuro. Assim, para trazer de verdade a visão para a vida, ela precisa ser "compartilhada" e propiciar aos outros que participem do processo.

Devido, em parte, ao apelo da extensa pesquisa dos autores e à abordagem prática, o livro vendeu mais de 1,5 milhão de exemplares desde 1987 e foi recentemente publicado, em sua quarta edição. Mas o livro não é o fim do caminho para os leitores interessados em aplicar as lições dos autores. Uma variedade única de suplementos proporciona ao livro profundidade adicional. Por exemplo, 3 milhões de pessoas pegaram as 30 questões do estoque de práticas de liderança e ajudaram a avaliar os milhares de líderes com os quais trabalham. O Workshop do livro oferece um kit que proporciona aos treinandos da empresa e aos facilitadores independentes as ferramentas para compartilhar os princípios com os grupos de todos os tamanhos. Livros de exercícios, vídeos e seminários por todo o mundo enfatizam que a liderança é uma habilidade que qualquer um pode aprender.

"Liderança não é um gene e não é uma herança. É um conjunto de habilidades e aptidões que não podem ser identificadas, mas que estão disponíveis para todos."

O livro e seus recursos adicionais fornecem a estrutura para que possamos ver como a liderança cabe junto com todos os aspectos de negócios. Jim Kouzes faz referência ao *Desafio da Liderança* como sendo uma árvore de Natal: homens e mulheres de negócios têm toda sorte de pensamentos e ideias sobre como eles e suas empresas devem operar, muitos com ornamentos reluzentes e fios de luzes brilhantes apenas esperando para serem pendurados em uma árvore.

The Leadership Challenge. Jossey-Bass, 2007.

PARA SABER MAIS >> Página 8, uma estratégia para ficar organizado >> Página 273, para fazer as ideias "colarem" >> Página 67 para uma estratégia sobre estratégia | E TAMBÉM: *The Offsite,* de Robert H. Thompson; *The Leadership Challenge Workbook,* de James M. Kouzes e Barry Z. Posner; e *Christian Reflection on the Leadership Challenge,* de John C. Maxwell, James M. Kouzes e Barry Z. Posner.

Leadership Is an Art

Liderar é uma Arte. São Paulo: Best Seller, 1989.

MAX DE PREE

Resenhado por Jack

A arte sempre foi parte integral do sucesso da Herman Miller, Inc. Desde o começo, a moderna fabricante de móveis com sede em Michigan colaborou com alguns dos maiores designers do século, como George Nelson, Charles e Ray Eames, para criar ícones de desenho industrial. Essas colaborações influenciaram profundamente os valores da empresa. Hoje, a Herman Miller continua a alinhar seus objetivos de design inovador com práticas de liderança inovadoras. Nesse livro, Max De Pree, antigo CEO dessa empresa, descreve a arte de liderança como "liberar as pessoas para fazerem o que se exige delas, da forma mais efetiva e humana possível". De Pree transmite essa mensagem por meio de histórias e ideias em vez de práticas e regras.

No começo, a fábrica da Herman Miller usava um eixo motriz central para dirigir as máquinas. O técnico industrial supervisionava esse sistema e era uma pessoa-chave dentro da fábrica. Um dia essa pessoa morreu. O pai de De Pree, fundador da empresa, visitou a viúva para dar as condolências. Enquanto ele estava lá, ela leu para ele algumas poesias. O De Pree mais velho perguntou quem havia escrito os poemas e ela lhes disse que tinha sido seu marido, o técnico industrial. Agora, 60 anos depois dessa revelação, Max De Pree pergunta a si mesmo: "Ele era um poeta que fazia um trabalho de técnico industrial ou era um técnico industrial que escrevia poesia?"

O jovem De Pree parece entristecido com a perda da oportunidade. O poeta secreto poderia ter sido um redator publicitário. "Quando pensamos em líderes e na variedade de dons que as pessoas trazem para as empresas e instituições, vemos que a arte da liderança consiste em polir, liberar e possibilitar esses dons." Ao fazer isso, eliminamos a separação entre a vida que lideramos em casa e a do escritório.

Mesmo com essa perspectiva que coloca as pessoas em primeiro lugar, um líder deve ser capaz de colocar a teoria em prática. Um dos princípios que De Pree defende é a "liderança itinerante". Ele escreve que em muitas organizações existem dois tipos de líderes – o tradicionalmente hierárquico e o itinerante. Estes são pessoas que tomam a iniciativa e assumem o controle ou a propriedade de uma situação independentemente de sua posição ou atribuições. Ele nos conta a comovente história de uma pessoa que é ajudada antes de falecer na igreja quando os líderes itinerantes rapidamente tomaram o controle da crise. Passei algum tempo refletindo sobre minhas habilidades e a de meus empregados em sermos líderes itinerantes e foi muito bom ver que eu havia criado uma cultura corporativa que atraía e retinha exatamente essas pessoas. Sobretudo em uma empresa pequena como a minha, onde os deveres dos funcionários tendem a declinar e fluir dependendo do que for essencial à empresa em dado momento, os líderes itinerantes são cruciais para tornar qualquer projeto um sucesso.

"Entender e aceitar a diversidade nos permite ver que cada um de nós é necessário."

De Pree enche o livro com passagens convincentes e sinceras sobre o que realmente significa dirigir uma empresa e seus funcionários: "A primeira responsabilidade de um líder é definir a realidade. A última é dizer muito obrigado. Entre essas duas, o líder deve tornar-se um servo e um devedor. Isso resume o progresso de um líder habilidoso." Nunca é tarde para ler o livro e encontrar em suas páginas você ou o líder que você gostaria de se tornar.

Leadership Is an Art. Currency-Doubleday, 2004.

PARA SABER MAIS >> Página 154, para uma prova de que ouvir ajuda >> Página 202, negócios na tentativa e erro >> Página 80, outras empresas com alma | E TAMBÉM: *Servant Leadership,* de Robert K. Greenleaf; *Synchronicity,* de Joseph Jaworski; e *Stewardship,* de Peter Block.

The Radical Leap

Liderança Radical. Sextante, 2006.

STEVE FARBER

Resenhado por Jack

Fábulas e parábolas utilizam ideias complexas e, como nas histórias bem escritas, ensinam lições facilmente compreensíveis. O uso de narrativas permite que o leitor internalize a mensagem que o autor está tentando transmitir e, quando a combinação correta entre personagens, trama, mensagem e conclusão se realiza, a magia pode acontecer. Steve Farber conseguiu atingir maravilhosamente essa fusão sinérgica com sua agradável parábola.

Esse livro oferece mais do que reviravoltas na trama. Em uma história que se desenrola durante uma única semana, Steve Farber interpreta a si mesmo e, como acontece com a maioria das parábolas de negócios, busca uma resposta. Na qualidade de consultor administrativo, Steve é procurado por uma amiga que se encontra em situação insustentável em uma empresa da qual ela gosta muito. Janice é vice-presidente sênior (VPS) de marketing, a segunda no comando desde que o carismático presidente desapareceu de repente e foi substituído por um verdadeiro *bean counter,** Bob Jeffers, sem nenhuma habilidade com as pessoas. Janice ficou tão transtornada com a mudança em sua empresa, que está cogitando a hipótese de largá-la. Ela procurou Steve com essa decisão e também pede a ele que tente encontrar o presidente que sumiu. Ela é muito próxima a ele e precisa de seus conselhos.

Para a sorte de Steve, no início daquela mesma semana ele havia saído para tomar um café e puxou conversa com um indivíduo que parecia um *beach bum.*** Edg, um dos personagens mais pitorescos da ficção empresarial, torna-se guia de Steve e lhe explica que liderança "é sempre palpável e raramente efêmera. Ela é intensamente pessoal e intrinsecamente assustadora, e exige que vivenciemos integralmente os ideais que abraçamos todos os dias de nossa vida, até e além do ponto do medo". Para lidar com esse medo, Edg defende a "liderança extrema". Os conselhos de Edg ajudam Steve a determinar como ajudar Janice.

Liderança radical é viver em busca do "Momento Ai Meu Deus!", definido como o indicador natural e intrínseco de que você está fazendo – ou está prestes

---

**Nota da Tradutora*: *Bean counter* – pessoa da área financeira excessivamente preocupada com cifras.

***Nota da Tradutora: Beach bum* – fanático pelo estilo de vida praiano, rato de praia.

a fazer – algo realmente significativo, e está – com toda a razão – morrendo de medo. Edg também fala sobre LEAP (salto), que é a sigla em inglês para: cultivar o amor (Love), gerar energia (Energy), inspirar ousadia (Audacity) e fornecer provas (Proof).

Para muitos executivos, determinados aspectos do LEAP podem ser difíceis de digerir logo de cara. Amor e energia não são considerados práticas de negócio "reais" pela maioria dos executivos e podem soar um tanto melosos, mas quando você pensa no quanto adora seu trabalho e como achava gratificante levantar-se e pôr a mão na massa... dá para entender o que é o amor e a energia aos quais Edg se refere. Uma visão global pode e vai inspirar ousadia e, no final, você acabará produzindo as provas, ou seja, os resultados.

"Faça o que gosta para atender as pessoas que adoram o que você faz."

Não vou revelar como essa história termina, mas acredite: esse livro é especial. Ele demonstra como a liderança extrema é a melhor e mais bem-sucedida forma de liderança. O livro também é especial por se sustentar como obra de ficção. Os personagens são engraçados e fáceis de assimilar, e a trama tem muitas guinadas e reviravoltas. O resultado é que você ficará envolvido pelas tentativas dos personagens em resolver os problemas e, como recompensa, ficará inspirado para dar o SALTO (LEAP) e radicalizar em sua própria liderança.

The Radical Leap: A Personal Lesson in Extreme Leadership. Dearborn (Kaplan), 2004.

PARA SABER MAIS >> Página 43, para conhecer os amigos de Farber » Página 149, para ler uma grande obra de ficção sobre gerenciamento | E TAMBÉM: *The Radical Edge*, de Steve Farber, *Leadership and Self-Deception*, do Arbinger Institute; e *O que Aprendi com meu Carteiro sobre o Trabalho e a Vida* (Sextante, 2007), de Mark Sanborn.

Control Your Destiny or Someone Else Will

Controle o seu Destino antes que Alguém o Faça. Educator Editora, 1993.

NOEL M. TICHY E STRATFORD SHERMAN

Resenhado por Todd

Em 1994, aceitei um cargo na General Electric, em seu Programa de Gestão de Manufatura, um dos muitos programas de treinamento utilizados para preparar universitários graduados. A certa altura daquele primeiro ano, recebi meu primeiro exemplar desse livro que fora publicado um ano antes e estava tendo uma calorosa recepção dentro da empresa. Noel Tichy foi fundamental para redesenhar os programas de treinamento de liderança da GE, e o livro, escrito em parceria com Strat Sherman, abriu as portas para mostrar a evolução do conglomerado sob o comando do CEO Jack Welch.

O livro foi publicado antes do reconhecimento do mérito de Jack Welch, antes de ele ter sido chamado de o "Administrador do Século" pela revista *Fortune* e antes que a capitalização de mercado da empresa atingisse $450 bilhões. É fácil para acadêmicos e especialistas de hoje olhar para trás e rotular a reviravolta de 20 anos de Welch como algo excepcional, mas Tichy e Sherman foram os primeiros a reconhecer e relatar o fato. Embora a GE tenha ficado aquém das expectativas nas métricas financeiras estabelecidas por Jim Collins em sua obra seminal *Good to Great*, você deve ler *Control Your Destiny or Someone Else Will* para saber como Jack Welch transformou a organização da condição de boa para excelente.

A situação que Jack Welch herdou quando se tornou CEO em 1981 era uma das mais difíceis que um líder pode enfrentar: a vida na GE era boa, porém ele sabia que podia ser bem melhor. Essa não é exatamente uma situação que encoraje políticas com foco na mudança, e o novo líder tinha 420 mil funcionários para convencer a adotar uma nova linha de ação. Para estimular a mudança, em 1982 Welch fez a sua agora famosa declaração de que todas as unidades de negócio da GE seriam número um ou número dois em seus mercados, e prometeu "recuperar, fechar ou vender" qualquer unidade que não atendesse a esses padrões. A classe gerencial estabelecida bocejou: "mesma história, outro líder" foi sua reação.

Ao longo dos dez anos seguintes, Welch cumpriu sua promessa. Vendeu 125 empresas só nos primeiros quatro anos, aí incluídas muitas marcas de consumo centrais à tradicional identidade da empresa. Na primeira década, 300 mil pessoas deixaram a GE com a venda de divisões de baixo desempenho ou incentivadas por planos de demissão voluntária da empresa. "Penso que uma das tarefas de um executivo é afastar-se da zona de vale-tudo e partir para os nichos nos quais você pode se destacar", disse Welch e, por volta de 1993, cada divisão da GE detinha um dos dois patamares mais altos de seus mercados. Welch referia-se a essa época como "deixar o hardware em ordem", montando a estrutura corporativa que permitiu que a GE se tornasse um conglomerado bem-sucedido.

Welch sabia que havia um limite para ganhar com redução e, na segunda metade de sua gestão, deslocou o foco para "software". Welch investiu na revitalização de Crotonville, as instalações da empresa em Nova York, na qual iria treinar 10 mil funcionários por ano e "doutrinar os administradores com os novos princípios". Rapidamente ele percebeu que aqueles esforços diretos atingiriam somente uma fração da força de trabalho e que seria necessário algo mais do que as mensagens em vídeo e newsletters padrão da empresa. Os novos valores teriam que ser experimentados em todas as fábricas e escritórios da GE ao redor do mundo.

"Peter Drucker... teve grande influência sobre [Jack] Welch quando escreveu 'Se você já não estivesse no ramo, começaria tudo de novo hoje?'."

Esse insight foi a semente do Work-Out, reuniões comunitárias nas quais entre 30 e 100 funcionários, no período de alguns dias, discutiam "seus problemas cotidianos". Os chefes não podiam participar até os momentos finais, quando eram obrigados a tomar decisões imediatas do tipo sim ou não a respeito das questões levantadas pelos grupos. No período de 5 anos, mais de 200 mil funcionários da GE, ou seja, 85% da força de trabalho da empresa, passaram pelas sessões de Work-Out. Esse grande avanço cultural permitiu que os funcionários dessem os passos necessários para eliminar o trabalho inútil e criou uma relação de equilíbrio entre os níveis salariais e diferentes áreas dentro da empresa, um esforço que o acadêmico Len Schlesinger, da Harvard Business School, classificou como "um dos maiores esforços planejados para transformar o comportamento das pessoas desde a Revolução Cultural de Mao".

A versão atual desse livro é um calhamaço com assombrosas 416 páginas, mas não se deixe intimidar por isso. A primeira metade é uma narrativa sobre Welch e a empresa na qual ele entrou, ao passo que a segunda metade detalha os desafios e iniciativas associadas que Welch empreendeu, abrangendo desde globalização até velocidade. Em 2001, quando Welch estava deixando seu posto, uma edição revisada continha mais de 160 novas páginas de cartas referentes a

20 anos de relatórios anuais. Em 2005 foi publicada uma segunda revisão que mais uma vez analisava o material, incorporando um prólogo de Sherman e um epílogo de Tichy. O último item de peso vem na forma de um Manual dos Revolucionários de 70 páginas escrito por Tichy, que desafia os líderes a avaliarem suas organizações tendo como parâmetro as mudanças radicais pelas quais a GE passou.

QUESTÕES LEVANTADAS POR JACK WELCH

- Como é seu ambiente de concorrência global?
- Nos últimos três anos, o que seus concorrentes fizeram para atingi-lo?
- No mesmo período, o que você fez para atingir seus concorrentes?
- Como eles podem afetá-lo no futuro?
- Quais são os planos para competir com eles?

Fonte: "It's All in the Sauce", *Fortune*, 4 de abril de 2005.

Eu me considero afortunado por ter sido contratado pela GE e sou testemunha pessoal do impacto, da absoluta transformação engendrada pelas ações de Jack Welch na General Electric. Nunca me encontrei com Welch, mas o conhecimento e a experiência que ganhei nos seis anos que passei na empresa provavelmente nunca encontrarão paralelo. Ainda que a GE fabrique turbinas de avião e emita cartões de crédito, seu produto essencial é a criação de administradores de nível internacional. Todos os CEOs da GE foram recrutados dentro da organização e a Boeing, Chrysler e a Intuit são apenas algumas das empresas atualmente administradas por ex-executivos da GE. O quadro que Tichy e Sherman pintam de Jack Welch dá aos líderes de todo o mundo um exemplo da melhor liderança que existe.

Control Your Destiny or Someone Else Will. Collins Business Essentials Edition, 2005.

PARA SABER MAIS >> Página 160, para mais detalhes sobre mudar e agir » Página 77, para outra grande virada corporativa >> Página 67, para ver quais são as empresas feitas para vencer, segundo Jim Collins | E TAMBÉM: *The Cycle of Leadership*, de Noel M. Tichy; *Paixão por Vencer* (Campus/Elsevier, 2005), de Jack e Suzy Welch; e *E se Harry Potter Dirigisse a General Electric?* (Planeta do Brasil, 2006), de Tom Morris.

Leading Change

Liderando Mudanças. Campus/Elsevier, 1997.

JOHN P. KOTTER

Resenhado por Jack

Após o atentado de 11 de setembro, nossa empresa – a exemplo de muitas outras – sofreu uma súbita desaceleração. A reviravolta alterou o clima normalmente positivo de nossa editora; infelizmente, não havia muito a fazer para combater a desaceleração do mercado. Contratei um consultor para implantar uma iniciativa de mudança que poderia nos devolver ao bom caminho. Entretanto, a iniciativa de mudança não pegou, ainda que no início tenha tido uma boa acolhida por parte de nossos funcionários. Esse livro revela o porquê disso. Uma iniciativa de mudança é como corrigir o curso de um rio. Você constrói uma barreira de pedras no leito do rio e, ainda assim, a água corre ao redor e por cima – às vezes até mesmo através dela –, determinada a manter o curso original. Alterar o curso de um rio exige manutenção constante. A vantagem desse livro é que Kotter nos ensina como alterar o curso de uma empresa de forma permanente.

Kotter deu esse título ao livro por acreditar que para que as iniciativas de mudança tenham êxito, a empresa precisa de líderes, e não de administradores. Na verdade, ele afirma que a mudança bem-sucedida requer de 70% a 90% de liderança e de 10% a 30% de gestão. Muitas organizações não contam com largura de banda de liderança para realizar esse trabalho. As organizações contemporâneas institucionalizaram a gestão em detrimento da liderança, o que apenas amplifica as dificuldades da mudança. Refletindo sobre o dilema de minha empresa agora, enxergo com facilidade que, mesmo sabendo que a mudança era um imperativo – na verdade, eu era o único a perceber isso – eu a encarava como um mandato gerencial e não percebia que precisava liderar a mudança, ser o primeiro a colocá-la em prática.

O livro aborda o "Processo de Mudança de Oito Estágios". O primeiro processo é "Estabelecer um Senso de Urgência". Parece bem simples, mas como Kotter afirma: "Em uma empresa com 100 empregados, pelo menos duas dúzias deles devem ir bastante além de suas obrigações normais para produzir mudança significativa. Em uma empresa com 100 mil funcionários, esse número sobe para 15 mil ou mais." Como minha empresa trabalha com gestão transparente, achei que mostrar aos funcionários esses números seria suficiente para inspirar essa urgência, porém os números, meros "factóides" para a grande maioria dos funcionários, não foram suficientes para arrancar-nos de nossa complacência.

O discurso de Kotter sobre complacência revela como o "porém" em uma conversa sobre mudança pode arruinar qualquer iniciativa. Seu esquema de formas para elevar o nível de urgência está repleto de exemplos práticos de como motivar pessoas. Com sugestões como o estabelecimento de metas tão altas que, para alcançá-las, é preciso conduzir os negócios de maneira incomum, e enviar mais dados sobre a satisfação do cliente e desempenho financeiro para um maior número de funcionários – sobretudo informações que comprovam os pontos fracos perante a concorrência – Kotter mostra como ajudar as pessoas a compreender a seriedade do problema que a administração enfrenta. Agora eu tenho plena consciência de que perdi a oportunidade de tornar os desafios da empresa reais para os meus funcionários.

"Empresas de todo o mundo enfrentarão riscos ainda mais temíveis e excelentes oportunidades, em função da globalização da economia, aliada às tendências sociais e tecnológicas relacionadas."

"Criar a Coalizão-Guia" é outro processo defendido por Kotter, que afirma que o CEO sozinho está fadado ao fracasso na promoção da mudança porque a iniciativa precisa de uma equipe coesa para obter sucesso. Kotter sugere as características necessárias para a coalizão-guia: poder do cargo, expertise, credibilidade e liderança, com confiança e sinceridade como o cimento da união do grupo. Ele enfatiza que "é preciso habilidades gerenciais e de liderança dentro da coalizão-guia, que tem que trabalhar em conjunto, fazer um trabalho de equipe. O primeiro mantém todo o processo sob controle, enquanto o último conduz a mudança". Em nosso caso, eu estava lutando para manter a mudança contra a corrente mais forte da complacência e não tinha criado uma equipe sólida para dar continuidade ao esforço de tornar a mudança um hábito.

Como aprendi, a mudança é fácil de começar, difícil de fazer crescer e muito difícil de manter no longo prazo. Não importa se quer revitalizar sua empresa, salvar uma estratégia infrutífera ou reorganizar equipes, você encontrará valor nesse livro de Kotter que apresenta formas de corrigir o curso de um rio proporcionando sacos de areia e instruções detalhadas sobre onde colocá-los para obter um efeito máximo e duradouro.

Leading Change. Harvard Business School Press, 1966.

PARA SABER MAIS >> Página 85, para saber como o futuro está na mudança » Página 75, para a versão de um fanático por mudança » Página 164, para escolher sua abordagem de mudança | E TAMBÉM: *Nosso Iceberg Está Derretendo* (Best Seller, 2007), de John P. Kotter; *Gerenciando na Velocidade da Mudança* (IBPI Press, 1995), de Daryl R. Conner; e *Managing Transitions,* de William Bridges.

The Economist

A única revista que você precisa ler

Não é sempre que dispomos de tempo para ler um livro e, se você só tem tempo para ler uma publicação sobre negócios por semana, então leia a *The Economist*.

A *The Economist* tem estado no ponto de conexão de negócios, política e comunidade desde que o chapeleiro britânico James Wilson fundou a revista, em 1843. A missão da publicação semanal era promover o livre-comércio, fazendo oposição às políticas comerciais protecionistas do Parlamento britânico.

A publicação agora internacional continua a defender a causa do livre--comércio, e em função da profunda devoção a essa missão, o staff da *The Economist* não se limita a cobrir a comunidade de negócios, mas todos os aspectos da vida contemporânea — movimentos políticos e tendências, políticas governamentais, debates internacionais, ciência e cultura — que podem afetar essa comunidade. Esses aspectos incluem como seus membros vão para o trabalho, fazem negócios e interagem uns com os outros.

Essa abordagem serve bem à comunidade de negócios porque a atividade econômica está intimamente ligada a essas forças — a paisagem política e social que a cerca.

Enquanto revistas como a *Forbes* e a *Fortune* têm seu foco na política e nos mercados financeiros americanos, sofrendo, portanto, influência de Wall Street, a *The Economist* examina e registra o contexto mais amplo no qual esses mercados estão inseridos. Os membros de nosso staff permanecem anônimos ao escreverem para a *The Economist*, o que confere ao periódico a credibilidade objetiva e dirige o centro das atenções nos fatos em questão, e não na perspectiva de um autor em particular.

A cada edição, a *The Economist* oferece cobertura minuciosa dos eventos da semana, com seções dedicadas especificamente aos Estados Unidos, às Américas, Ásia, Oriente Médio e África, Europa e seu país de origem, a Grã-Bretanha. Seu conteúdo inclui análises e percepções do clima geral de política e negócios, seções dedicadas aos livros e às artes, e relatórios trimestrais sobre ciência e tecnologia.

Escrito por Todd Sattersen com Dylan Schleicher

Questions of Character

Uma Questão de Caráter: Como a literatura ajuda a identificar a essência. Rocco, 2007.

JOSEPH L. BADARACCO JR.

Resenhado por Jack

As narrativas desempenham papel central nos livros de gestão. Seja o relato de como Richard Branson criou suas empresas Virgin, seja a investigação das falcatruas de Ken Lay e Jeff Skilling na Enron, as histórias transmitem poderosas lições. Entretanto, quando os episódios da carreira de um líder são recontados por meio do perfil de um jornalista, um estudo de caso formal ou uma autobiografia, nós, leitores, muitas vezes nos perguntamos se os eventos são "verdadeiros" ou distorcidos pelo tempo ou mesmo por uma desinformação intencional. A ex-CEO da Hewlett Packard, Carly Fiorina, e o membro da diretoria, Tom Perkins, têm perspectivas claramente diferentes sobre os eventos que cercam a saída de Fiorina da empresa, e essas perspectivas diferentes podem levar a conclusões alternadas, porém completamente plausíveis, fazendo as lições a serem aprendidas se tornarem ambíguas.

Em vez de brigar com as inevitáveis complexidades dos estudos empresariais da vida real, o professor de ética empresarial da Harvard Business School, Joseph Badaracco, percebeu que a ficção poderia ser usada como instrumento de aprendizado. Histórias fictícias têm a vantagem exclusiva de não estarem limitadas à realidade. Por mais irônico que pareça, elas proporcionam uma visão mais confiável dos pensamentos, motivações e ações dos personagens, tanto diretamente, quanto por meio do narrador. Badaracco pesquisou exaustivamente as obras clássicas de ficção que abordassem os desafios e nuances específicos da liderança, e elaborou um curso na Harvard Business School abordando tal ideia. Esse livro é uma versão desse curso.

Cada capítulo trata de uma de oito questões sobre liderança, por meio de um resumo conciso da obra ficcional, seguido de cuidadosa reflexão dos problemas enfrentados pelos protagonistas. As primeiras quatro histórias abordam as situações que podemos vir a enfrentar no começo da carreira; as quatro finais ilustram os desafios que um líder com crescentes responsabilidades terá que enfrentar.

Para responder à questão "Meu Código Moral é Flexível o Suficiente?", Badaracco reconta as lições aprendidas em *Things Fall Apart,* de Chinua Achebe. Okonkwo, o líder tribal africano da história, trabalha duro durante sua juventude e, assim, enriquece (ganhando o devido respeito), e acaba se tornando o líder da tribo. Sua aldeia e seu modo de vida são desafiados física e moralmente com a chegada dos brancos colonizadores, mas Okonkwo é incapaz de reagir à nova situação, limitado por seu código moral inflexível e ritualístico. Badaracco contrasta isso com um código moral semelhante a uma "árvore antiga e castigada pelo clima" – com raízes profundas e galhos altos que oscilam e até mesmo se curvam às forças do ambiente que a envolve.

As histórias de Badaracco nos levam além das regras comuns que a maioria dos livros de gestão oferece, refletindo com mais veracidade a variabilidade da vida. O personagem William Loman, do livro *A Morte do Caixeiro-viajante* (Abril Cultural, 1976), de Arthur Miller, personifica as consequências reais que os sonhos podem ter no capítulo "Você Tem um Sonho Bom?" de Badaracco. O capitão de *The Secret Sharer,* de Joseph Conrad, mostra como é difícil ter uma verdadeira resposta para a pergunta "Estou Pronto para *Assumir* Responsabilidades?".

"A ficção séria oferece-nos uma visão interna e única da liderança."

Em cada exemplo, Badaracco desafia o leitor a entrar na pele do protagonista e perguntar a si próprio "O que eu faria?" Nesta abordagem inédita dos livros de gestão, Badaracco envolve a imaginação do leitor e força cada um de nós a questionar o próprio caráter.

Questions of Character: Illuminating the Heart of Leadership Through Literature. Harvard Business School Press, 2006.

PARA SABER MAIS >> Página 57, para ver como usar histórias como um líder » Página 221, para questões sérias sobre caráter » Página 225, para mais questões sutis sobre caráter | E TAMBÉM: *Things Fall Apart,* de Chinua Achebe; *O Último Magnata* (LP&M Editores, 2006), de F. Scott Fitzgerald; *I Come as a Thief,* de Louis Auchincloss; *A Man for All Seasons,* de Robert Bolt; e *Antígona* (Difel, 2001), de Sófocles.

The Story Factor

ANNETTE SIMMONS

Resenhado por Jack

Faz tempo que a narrativa ficcional é valorizada como um método de comunicação por muitos povos e muitas culturas. A eficácia dessa arte é difícil de quantificar e ainda mais difícil de aplicar aos negócios. Ainda assim, Annette Simmons, presidente da Group Process Consulting, sustenta que a ficção é o melhor caminho para os líderes persuadirem e motivarem seu pessoal. Contudo, para muitos líderes, a ficção não vem naturalmente e é difícil de aprender por causa de sua natureza amorfa. Simmons explica: "Decompor a ficção em elementos, partes e prioridades é destruí-la. Existem verdades que conhecemos e não podemos provar, mas sabemos serem reais. A narrativa ficcional nos leva ao lugar onde temos confiança no que conhecemos, mesmo que isso não possa ser mensurado, embalado ou validado empiricamente."

A maioria dos executivos, Simmons afirma, perdeu a capacidade de contar histórias; fatos, pesquisas e o PowerPoint têm prioridade sobre a arte de contar histórias. Simmons avisa que uma vez que as pessoas têm acesso fácil a uma vasta quantidade de informações, elas não querem nem precisam – e talvez até desconfiem – dos fatos. Fatos podem ser manipuladores e limitantes. As pessoas querem acreditar no que o líder tem a dizer, ter fé. "É a fé que move montanhas, não os fatos", ela diz. Somente as histórias, Simmons acredita, podem explorar esse desejo. Em *The Story Factor*, Simmons apresenta um argumento convincente a favor do poder único da história para inspirar e influenciar, e oferece aconselhamento sobre como melhorar suas habilidades narrativas para obter a melhor resposta de seu público.

Para ajudar-nos a descobrir nosso talento inato para contar histórias, Simmons apresenta seis tipos diferentes de narrativas que têm o poder de influenciar as outras pessoas: Quem Eu Sou; Por que Estou Aqui; a Visão; o Ensino; Valores em Ação e Eu Sei o que Você Está Pensando. Ela dá exemplos de cada tipo, junto com instruções sobre como criar sua própria história. Por exemplo, no começo de qualquer narrativa, você deve dizer às pessoas quem você é e por que está falando com elas. Relatos pessoais funcionam melhor para explicar sua motivação e permitem que você explique sua posição antes que seu público comece a tirar conclusões.

Quando você quer provar um ponto de vista significativo para um público – seja um novo líder que entra para uma organização, seja um ativista ao detalhar os efeitos da pobreza – "você tem que ver, sentir, cheirar, ouvir o seu ponto... 'chegar lá' em sua mente. A diferença nos resultados será drástica. A maior parte das pessoas se contém. Elas ficam tão apegadas ao 'aqui' que não vão 'lá' onde a história está". Mas Simmons acredita que a maioria dos líderes tem medo de se abrir para esse tipo de abordagem por duas razões: "A primeira é que eles têm medo de parecerem idiotas, banais, manipuladores ou não profissionais." Nossa imagem de profissional é a de alguém que seja objetivo, que vá direto aos fatos e que evite ficar muito emocional. Mas, Simmons adverte que, quando isso acontece, nosso desempenho fica frio e acaba fracassando em influenciar nossos ouvintes.

"Os valores ficam sem sentido, sem histórias que lhes deem vida e nos envolvam em um nível pessoal."

A segunda razão pela qual a maioria das pessoas se contém é que "somos todos um bando de *control freaks.** Entregar-se ao contar uma história significa que você não está tão 'no controle' como quando está lendo tópicos ou notas de slides". Veja Tom Peters, por exemplo, que é muitas vezes citado como um apresentador e contador de histórias brilhante. Qualquer pessoa que já tenha visto um apresentador como Peters sabe que ficar atrelado aos fatos e evitar usar as emoções não são características de Tom. Quando encerra um seminário no final do dia, ele nos deu tudo o que tinha a dar, e ele realmente "chegou lá" em relação aos participantes.

Uma coisa é ser como Peters e apresentar suas histórias para um público que está pagando para ter a oportunidade de ouvi-lo. Tentar influenciar os que estão relutantes requer um tratamento especial e Simmons dedica um capítulo inteiro para tratar o assunto. Ela sugere que a narrativa ficcional ofereça uma vantagem real sob circunstâncias de alto risco. Nesse caso, você não pode perder. Quando está no meio de negociações sérias, lidando apenas com os fatos ou pensamentos racionais, você está, na verdade, criando uma barreira. Isso dá a seu oponente a oportunidade de dizer não, de discordar, de provar que você está errado. Quando usa histórias, você pode contornar esse obstáculo e, ainda que não possa, sempre tem como voltar ao assunto, pois não existe um "não" definitivo.

Ao investigar as regras que regem a narrativa, Simmons enfatiza que precisamos sempre utilizar essa poderosa ferramenta. Contadora de histórias consumada, Simmons explica:

**Nota da Tradutora*: *Control freak* – alguém com desejo compulsivo de exercer controle sobre situações e pessoas.

> A narrativa ficcional é como qualquer outra arte. Ela pode ser benfeita. Pode ser malfeita também. Algumas vezes, aqueles que têm bom desempenho ficam convencidos e voam perto demais do Sol. Poder é poder. Quando você conta uma poderosa história influenciadora, sente esse arroubo de poder. Você vê um mar de rostos, ou mesmo encara um rosto arrebatado, e sabe que está dentro da cabeça da pessoa que o escuta. Você conseguiu acesso ao local secreto no qual sua imaginação pinta novas realidades e tira novas conclusões com base nas histórias que acabou de narrar. Embora não controle totalmente o show, você é um dos astros.

Essa passagem fala de como um relacionamento entre um contador de histórias e seu público pode ficar íntimo e como deve haver confiança nessa intimidade. Um contador de histórias jamais deve trair essa confiança.

Ao longo do livro, Simmons usa várias histórias e parábolas como exemplo, junto com o aconselhamento prático de como aprimorar suas habilidades de comunicação. Como líder, saber como influenciar uma situação ou um grupo de pessoas é um valioso trunfo. *The Story Factor* é o livro que ajudará você a aperfeiçoar as habilidades.

The Story Factor Inspiration, Influence and Persuasion through the Art of Storytelling. Basic Books, 2006.

PARA SABER MAIS >> Página 162, uma história sobre equipes » Página 47, uma história sobre liderança » Página 149, uma história sobre coação | E TAMBÉM: *O Herói de Mil Faces* (Pensamento, 1995), de Joseph Campbell; *The Leader's Guide to Storytelling*, de Stephen Denning; e *What's Your Story*, de Craig Wortmann.

Never Give In!

Jamais Ceder! Os Melhores Discursos de Winston Churchill. Jorge Zahar, 2005.

OS MELHORES DISCURSOS DE WINSTON CHURCHILL

Resenhado por Jack

Eis a cena: sua organização está sendo atacada pelo mesmo concorrente que lhe infligiu uma dura derrota no passado. Sua organização está sozinha como uma ilha, sem muitas opções para escapar ou ajuda imediata. A diretoria tentou negociar com seu concorrente e chegou a um acordo que foi prontamente rompido. A diretoria decide demitir o CEO e resgatar da aposentadoria um antigo funcionário para tentar reanimar o pessoal. Essa pessoa é conhecida por seus métodos anticonvencionais de gerenciamento, mas é um grande comunicador; na realidade, ele é, indiscutivelmente, o maior comunicador do século XX.

Se você ainda não adivinhou, essa organização hipotética é, na verdade, o Reino Unido em 1940 e o CEO reintegrado é Winston Churchill.

Apresentou-se a Churchill uma situação de reversão de expectativas... o problema era o Reino Unido, não a Union Motors Company. Considere o mês de junho de 1940: os alemães haviam expulsado o exército britânico do continente europeu. Foi uma das piores derrotas das guerras modernas que terminou bem em frente ao litoral da Inglaterra, em Dunquerque. Os Estados Unidos não estavam preparados para ajudar a Grã-Bretanha a se defender, e esta, portanto, estava sozinha. Nesse ponto entra um homem de 60 anos que mostrou ser o maior artista de virada da história.

As similaridades entre a posição de Churchill e a do CEO dos tempos modernos são inegáveis. A comunicação e a motivação são cruciais para qualquer mudança – características distintivas da boa liderança. Para dar a volta por cima, Winston Churchill apelou para seus talentos inatos como um dos grandes oradores da era moderna. Esse livro é uma coletânea dos discursos de Churchill selecionados por seu neto. Esse volume inclui desde seu primeiro discurso, proferido em 1897, quando ele tinha 22 anos, para a Primrose League, intitulado "The Dried-Up Drainpipe of Radicalism" (O Dreno Seco do Radicalismo), até o proferido em 1963 na Casa Branca, quando tinha 88 anos e foi nomeado cidadão honorário americano. Essas seleções são apenas uma amostra de sua obra, uma vez que a coleção completa de seus discursos ocuparia oito volumes.

Cada seleção começa com um pequeno prefácio para contextualizar historicamente o discurso. Por exemplo, o prefácio do discurso de Churchill após a evacuação de Dunquerque explica: "O regozijo nacional beirava a euforia, a qual Churchill pretendia, a todo custo, desencorajar." Esse cenário prepara o leitor para o que se segue no discurso. Nesse caso, Churchill, depois de vários minutos de desesperadoramente necessárias declarações positivas e otimistas a respeito da retirada, acrescentou: "Temos que ter muito cuidado para não atribuir a essa libertação os atributos da vitória. *Guerras não são ganhas com retiradas*. Porém, havia uma vitória nessa libertação que devia ser enfatizada. Ela foi conseguida pela Força Aérea" (com ênfase). Churchill teve o cuidado de não deprimir seu público, e ainda assim manteve o compromisso de pintar um quadro realista. Muitas vezes a primeira reação de um líder é contradizer a opinião das massas com uma dose cavalar de realidade, mas, na verdade, a capacidade de escolher um tom mais brando ou reconhecer primeiro as emoções da maioria pode ajudar a propagar a mensagem de modo mais convincente do que com mão pesada.

"Eu diria à Casa, como disse àqueles que estão conosco neste governo: 'Não tenho nada a oferecer além de sangue, suor e lágrimas'."

Em seu discurso final para a Câmara dos Comuns, em 1955, Churchill aconselhou ao povo britânico: "Ainda vai amanhecer o dia em que jogo limpo, amor ao próximo, respeito pela justiça e liberdade permitirão que gerações atormentadas marchem triunfantes e serenas, deixando para trás a abominável época em que somos obrigados a viver. Enquanto isso, nunca recue, nunca esmoreça, nunca se desespere." É evidente que os talentos de oratória e escrita de Churchill eram um maná considerando-se as circunstâncias históricas nas quais ele se achava inserido. Ainda que poucos, se é que alguns, possam ser resgatados da aposentadoria para salvar um país em guerra, todos os dias temos a oportunidade de liderar.

Esse livro deve estar em sua estante, pronto para servir como motivador na próxima vez que você tiver que mostrar o melhor de si.

Never Give In! The Best of Winston Churchill's Speeches. Hyperion, 2003.

PARA SABER MAIS >> Página 96, para saber mais sobre vender o invisível » Página 88, para conhecer a psicologia da persuasão » Página 273, para saber por que até hoje ainda lemos Churchill | E TAMBÉM: *The Second World War*, de Winston Churchill; *The Lost Art of the Great Speech*, de Richard Dowiss; *Churchill on Leadership*, de Steven F. Hayward; e *The Wit and Wisdom of Winston Churchill*, de James C. Humes.

ESTRATÉGIA é a soma de tudo que uma empresa faz para competir no mercado. As decisões vão desde oferecer frete grátis até determinar se uma cidade no interior é o melhor local para a instalação de uma nova fábrica. Você irá atacar diretamente ou lançar mão de dissimulação? Existem infinitas formas de juntar as peças, e estes livros mostram que algumas combinações são melhores do que outras.

In Search of Excellence

Vencendo a Crise: Como o bom senso empresarial pode superá-la. Harbra, 2006.

THOMAS J. PETERS E ROBERT H. WATERMAN JR.

Resenhado por Todd

Esse livro é um divisor de águas na evolução dos livros de gestão e por isso foi escolhido como o ponto inicial para nossa lista de livros recomendados sobre estratégia. Antes de sua publicação, em 1982, historiadores e acadêmicos controlavam a discussão sobre a organização das empresas e, como seria previsível, seus relatórios eram muitas vezes secos e desatualizados. Com este livro, Tons Peters e Robert Waterman popularizaram a exploração do sucesso organizacional e criaram um diálogo contemporâneo acessível a um público mais amplo. É impossível não reconhecer a importância que esse título – assim como seus achados – tiveram para o arco narrativo do pensamento gerencial.

Peters e Waterman escreveram primeiro um histórico condensado da teoria organizacional em seu caminho para criar um *case* mais abrangente sobre como as organizações devem ser desenhadas. O arco começa na virada do século, com o economista político Max Weber e o engenheiro mecânico Frederick Taylor. Muitos estão familiarizados com Taylor por sua popularização dos estudos dos tempos e movimento e a publicação de *Princípios de Administração Científica* (Atlas, 1995), em 1911, mas foi Weber que sugeriu a burocracia como a forma ideal para a organização humana. Em seguida, em *Strategy and Structure* (1962), Alfred Chandler apresentou a ideia de que as empresas devem organizar-se em resposta às limitações do mercado.

Ao escrever esse livro, Peters e Waterman chegaram a uma conclusão sobre o sucesso de uma organização que não poderia ser diferente das primeiras teorias sobre organização empresarial: *as pessoas são irracionais e as estruturas que as organizam devem considerar esse fato.* Tal argumento batia de frente com a modelagem histórica das organizações, que se pautava pela abordagem militar, na qual os administradores se fixavam no controle de suas equipes homogêneas enquanto seguiam o plano estratégico quinquenal estabelecido. Peters e Waterman, ao contrário, advogam valores humanistas, como significado, baixo nível de controle e reforço positivo como modelo pós-militarista. A conclusão é que é o lado interpessoal que interessa. É a cultura que interessa. São as pessoas que interessam.

Através dessa lente, Peters e Waterman passaram cinco anos pesquisando empresas do porte da Boeing, HP e 3M, que envolveram seus funcionários como contribuintes vitais para o sucesso da empresa, e não como subalternos. A segunda metade do livro revela os oito princípios do comportamento organizacional coligidos nas conversas com as empresas:

1. Um viés para a ação
2. Proximidade com o cliente
3. Autonomia e empreendedorismo
4. Produtividade através das pessoas
5. Praticidade com foco em valor
6. Limitação às próprias competências
7. Formas simples, quadros enxutos
8. Propriedades simultaneamente rígidas e não rígidas

Ao longo dos 25 anos que transcorreram desde a publicação desse livro, outros autores encararam o desafio de encontrar um modelo mágico para alcançar o êxito nos negócios e, como resultado, tais ideias podem parecer familiares. Entretanto, elas merecem nossa atenção sem preconcepções, mas como conceitos pioneiros que proporcionam uma prescrição para atingir excelência empresarial e para descobrir, para nossa surpresa, como são tão raramente adotados.

"Ao observarmos as excelentes empresas e, especificamente, o modo como elas interagem com os clientes, o que achamos mais extraordinário foi a presença consistente da obsessão. Isso ocorreu com mais frequência como um comprometimento excessivo, aparentemente injustificável, com algum tipo de qualidade, confiabilidade ou serviço."

Contrastando com textos mais antigos sobre gerenciamento, esse livro proporciona uma experiência de leitura a ser desfrutada, e não sofrida. Peters e Waterman escrevem do ponto de vista de observadores apaixonados, e o resultado é praticamente equivalente a sentar-se em uma sala de conferências e ouvir esses executivos recontarem suas histórias. O entusiasmo é contagiante (experimente ouvir o áudio com a narração de Peter, se você realmente quiser um entusiasmo contagiante). Essa qualidade transmite certo realismo ao livro, que pode inspirar novos comportamentos imediatos. O livro adquiriu um nível histórico de interesse como uma leitura de um diário de um arqueólogo industrial. Ele relata os 15 anos que foram necessários para que o Wal-Mart emergisse como a maior força do varejo; ele fala sobre a HP como uma empresa com cultura positivista; antecedendo o Google, a

3M era tida como a empresa que encorajava seus funcionários a despender parte do tempo a perseguir os sonhos.

O livro antecipa uma visão atemporal das organizações: os funcionários – com todas as peculiaridades irracionais e insanidades naturais – deixam-se envolver por aquelas mesmas características. Peters e Waterman postulam um truísmo que só se provou mais forte com o tempo – a variável humana é o combustível que alimenta uma organização.

In Search of Excellence: Lessons from America´s Best-Run Companies. Collins Business Essentials Edition, 2006.

PARA SABER MAIS >> Página 67, para uma visão estruturada de estratégia » Página 47, para dar o salto de liderança | E TAMBÉM: *Reimagine!,* de Tom Peters; *Give Your Speech, Change the World,* de Nick Morgan; e *Mavericks at Work,* de William C. Taylor e Polly G. LaBarre.

Good to Great

Good to Great: Empresas feitas para vencer. Campus/Elsevier, 2001.

JIM COLLINS

Resenhado por Todd

Ninguém nos últimos 15 anos teve maior impacto na discussão do sucesso organizacional do que Jim Collins. *Good to Great: Empresas feitas para vencer* vendeu mais de 2 milhões de exemplares nos Estados Unidos desde sua publicação, em 2001, e quando se pergunta aos principais executivos sobre os livros que tiveram impacto significativo em suas tomadas de decisões, esse livro é mencionado com mais frequência do que qualquer outro. Com esse livro Collins introduziu um novo léxico às reuniões executivas, com metáforas inesquecíveis como "o conceito porco-espinho" e "o volante". O mais importante foi que ele mudou o tom da conversa.

O livro anterior de Collins, *Feitas para Durar* (Rocco, 2007), detalhava os hábitos de instituições centenárias, que há muito tempo haviam consolidado sua reputação. Collins escreveu *Good to Great: Empresas feitas para vencer* como resposta aos líderes empresariais que queriam saber se eles poderiam alterar o curso de suas empresas de médio porte e atingir a grandeza dos titãs caracterizados em *Feitas para Durar*. Ele passou cinco anos procurando a resposta... e a resposta foi sim.

Collins e sua equipe pesquisaram as empresas que apresentavam um período de rentabilidade média (ou abaixo da média) seguido de um período de êxito sustentado. O requisito era que essas empresas, de boas a excelentes (*good to great*), apresentassem rentabilidade 300% acima do S&P 500 e que tivessem mantido tais resultados por mais de 15 anos. Apenas 11 empresas da *Fortune* 500 passaram pelos rígidos critérios de Collins.

As empresas *good to great* eram notáveis por outra razão: elas não eram famosas. Na lista, faltavam as empresas mais sólidas, com ações de primeira linha (e favoritas da mídia), como a General Electric e a Coca-Cola. Faltavam empresas de setores de rápido crescimento e alta tecnologia, como a Intel. Em vez destas, o leitor encontrará um fabricante de aço, três varejistas, dois prestadores de serviços financeiros, três conhecidas empresas de bens de consumo de alta rotatividade, uma empresa de produtos médicos e uma de equipamentos para processamento de correspondência. Essa era exatamente a mensagem que os líderes queriam passar: se Pitney-Bowes e Fannie Mae podem fazer, nós também podemos.

Ao comparar as empresas *good to great* com um conjunto de empresas similares, Collins descobriu uma série de práticas que foram adotadas antes mesmo que fizessem a transição para a excelência. Nesse período, as empresas identificaram e promoveram líderes ambiciosos – não quanto às suas carreiras, mas quanto ao êxito da empresa como um todo. Esses modestos líderes despenderam um tempo incomum ao selecionar a equipe certa antes de decidir para onde levar a empresa, deixando margem para um crescimento limitado até que o talento adequado fosse encontrado. Então, esses líderes criaram um ambiente que permitia que os funcionários emitissem suas opiniões e assumissem responsabilidades.

Quando as empresas finalmente fizeram a transição, elas aproveitaram aquelas práticas preparatórias, dirigindo o foco para seus esforços. Para concretizar essa ideia, Collins remete-nos à antiga fábula grega "O porco-espinho e a raposa", utilizando a análise do ensaísta Isaiah Berlin. "A raposa sabe muitas coisas, mas o porco-espinho sabe de uma coisa importante." O Conceito Porco-Espinho encontra-se na interseção de três círculos:

1. No que você pode ser o melhor de todos?
2. O que conduz seu motor econômico?
3. Pelo que você é completamente motivado?

Para ilustrar como funciona o "Conceito Porco-Espinho" nas empresas, Collins cita a Walgreens. Farmacêuticos fundaram e, até hoje, dirigem a rede de drogarias, o que confere autenticidade e devoção à sua missão. A empresa alterou sua mensuração do êxito econômico ao deslocar seu foco de rentabilidade por loja para rentabilidade por visita de cliente porque a gerência teve a percepção de que conquistar a fidelidade dos clientes era mais do que ser uma rede de lojas e ter um nome de marca. Ser a drogaria mais conveniente era o diferencial da empresa, e era isso o que eles faziam melhor do que ninguém. Esse enfoque agora mostra todos os aspectos da estratégia da Walgreens, desde a determinação das esquinas para abrir novas lojas até a escolha dos produtos que melhor atendem seus clientes.

"O bom é inimigo do ótimo."

Todas as empresas feitas para vencer possuem a mesma natureza deliberada. Collins descreve uma cultura disciplinada que impõe limites, mas que ainda permite que os indivíduos optem pelo procedimento mais adequado. Ele também acha que nessas empresas, a tecnologia é assessória e não condutora. Collins compara esses esforços a fazer rodar um gigantesco volante; os esforços iniciais são duros, mas as empresas vão, aos poucos, criando momento e as rotações em constante aceleração propulsionam o mecanismo. Essa mentalidade lenta e constante está em franco contraste com a visão de mundo tecnicolor de Tom Peters "sonhe alto ou desista".

A abordagem racional do livro quanto ao sucesso encontra acolhedora recepção nas estantes de contadores, advogados, MBAs, donos de pequenas empresas e empreendedores. Com a incessante pressão de clientes e acionistas, todo administrador busca o caminho do sucesso, porém esse livro oferece mais do que isso. Collins compôs uma história inspiradora que dá aos leitores permissão para acreditar que eles e suas empresas podem chegar aonde alguns outros poucos conseguem.

Good to Great: Why Some Companies Make the Leap... and Others Don't. HarperCollins, 2001.

PARA SABER MAIS >> Página 64, para um partidário do bom » Página 129, para uma metodologia mais estratégica » Página 194, como começar | E TAMBÉM: *Good to Great and the Social Sectors,* de Jim Collins; *Feitas para Durar* (Rocco, 2007), de Jim Collins e Jerry I. Porras; e *A Estratégia do Oceano Azul* (Campus/Elsevier, 2005), de W. Chan Kim e Renée Mauborgne.

Uma das dificuldades de escolher os livros que seriam incluídos nesta compilação foi avaliar a acessibilidade do próprio livro, em contraste com o valor da ideia veiculada por ele. Existem muitas ideias excelentes que não se traduzem bem na forma de um livro, e existem milhares de livros cujas ideias nunca deveriam ter sido publicadas na íntegra.

Dois livros em particular merecem ser mencionados pela qualidade de suas ideias, porém são livros que não podemos recomendar em sua forma popular. Em ambos os casos, os livros são densos. O leitor diligente tem toda a liberdade de tentar conseguir as obras originais, mas vamos sugerir vias mais práticas para acessar essas valiosas ideias.

O Melhor Caminho para uma Ideia

① *Five Forces of Strategy*, de Michael Porter

A obra de Porter sobre estratégia competitiva é provavelmente o desdobramento mais importante da teoria gerencial das últimas três décadas. Os estudantes de Administração podem recitar, de memória, as cinco forças (repita comigo: fornecedores, clientes, concorrentes, produtos substitutos e entrada de novos concorrentes no mercado). O livro de Porter, *Estratégia Competitiva* (Campus/Elsevier, 2005), oferece uma apurada visão acadêmica.

➔ Como alternativa, comece com *"The Five Competitive Forces that Shape Strategy"* de Porter, a versão revisada de 2008 do artigo original que ele escreveu para a *Harvard Business Review* em 1979. Em 19 páginas, ele abrange todos os princípios básicos da estratégia competitiva.

② *Learning Organizations*, de Peter Senge

Ao abrir o best-seller *A Quinta Disciplina* (Best Seller, 2009), de Senge, o leitor casual fica seduzido pela fluidez do primeiro capítulo, mas acaba se vendo atolado no estilo impenetrável do autor. A percepção primária de Senge de que as organizações competem aprendendo mais rápido do que seus concorrentes fundamenta-se nos trabalhos de Chris Argyris e encontra eco na nata do pensamento empresarial.

➔ O caminho para acessar de forma indolor esse material é com os títulos *A Quinta Disciplina: Caderno de campo* (Qualitymark, 1997) e *A Dança das Mudanças* (Campus/Elsevier, 1999). Escritos por Senge e uma equipe, ambos estão repletos de ensaios, artigos paralelos e exercícios que fazem os conceitos de *A Quinta Disciplina* serem absorvidos satisfatoriamente.

Escrito por Todd Sattersten

The Innovator's Dilemma

Dilema da Inovação – Quando novas tecnologias levam as empresas ao fracasso. Makron Books, 2001.

CLAYTON M. CHRISTENSEN

Resenhado por Todd

Muitos profissionais da área editorial têm visão romantizada da origem do setor, começando por Johannes Gutenberg e a prensa de tipos móveis inventada por ele em 1453. Ainda que essa forma tão valorizada tenha pouco mudado nos últimos cinco séculos e meio, a maneira como os livros são vendidos e distribuídos mudou radicalmente nos últimos trinta anos. Livrarias independentes brigaram primeiro com as redes de shopping centers de Waldenbooks e B. Dalton, depois com os as *megastores* Barnes & Noble e Borders, e agora com a *megastore* on-line Amazon. Esses redistribuidores varejistas empalidecem quando comparados às mudanças tectônicas que estão por vir sob a forma de impressão sob demanda e distribuição eletrônica de livros. Em *Dilema da Inovação*, Clayton Christensen mostra como práticas de gestão que normalmente servem perfeitamente bem aos executivos falham quando enfrentam inovações tão impactantes.

Christensen começa estabelecendo uma distinção entre dois tipos de inovação. No primeiro, tudo, desde novos produtos ao atendimento ao cliente, é elaborado para atender às necessidades do cliente. No curso normal dos negócios, os clientes pagam as contas e o fato de preencherem esses cheques confere-lhes significativa influência sobre a tomada de decisões de uma organização. Novas ideias e oportunidades, avaliadas com base na capacidade que têm de atender à base de clientes estabelecida, gerando ao mesmo tempo as margens necessárias para sustentar a empresa, são chamadas de *inovações sustentadoras* e são sempre empreendimentos bem-sucedidos de empresas já estabelecidas (e dominantes).

Contudo, às vezes, a inovação cria uma nova tecnologia ou revela uma nova forma de organizar os recursos de uma empresa. Essa *inovação impactante* não oferece o desempenho que o mercado atual necessita, e as empresas estreantes são forçadas a descobrir uma nova gama de clientes que valorizam a inovação com um conjunto de métricas diferente das adotadas pelo mercado tradicional. As empresas já estabelecidas descartam a inovação impactante em função de suas baixas margens, e as estreantes encontram uma brecha estratégica fora do mercado, usando esse espaço para crescer ainda mais. À medida que o desempenho das inovações impactantes desbanca o das inovações sustentadoras, as estreantes penetram nos mercados existentes e sua estrutura de custos mais baixos empurra as empresas estabelecidas para uma faixa de mercado mais afluente, forçando-as a abandonar seus mercados mais rentáveis.

Nesse livro Clayton Christensen nos oferece uma coletânea de estudos de caso, como o da indústria do aço que ainda se encontra à mercê da inovação impactante das miniusinas. Privilegiando o refugo de aço em detrimento do minério de ferro, as miniusinas precisam de um décimo de escala e podem produzir aço a um custo 15% inferior ao das usinas siderúrgicas integradas tradicionais. As usinas integradas estavam satisfeitas de ceder esse mercado popular e sensível a preços. O que as incumbentes não perceberam era a determinação das miniusinas de penetrar mais fundo em seus mercados. Com uma estrutura de custos totalmente diferente e uma tecnologia aprimorando-se mais rápido do que os métodos tradicionais, as miniusinas começaram a produzir aço estrutural e chapas de aço. As miniusinas respondem agora por 50% do aço fabricado nos Estados Unidos, e aqui vem a parte surpreendente: em nenhum momento uma siderúrgica tradicional que utiliza usinas integradas montou uma miniusina para capitalizar sobre a inovação impactante.

"Para ter êxito de forma consistente, os bons gestores devem estar capacitados não apenas a selecionar, treinar e motivar as pessoas certas para as funções certas, mas também a selecionar, desenvolver e preparar a *organização* certa para a tarefa."

Sugerir que as usinas siderúrgicas integradas estavam enfiando a cabeça na areia seria muito fácil. Christensen diz que a maioria dos mercados que servem de base de lançamento de inovações impactantes são muito pequenos para atrair a atenção das grandes organizações. Faltam a esses mercados emergentes evidências claras de que eles ainda se mostrarão rentáveis. Quando tecnologias impactantes estão sendo desenvolvidas, as aplicações para elas são imprevisíveis e, o que é pior, as empresas são induzidas a erro quando tentam empregar as mesmas ferramentas de seus mercados mais maduros. Em quase todos os casos de inovação impactante, um novo grupo de empresas surge para dominar o setor.

Para que a inovação impactante prospere, diz Christensen, as empresas precisam criar a estrutura organizacional apropriada. É comum as empresas começarem pela promoção de gestores bem-sucedidos para coordenar novos esforços, mas se não levarem em consideração os processos e valores do novo grupo, os líderes vão começar a tomar decisões da forma como sempre fizeram. A inovação impactante exige uma organização autônoma para fazer frente aos mercados emergentes. Nos anos 1970, a indústria de controles de motores foi abalada pelos controladores lógicos programáveis (PLCs – Programmable Logic Controller) e a única que atravessou com êxito o abalo foi a Rockwell Automation (na época, Allen-Bradley). A empresa com sede em Milwaukee conseguiu isso ao investir em duas empresas menores logo após o lançamento comercial dos PLCs, combinando-as em duas divisões separadas, que rivalizavam com sua divisão eletromecânica tradicional. A Rockwell provou que é possível estabelecer domínio durante um período de inovação impactante, ao manter a liderança de mercado sobre o produto tradicional.

Ainda que o dilema do inovador tenha origem em pressões externas incontroláveis, lidar com a inovação é um dilema interno. Os administradores não têm as informações e a experiência necessárias para fazer investimentos seguros em tecnologia impactante. O processo de alocação de recursos consagrado favorece os clientes atuais e suas necessidades, privando os projetos incubatórios do carinho e atenção que eles tanto precisam. Para sobreviver no caminho da inovação, a tecnologia impactante precisa que o coordenador de marketing descubra novos clientes que apreciem seus recursos atuais. À medida que o desempenho melhora, os clientes que não mostraram interesse na ideia inicial são exatamente os mesmos que irão reivindicá-la com mais veemência.

The Innovator's Dilemma: The Revolutionary Book That Will Change the Way You Do Business. Collins Business Essentials, 2006.

PARA SABER MAIS >> Página 213, para conhecer a impactante história do aço » Página 286, para uma história global impactante » Página 162, para a história de uma equipe disfuncional | E TAMBÉM: *O Crescimento pela Inovação,* de Clayton M. Christensen e Michael E. Raynor; *Estratégia Competitiva* (Campus/Elsevier, 2005) de Michael E. Porter; e *Innovation and Entrepreneurship,* de Peter F. Drucker.

Aprenda com a experiência

Estudos de caso representam uma forma eficaz de comprovar a teoria com a prática. Estes três estudos de caso da Harvard Business School fomentam nosso entendimento de um problema gerencial, sendo cada um de um autor de um livro que oferece o melhor passo para o leitor seguir em busca de mais detalhes. Você pode acessar os estudos de caso completos em www. harvardbusiness.com

Saiba como **estabelecer uma estratégia competitiva original**

↓

CASO:

Matching Dell,
de Jan W. Rivkin e Michael E. Porter.
Michael Dell usou a análise competitiva para tornar-se um líder no segmento de PCs, oferecendo seus produtos onde os consumidores mais desejam. Alternando tendências diretas e de varejo, Dell descobriu e seguiu uma estratégia que hoje é considerada padrão de mercado. Ele manteve o foco em produtos e serviços e montou uma estrutura para dar suporte a sua estratégia. Dell tornou-se o CEO que permaneceu mais tempo no cargo no mercado de PCs.

LIVRO:

Estratégia Competitiva,
de Michael E. Porter.
Neste memorável livro sobre gestão de estratégia, Porter informa aos leitores os planos da Dell e oferece ferramentas que qualquer empresa pode utilizar para ter sucesso em sua área de atuação.

Saiba como **traduzir estratégia em resultados**

↓

CASO:

Boston Lyric Opera,
de Robert S. Kaplan.
No final de 1992, a Boston Lyric Opera percebeu que os custos de produção estavam ultrapassando as receitas. Sob nova liderança, suas produções foram reavaliadas e reduzidas, mantendo-se, porém, o foco na qualidade. Depois de constatar um aumento no número de associados, a Opera potencializou aquela fiel comunidade, convertendo membros em doadores e trabalhadores voluntários solícitos em membros da diretoria, o que resultou em um público engajado e no retorno da rentabilidade.

LIVRO:

Translating Stragegy into Action,
de Robert S. Kaplan e David P. Norton.
O livro de Kaplan reforça a ideia de como as organizações se beneficiam com o entendimento e a comparação entre custos e benefícios tangíveis e intangíveis.

Saiba como **inovar em seu próprio benefício**

↓

CASO:

Eli Lilly and Company: Innovation in Diabetes Care,
de Clayton Christensen.
A Eli Lilly havia fabricado a insulina da melhor qualidade desde o início dos anos 1920. Contudo, quando o concorrente Novo Nordisk surgiu com uma caneta de insulina no início dos anos 1990 – um dispositivo que proporcionava facilidade de uso – a Eli Lilly sabia que tinha um problema. A resposta foi a criação de uma caneta similar, porém abastecida com um produto ainda melhor, que quase se equiparava à ação da insulina no organismo de pessoas não diabéticas.

LIVRO:

O Crescimento pela Inovação,
de Clayton Christensen.
O livro de Christensen explica em detalhes como empresas como a Eli Lilly podem analisar sua posição no mercado e alavancar ideias criativas para seguir adiante.

Escrito por Jon Mueller

Only the Paranoid Survive

Só os Paranóicos Sobrevivem – Como tirar o melhor proveito das crises que desafiam qualquer empresa. Futura, 1997.

ANDREW S. GROVE

Resenhado por Jack

Como um dos fundadores e ex-CEO da Intel, Andy Grove ajudou a criar uma empresa líder em tecnologia. À primeira vista, esse livro parece ser uma autobiografia ou uma narrativa de gestão, mas o subtítulo explica o verdadeiro foco do livro: *Como Tirar o Melhor Proveito das Crises que Desafiam Qualquer Empresa*. Este livro é uma cruzada eficaz para um método de gestão de crise, ou talvez de identificação de crises, que é bem servido pela vasta experiência de Grove em um mercado competitivo.

A pedra angular do livro de Grove é o Ponto de Inflexão Estratégica (PIE). Groove defende o uso do modelo de cinco forças de Michael Porter para ajudar a determinar o bem-estar competitivo de uma empresa. Além de cliente, concorrente, fornecedor, produtos substitutos e entrada de novos concorrentes no mercado, Grove sugere uma sexta força, as "complementadoras", que são empresas que oferecem produtos complementares, como o papel é para a caneta. Uma empresa passa por um ponto de inflexão quando uma dessas seis forças derruba seu plano estratégico, como uma onda que vira um tsunami ou um filme mudo instantaneamente tornado obsoleto pelo cinema falado. Quando uma mudança monumental ocorre, a gerência é forçada a tomar medidas alternativas. "A empresa responde às ações gerenciais de forma diferente do que fazia antes. Perdemos o controle e não sabemos como retomá-lo. Com o tempo, um novo equilíbrio de mercado será alcançado. Algumas empresas ficarão mais fortes, outras enfraquecerão."

Mesmo em retrospectiva, o momento em que um PIE ocorre pode ser difícil de reconhecer, mas um PIE negligenciado pode ser letal para o futuro de uma empresa. Grove usa a analogia de um caminhante perdido. Em algum ponto da jornada, este percebe que está perdido, mas desconhece o momento em que realmente se perdeu, quando deu seu primeiro passo desviando-se do caminho. É raro acontecer que ele se dê conta das duas coisas ao mesmo tempo: "Está tudo diferente. Alguma coisa mudou." Grove recomenda a atenção como principal arma contra a derrota infligida por um PIE. Assim como o caminhante, a forma como se reage ao PIE é crucial para orientação quando um PIE for identificado e reconhecido.

Grove oferece como exemplo a Intel no início dos anos 1980, quando os japoneses desembarcaram no mercado de chips de memória e desbancaram a empresa, já que as companhias japonesas conseguiam fazer chips mais baratos e mais eficientes. Grove enfatiza novamente a grande dificuldade de identificar um PIE. Ele emprega a metáfora "sinal *versus* ruído" para distinguir se uma ameaça ou problema é real ou apenas um ponto piscando temporariamente no radar. Grove sustenta que a única forma de saber se uma mudança interna ou no mercado sinaliza um PIE é pelo "processo de esclarecimento proporcionado por um amplo e exaustivo debate". Grove admite que, nessa situação, a Intel esperou demais para admitir que enfrentava um PIE real devido à grande preocupação quanto à reação da base de clientes a quaisquer mudanças na empresa. O que a Intel acabou fazendo foi sair do mercado de chips de memória – que era seu principal negócio na época – e ingressar no mercado de fabricação de processadores.

A análise do autor de como a indústria de computadores passou de um mercado vertical composto pela DEC, Wang e IBM – que faziam o hardware e o software de suas próprias máquinas – para um mercado horizontal, constituído por Microsoft, Dell e HP, é valiosa. Quando esse PIE percorreu a indústria de computadores, a Novell tornou-se "pioneira" em redes de comunicação do novo mercado horizontal. A Novell, uma pequena empresa de orientação vertical fabricante tanto de hardware quanto de software, ficou literalmente sem dinheiro para pagar fornecedores e teve que se redesenhar. Em poucos anos, a Novell tornou-se um negócio de bilhões de dólares porque foi capaz de reagir ao PIE com rapidez. Como salienta Grove, é mais fácil ser o melhor com um foco restrito como as redes de comunicação do que fazer os melhores computadores com o melhor software em um negócio vertical.

"Administrar, sobretudo durante uma crise, é assunto extremamente pessoal."

O mercado de livros que abri passou por três sérios Pontos de Inflexão Estratégicos em sua existência. A ansiedade e o stress de me sentir perdido, sem saber como foi que tomei a trilha errada, como o caminhante de Grove, foram os pontos baixos de minha carreira. Nenhuma empresa ou mercado é estático, e esse livro irá convencê-lo a "virar o pescoço" para ver um possível trem chegando, que pode ser um Ponto de Inflexão Estratégica, e saber se você salta sobre os trilhos ou sobe na próxima estação.

Only the Paranoid Survive: How to Exploit the Crisis Points That Challenge Every Company. Currency/ Doubleday, 1999.

PARA SABER MAIS >> Página 70, para as cinco forças de Porter » Página 52, para como liderar durante um PIE » Página 213, para como uma empresa se comportou durante um PIE | E TAMBÉM: *Andy Grove,* de Richard S. Tedlow; *Swimming Across,* de Andrew S. Grove; e *Direct from Dell,* de Michael Dell com Catherine Fredman.

Who Says Elephants Can't Dance?

Quem Disse que os Elefantes não Dançam? Os bastidores da recuperação da IBM. Campus/Elsevier, 2003.

LOUIS V. GERSTNER JR.

Resenhado por Todd

"Isto não é uma autobiografia." Essa é a abertura do livro de Lou Gerstner. À medida que se aproximava da aposentadoria, Gerstner esperava que líderes empresariais e espectadores começassem a indagar sobre suas opiniões a respeito das grandes tendências – economia, globalização etc. Era esse o tipo de livro que ele pretendia escrever. Em vez disso, todo mundo queria saber como ele chegara lá... Como ele recuperou a IBM. Durante sua gestão, de 1993 a 2001, o faturamento cresceu de $62,7 bilhões para $85,9 bilhões e o valor das ações da IBM aumentou dez vezes. Claro, as pessoas ficaram curiosas; Gerstner se deu conta de que não tinha outra opção senão escrever *esse* livro.

Certamente, não documentar a história de como esse nativo de Long Island, depois de passar pela McKinsey, American Express e RJR Nabisco, orquestrou a mais espetacular recuperação de perfil do século XX teria sido fingimento. Em que pese o fato de Jack Welch ter enfrentado a dura tarefa de reenergizar a ainda muito bem-sucedida General Electric, Lou Gerstner recebeu grande prêmio por salvar a Big Blue da quase falência.

Quando o recém-empossado CEO começou – fatidicamente – no Dia da Mentira, em 1993, ele encontrou uma empresa em frangalhos. A IBM, a pioneira que criou a indústria da tecnologia, havia perdido metade de sua fatia de mercado em menos de dez anos. Entre os concorrentes, ela estava em décimo primeiro lugar, atrás de algumas empresas que nem existiam mais. Mas a preocupação mais grave de Gerstner era a posição da IBM em termos de custos: "Na média, nossos concorrentes estavam gastando $0,31 para gerar $1 em receitas, enquanto nós gastávamos $0,42 na mesma situação."

Para corrigir o rumo rapidamente, Gerstner tomou uma série de decisões audaciosas. Naquela época, o mercado de computadores pessoais atingia seu ápice e $5 bilhões estavam comprometidos com pesquisa e desenvolvimento de mainframes. No entanto, a grade de comunicações montada pela empresa havia sido colocada à venda. Havia ainda o abandono do desenvolvimento de aplicativos, a decisão de vender hardware e software da concorrência e a grande mudança para serviços de integração. Trinta e cinco mil pessoas foram demitidas, além das quarenta e cinco mil que haviam deixado a companhia

AS CRENÇAS BÁSICAS DE TOM WATSON JR.

- Excelência em tudo o que é feito
- Serviço de atendimento ao cliente de qualidade superior
- Respeito pelo indivíduo

um ano antes. Embora em retrospectiva esses episódios pareçam óbvios, Gerstner reflete que, naquela época, o ceticismo permeava as páginas das revistas de gestão e os escritórios da IBM ao redor do mundo.

Entretanto, cada passo foi dado com base em uma profunda visão estratégica do rumo para o qual a IBM e o mercado de tecnologia se voltavam. A rede de comunicações foi vendida para a AT&T por $5 bilhões assim que Gerstner percebeu a chegada da ubiquidade da banda larga e a incapacidade de a IBM competir com a escala das empresas de telecomunicações existentes. A aposta no mercado de mainframes gerou um acréscimo de $19 bilhões no faturamento, consequência direta das reivindicações dos altos executivos de TI e de sua expectativa que a IBM defendesse o papel do "*big iron*"* em suas operações financeiras, governamentais e de varejo. A IBM Global Services passou de um braço menor da área de vendas para um negócio de $30 bilhões, que emprega metade do total de força de trabalho da IBM.

"Colocar ordem na IBM era uma questão executiva. Tínhamos que parar de tentar encontrar os culpados, parar de tentar ajustar a estrutura e os sistemas internos. Eu não aceitava mais desculpas."

Depois de descrever os primeiros dez meses de sua gestão e explicar seus movimentos estratégicos, Gerstner aborda a cultura de contentamento que predominava na IBM. Olhando para trás, ele acredita que as raízes dos problemas da IBM estavam em seu sucesso sem precedentes. O gigante da computação tinha ficado imune aos ciclos econômicos e às guerras de preço por tanto tempo que a empresa havia se tornado isolada e apática. Gerstner compara sua tarefa de revitalizar a cultura a "pegar um leão criado em cativeiro a vida inteira e, de uma hora para outra, tentar ensiná-lo a sobreviver na selva". Desde abolir as regras sobre vestuário até mandar os executivos e seus relatórios aos clientes, foi uma mudança cultural bem-sucedida graças à boa vontade de centenas de milhares de funcionários que acreditavam na Big Blue e no rumo para o qual Gerstner estava conduzindo a empresa.

**Nota da Tradutora: Big iron* – refere-se a computadores grandes, caros e ultrarrápidos. É utilizado geralmente para supercomputadores como o Crays, mas pode abranger grandes computadores comerciais, como os mainframes da IBM. O termo tem conotação levemente irônica, porém respeitosa.

Mas o que dizer do curioso título desta ótima história de virada? Deixarei Gerstner responder à pergunta com uma citação que revela também que ele sempre acreditou no potencial da IBM:

> Ser grande é importante. O tamanho pode ser alavancado. Largura e profundidade deixam margem para mais investimentos, para apostar em mais riscos e conferem mais paciência para com futuras compensações. Não se trata de saber se os elefantes podem prevalecer sobre as formigas. A questão é se determinado elefante sabe dançar. Se ele souber, as formigas abandonarão a pista de dança.

Who Says Elephants Can't Dance? Leading a Great Enterprise through Dramatic Change. HarperBusiness, 2003.

PARA SABER MAIS >> Página 49, para a outra grande virada corporativa do século XX » Página 146, por que um executivo da IBM comparou a reengenharia com "atear fogo em sua cabeça para apagá-lo com um martelo" » Página 284, para comentários do filho do fundador da IBM | E TAMBÉM: *The Maverick and His Machine,* de Kevin Maney; *Pai, Filho e Cia. – Minha vida na IBM* (Best Seller, 1990), de Thomas J. Watson Jr. e Peter Petre; *O Futuro da Competição* (Campus/Elsevier, 2004), de C.K. Prahalad e Venkat Ramaswamy; e *A Virada nas Empresas,* da *Harvard Business Review* (Campus/Elsevier, 2002).

Discovering the Soul of Service

Descobrindo a Essência do Serviço – Os nove geradores de sucesso sustentável nos negócios. Qualitymark, 2001.

LEONARD L. BERRY

Resenhado por Jack

Compartilhamos nossa sede de operações com uma empresa muito especial: a Midwest Airlines. A companhia aérea começou como uma frota de jatos corporativos que fazia a ponte aérea para os executivos da Kimberly-Clark, entre sua sede em Fox Valley, no centro de Wisconsin, e o departamento de P&D da empresa, em Atlanta, na Geórgia. Quando o setor de linhas aéreas foi desregulamentado, a frota corporativa transformou-se em uma linha aérea regular de transporte de passageiros. A Midwest Airlines cresceu a ponto de deter 50% do mercado de Milwaukee, tendo como diferencial o atendimento ao cliente. A Midwest não para de acumular elogios como a melhor linha aérea doméstica, oferecendo voos em Boeings reformados, com espaçosos assentos de couro. Como todas as empresas excelentes, ela proporciona histórias para seus clientes contarem. Uma delas é que a companhia serve cookies com gotas de chocolate quentinho em todos os voos. Existe algo de muito especial na experiência de voar com a Midwest Airlines.

Nesse livro o Dr. Leonard Berry analisa 14 empresas, incluindo a Midwest, que são empresas sustentáveis que priorizam o atendimento ao cliente como produto essencial. Escrito dez anos atrás, as empresas estudadas tinham idade média de 31 anos de atuação, o que representa um tempo ideal para desenvolver estratégias consagradas. As empresas que Berry estudou não são as figuras carimbadas da mídia de negócios, abrangendo desde a Charles Swab, a The Container-Store e a Enterprise Rent-A-Car até o time de baseball da segunda divisão St. Paul Saints, empresas cuja missão varia enormemente. Devo admitir que, neste tópico, só existe material novo de leitura, abordando empresas do porte da Southwest Airlines, Starbucks, Harley-Davidson ou Ritz Carlton, exemplos comuns de empresas de elite, independentemente do fascínio que sua evolução possa exercer. Portanto, os objetos de estudo de Berry oferecem uma nova perspectiva que abrange empresas com 120 a 35 mil funcionários, empresas públicas e privadas, empresas locais, nacionais e internacionais. Acredito que essa amplitude confere profundidade a este livro que considero ausente em muitos outros que focam tão-somente os gigantes do setor de serviços de atendimento ao cliente.

Em que pese as diferenças entre as empresas representadas, o ponto que elas têm em comum é o sucesso que alcançaram no atendimento sustentável. Somente três, de um total de quatorze, tiveram mais de dois CEOs ao longo de sua história. Mesmo agora, passados dez anos que Berry escreveu seu livro, a maioria ainda é dirigida por seu CEO original. Com esse nível de estabilidade no nível mais alto, seus líderes podem criar confiança e mostrar a integridade e a autenticidade necessárias para dar sustentabilidade ao sucesso.

Essas organizações são fundamentadas no valor do humanitarismo, do tratamento humanitário dado a seus funcionários e clientes – ou, como afirma o autor, à organização e seus parceiros –, com interesse pelo bem-estar e pelas oportunidades de desenvolvimento oferecidas a todos. Liderança focada em valor, relacionamentos baseados em confiança e generosidade são três dos nove fatores determinantes que o autor evoca como essenciais para estabelecer uma organização humanitária. Esses valores são notavelmente consistentes entre as empresas.

Berry compartilha conosco o saber dos líderes que enfrentaram o desafio de manter organizações humanitárias apesar da incessante pressão. O *restaurateur* Drew Nieporent foi muito bem-sucedido em um negócio que pode ser bem frustrante. Ele possui vários restaurantes espalhados pelo mundo e ganhou todos os principais prêmios do setor. Drew acredita que construir uma empresa baseada em valores é essencial para montar um negócio sustentável. "Os restaurantes são como crianças", ele diz. "Eles precisam da sua atenção quando são pequenos. Você lhes dá valores, princípios e esperança e eles crescem fortes."

"Meu objetivo neste livro é identificar, descrever e exemplificar os fatores determinantes adjacentes ao êxito sustentável para os prestadores de serviço de atendimento ao cliente."

Contudo, existem ainda três desafios a serem enfrentados. Esses desafios ficam mais difíceis quando você está criando valor para o serviço de atendimento ao cliente: "Quanto mais dependente de mão de obra o serviço, maiores são os desafios de: operar eficazmente e crescer rapidamente, operar eficazmente competindo com preços [e] conservar o espírito empreendedor inicial da pequena e jovem empresa." É aí que Berry menciona as empresas selecionadas como exemplo de empresas que souberam evitar essas armadilhas. Ele discorre sobre a Valujet e seu rápido crescimento nos anos 1990... e seu declínio igualmente rápido em função dos controles pouco rígidos e da falta de atenção para os objetivos não financeiros. A empresa, que com o tempo retornou como AirTran, não foi capaz de operar eficazmente durante seu rápido crescimento.

A idade me ensinou a levar uma vida tranquila e feliz, e me contemplou com o conhecimento de que o caminho para se alcançar esse tipo de vida é viver pelas razões corretas, seja você um seguidor dos Dez Mandamentos ou da Regra de Ouro. Na minha vida, atribuo bastante valor ao carma (o que vai, volta). Você faz algo porque é a coisa certa a ser feita, não porque vai ser pago para fazê-lo. O livro mostra que esse tipo de filosofia inspirado na alma tem se mostrado bem-sucedido para uma série de organizações, e Berry mostra como atingir o êxito ao manter os valores que você constrói para sua empresa e sua vida.

Discovering the Soul of Service: The Nine Drivers of Sustainable Business Success. Free Press, 1999.

PARA SABER MAIS >> Página 246, para descobrir outras possibilidades » Página 45, para a alma da liderança » Página 184, para outra companhia aérea com alma | E TAMBÉM: *Reclamação de Cliente? Não tem melhor presente...* (Futura, 1999), de Janelle Barlow e Claus Moller; *Minding the Store,* de Stanley Marcus; e *The Nordstrom Way,* de Robert Spector e Patrick McCarthy.

Execution

Execução – A disciplina para atingir resultados. Campus/Elsevier, 2004.

LARRY BOSSIDY E RAM CHARAN

Resenhado por Jack

Há mais de dez anos, trabalhei com um indivíduo com MBA e que em seu currículo se dizia membro da Mensa International. Teoricamente, ele seria o cara de operações, o cara de estratégias, enquanto eu me concentraria no que fazia melhor: vendas e atendimento. Durante seis anos fomos parceiros, e eu corria para terminar um projeto na mesma cadência com a qual havia iniciado; ele, por outro lado, ficava todo acelerado no começo, mas acabava fazendo corpo mole, sendo comum não concluir o projeto. Este não constitui um padrão produtivo para realização de mudanças operacionais e atingimento de metas estratégicas. Por algum tempo achei que o problema estava em mim. Talvez eu estivesse sendo relaxado ou deixasse escapar algo importante. É claro que meu resultado final não era sempre perfeito e nós tínhamos que voltar e revisar algumas partes, mas a tarefa acabava sendo cumprida e as alterações eram muitas vezes mínimas. Um ano depois que ele deixou a empresa, esse livro caiu na minha mesa, revelando-me que o problema não estava em mim, mas na incapacidade de ele começar a agir e dar seguimento – de *executar* grandes ideias. Para mim, *Execução* provou que a ação é necessária – não, ela é primordial – para o sucesso. Essa mensagem repercute claramente nos leitores, uma vez que todos nós já vivemos uma experiência de fracasso em nossas carreiras.

O valor de realizar as coisas em um nível pessoal é bem grande, mas a execução é mais do que desempenho pessoal; uma empresa pode enfrentar a mesma dificuldade em fazer movimentos estratégicos e atuar em novas iniciativas. Como explica o autor, "a execução é um conjunto específico de comportamentos e técnicas que as empresas precisam dominar para ter vantagem competitiva". Este livro oferece três perspectivas para o problema. A primeira parte explica a "disciplina" da execução.

- A execução é uma disciplina, essencial à estratégia.
- Execução é a principal tarefa de um líder empresarial.
- A execução deve ser o elemento essencial da cultura de uma organização.

A segunda parte introduz os "blocos de montagem"; a terceira, a verdadeira seção "como fazer" do livro, enfatiza a necessidade da ação. Os autores conseguem facilitar o reconhecimento das áreas nas quais nós e nossas empresas precisamos ampliar além de nossas zonas de conforto.

O estilo conversacional do livro é muito agradável e sua leitura nos põe em contato com os desafios subjacentes. Escrevendo na primeira pessoa, Bossidy e Charan se revezam, compartilhando experiências, e o resultado é que podemos desfrutar do todos os benefícios de seu status de *superstar* no mundo dos negócios. Essas seções na primeira pessoa – uma abordagem que deveria ser utilizada mais frequentemente nos livros de gestão – acrescentam um toque humano ao assunto. Para fundamentar suas conclusões, Bossidy conta "histórias de guerra" da Honeywell, Allied Signal e GE, e Charan introduz visões externas ao mundo de Bossidy e de sua experiência de 35 anos como assessor. Essa dupla perspectiva confere peso às conclusões.

"A execução não é só o principal problema enfrentado pelas empresas atualmente; é algo que ainda não foi explorado satisfatoriamente."

Apesar de ter vendido mais de 1 milhão de exemplares em cinco anos, *Execução* tem recebido críticas desfavoráveis desde sua primeira edição, em 2002. Muitas delas citam o uso de exemplos de fracasso e a exaltação pessoal dos autores em detrimento da mensagem. Porém, a enganosa habilidade de fazer acontecer é um tópico eternamente atual na literatura gerencial. Se tentar encontrar um livro melhor sobre eficiência organizacional, você gastará muito tempo procurando. Eu pediria àquelas mesmas pessoas que sugerissem uma alternativa. O livro *Administrando para Obter Resultados* (Thomson Pioneira, 2002), de Drucker, trata mais ou menos do mesmo assunto, mas carece do foco penetrante dos argumentos de Bossidy e Charan. Os autores delineiam um esquema que permite que os líderes injetem um saudável senso de realismo em suas organizações. *Execução*, não importa como os leitores ou críticos o interpretem, parte do pressuposto de que os negócios não se concretizam a menos que as coisas aconteçam.

Execution: The Discipline Of Getting Things Done. Crown Publishers, 2002.

PARA SABER MAIS >> Página 11, para execução no nível individual » Página 49, para a GE e a execução | E TAMBÉM: *Inteligência Executiva* (Rocco, 2008), de Justin Menkes; *Virei Chefe. E Agora?* (Campus/Elsevier, 2005), de Thomas J. Neff e James M. Citrin; e *The Power of Alignment*, de George Labovitz e Victor Rosansky.

Competing for the Future

Competindo pelo Futuro. Campus/Elsevier, 1996.

GARY HAMEL E C.K. PRAHALAD

Resenhado por Todd

A maior parte dos executivos acredita que a briga pela concorrência acontece no presente. Observe como os líderes passam a maior parte do tempo – aprovando orçamentos, viajando para visitar clientes importantes, aguardando o volume de vendas no fechamento do trimestre. Gary Hamel e C.K. Prahalad escrevem que a batalha, ou a própria guerra, já foi perdida se os líderes empresariais gastam todo o tempo nos problemas do momento. Esse livro é uma inflamada crítica ao conhecimento estratégico convencional, contestando o incrementalismo de curto prazo como resposta para o crescimento das empresas.

Ao escrever esse livro, em 1994, Hamel e Prahalad estavam se revoltando contra a moda de reengenharia e os "gestores denominadores" que optam por cortar investimentos e a força de trabalho para melhorar o retorno sobre o investimento da empresa em vez de focar a geração de mais receitas com o retorno que eles tinham em mãos. Nessa mesma época, os autores testemunhavam um punhado de empresas redefinirem seus mercados com estratégias fundamentalmente novas: Wal-Mart, Honda, Canon, Schwab. Ficar menor ou melhor não era a estratégia para esses rebeldes: eles queriam ser diferentes.

Criar diferenças estratégicas requer perspicácia. "Se uma equipe da alta administração não consegue articular claramente as cinco ou seis tendências fundamentais do setor que mais ameaçam o sucesso continuado da empresa, ela não detém o controle de seu destino." Os autores argumentam que entender essas forças do mercado cria a visão que permite que a empresa chegue ao futuro antes das outras. Para os que chegam primeiro, as recompensas são fartas: investimento recuperado antes de seus concorrentes, usuários pioneiros ansiosos por novidades, abrindo seus talões de cheques, e as regras aguardando para serem escritas.

Prever a natureza exata de um mercado com cinco ou dez anos de antecedência não constitui a meta final, mas entender as forças em jogo e fazer conjeturas sobre tendências cria uma visão de futuro. O exemplo de Hamel e Prahalad sobre o futuro de uma loja de discos ilustra esse desafio. Eles citam as vantagens de um pessoal bem-informado da loja, produtos disponíveis de imediato e proximidade razoável. Contudo, apesar desses aspectos positivos, eles descrevem um futuro (lembre-se, era 1994) que se assemelha estranhamente com o atual iTunes: "10 mil músicas", "ouça uma amostra de 90 segundos", "seleções baixadas em um dispositivo de gravação digital". Apesar de ser incrivelmente precisa sob um aspecto, essa previsão carece completamente da descrição do aparecimento do formato MP3, do papel da pirataria na distribuição ou outros varejistas da Web vendendo uma seleção mais ampla do que é possível em um ponto de vendas físico. O que os autores previram teria sido suficiente para proporcionar a qualquer loja de discos a visão do futuro e o tempo para criar uma estratégia que lutasse contra a nova tendência. Assim, um quadro completo não é necessário; porém, consciência, sim.

Um senso direcional de tendências delineia um quadro das competências das quais as empresas irão precisar para competir no futuro. O termo "competência essencial" foi cunhado por Hamel e Prahalad para descrever uma ampla cesta das habilidades que as empresas precisam ter para competir. Decisões sobre quais competências essenciais serão priorizadas determinam os mercados nos quais a empresa poderá competir e, no horizonte de longo prazo, o desenvolvimento de competências pode levar a empresa para o lugar certo (ou errado) no tempo certo (ou errado). A Honda concentrou suas competências essenciais no desenvolvimento de motores e sistemas de transmissão, e isso permitiu que ela entrasse em mercados que abrangem desde motocicletas até jatinhos. A JVC começou investindo nas competências necessárias para fabricar gravadores de videocassete vinte anos antes que o produto se tornasse um dispositivo de consumo popular e foi magnificamente recompensada quando esse momento finalmente chegou.

"Enxergar o futuro antes da concorrência tem mais a ver com ter uma grande-angular do que uma bola de cristal."

Cada capítulo do livro tem a densidade conceitual de um artigo da *Harvard Business Review*, com o tom de um sermão apocalíptico. Hamel e Prahalad pregam a mesma coisa que você ouvirá na missa de domingo: tome cuidado com suas escolhas de hoje, pois elas são as sementes do sucesso de amanhã.

Competing for the Future. Harvard Business School, 1996.

PARA SABER MAIS >> Página 146, para a ideologia à qual os autores se opõem » Página 280, para a realidade da liderança do mercado » Página 286, para exercitar suas grandes-angulares | E TAMBÉM: *A Arte da Visão de Longo Prazo* (Best Seller, 2000), de Peter Schwartz; *A Riqueza na Base da Pirâmide* (Bookman, 2009), de C.K. Prahalad; e *O Estrategista em Ação* (Thomson Pioneira, 1988), de Kenichi Ohmae.

VENDAS E MARKETING Peter Drucker disse que o objetivo singular de uma empresa é gerar clientes. O marketing coleta informações, formula ofertas de produtos e elabora mensagens para atrair preciosos clientes. Esta parte mostra as abordagens e armadilhas do inesgotável processo de atrair clientes.

Influence

O Poder da Persuasão. Campus/Elsevier, 2006.

ROBERT B. CIALDINI, PHD

Resenhado por Todd

O simples ato de aceitar uma flor de um estranho inicia uma reação em cadeia. O presenteado sente-se imediatamente compelido a retribuir de alguma forma. Os seres humanos são programados com um conjunto de comportamentos inatos que nos impelem na vida. Se fôssemos obrigados a considerar conscientemente todas as decisões que tomamos, logo ficaríamos paralisados. À medida que evoluímos, desenvolvemos um conjunto de "atalhos mentais" que nos ajudam a lidar com essa avalanche de opções. Muitos desses mecanismos são geralmente positivos e têm servido para ajudar a sociedade a funcionar e prosperar.

O profundo entendimento do comportamento humano do psicólogo social Robert Cialdini fica evidenciado no leque de exemplos dos quais ele se utiliza. Neste livro, a pesquisa acadêmica está entrelaçada a notórios – e frequentemente deploráveis – eventos da história dos Estados Unidos. Ele acrescenta casos pessoais colhidos na pesquisa de campo, que vão desde recolher a louça em restaurantes sofisticados até inscrever-se como estagiário de vendas em diversas empresas. Sua pesquisa congrega o que trapaceiros e vendedores de carros usados já sabem há muito tempo: as reações inconscientes podem também ser utilizadas contra nós mesmos. Ele associa esse fenômeno a uma grande variedade de formas de persuasão (identificadas aqui em itálico).

Voltando ao assunto. A compulsão milenar por *reciprocidade* permitiu que as antigas tribos dividissem as tarefas entre seus membros e culturas para trocar mercadorias através dos oceanos. Os Hare Krishna mantêm-se financeiramente oferecendo flores aos viajantes que passam pelos aeroportos; a maioria dos presenteados retribui automaticamente o brinde com uma pequena doação. Amostras grátis no supermercado podem suscitar o mesmo sentimento de obrigação; pode ser que você escolha aquele produto para agradar o vendedor que lhe ofereceu a amostra.

Assumir compromissos e manter a palavra com esses compromissos acaba sendo muito importante para nós e para aqueles que nos cercam. Uma vez comprometida com um ponto de vista, a pessoa encontra bastante dificuldade em mudar de opinião. Se você for eleito presidente de um júri, Cialdini recomenda requerer voto secreto para evitar compromisso público que mais tarde possam causar dificuldades para conseguir um veredicto unânime. Assinar petições tem o mesmo efeito: as pessoas se comprometem com ações de apoio cada vez maiores (como afixar um cartaz advogando uma causa social na frente da casa), depois de concordar com pequenas coisas como uma assinatura. Para usar essa tendência em seu benefício, depois de estabelecer uma meta – seja parar de fumar ou montar um novo negócio – o ato de escrever e compartilhar seus anseios ativa o duplo mecanismo de comprometimento.

As pessoas também são induzidas pelas sugestões das outras pessoas que as cercam. Cialdini chama isso de *confirmação social* e diz que somos mais suscetíveis sob duas condições. A primeira é quando há incerteza. As claques das séries cômicas usam essa oportunidade para envolver o telespectador, confirmando que a cena ou o diálogo deveriam ser interpretados como sendo engraçados. A segunda condição ocorre quando recebemos sugestões de pessoas semelhantes a nós. Quanto mais semelhante, mais chances teremos de aceitar a sugestão. Da roupa que vestimos à música que ouvimos, a confirmação social é um poderoso instrumento de persuasão.

Os profissionais de vendas são especificamente treinados em uma técnica que trabalha o *afeto*. Uma sacola de tacos de golfe ou um carrinho de bebê em seu porta-malas fornece ao vendedor de carros que está avaliando seu veículo um tópico de conversa no qual ele pode suscitar a emoção. As consultoras da Tupperware entendem e usam essa técnica de uma forma diferente, organizando as reuniões em torno da anfitriã e dos laços de amizade compartilhados pelas participantes. A força do afeto entre as participantes é um melhor indicador do volume de compras do que o apego ao produto em si. A melhor defesa, afirma Cialdini, é concentrar-se na transação, e não na pessoa envolvida.

O bom senso de nossa mente consciente pode ser ignorado, levando-nos a fazer coisas inexplicáveis mediante o uso da *autoridade*. Cialdini menciona o conjunto de experimentos de Stanley Milgram realizados como resposta aos julgamentos dos crimes de guerra nazistas, nos quais ele tentou determinar se os indivíduos podiam ser colocados em uma situação na qual eles obedeceriam a ordens voluntariamente, apesar de reconhecerem que essas ações seriam prejudiciais a outras pessoas. Esses sujeitos foram instruídos a fazer perguntas a um ator (colaborador de Milgram) e a pressionar um botão que provocava choques elétricos no ator toda vez que este dava uma resposta incorreta. Os choques aumentavam de intensidade a cada resposta errada. O choque final aplicava uma descarga colossal e dolorosa de 450V no ator, e cerca de dois terços dos voluntários de Milgram acionaram de bom grado os trinta interruptores necessários para atingir esse ponto. Milgram concluiu que o pesquisador, ao exercer com firmeza sua autoridade, criou a influência necessária para que os voluntários fossem em frente.

Escassez é provavelmente o tipo de persuasão mais fácil de ser entendido e é o método de influência ao qual estamos mais comumente expostos. É o instrumento preferido dos profissionais de marketing ("Oferta por tempo limitado!!!", por exemplo) e de vendas ("Não posso garantir que este carro ainda estará disponível"), porque detestamos deixar escapar uma oportunidade. Uma oportunidade perdida cria um desejo mais forte pelo que não pode ser obtido de imediato. É por isso que selos com defeito de impressão ou figurinhas antigas de jogadores de futebol valem mais – em função de sua limitada oferta.

"Agora, posso admitir abertamente. Tenho sido um tolo a minha vida toda."

Existem formas de proteção contra tornar-se vítima de manipulação, Cialdini assegura a seus leitores. Depois de explicar cada tipo de persuasão, ele oferece antídotos contra ser alvo de artimanha, trapaça e exploração. Por exemplo, se um vendedor tenta jogar seu charme, lembre-se de manter o foco nos méritos do negócio e não na pessoa que está tentando vendê-lo para você. Cialdini acredita que a confiabilidade nesses atalhos deve permanecer intacta para que possamos funcionar em um mundo que fica cada vez mais complexo.

Depois de explorar histórias divertidas e contos moralizadores, Cialdini nos deixa com duas percepções primordiais. Primeiro, nossas vidas seriam mais difíceis sem os atalhos mentais que influenciam nossa tomada de decisões e, segundo, esses mesmos recursos deixam uma porta aberta para a exploração, criando uma linha indefinida entre a recomendação inócua e a trapaça intencional.

Influence: The Psychology of Persuasion. Collins Business Essentials, 2007.

PARA SABER MAIS >> Página 288, para mais do que você sabe » Página 57, como as histórias podem exercer influência » Página 19, para um clássico sobre influência | E TAMBÉM: *Nudge – O empurrão para a escolha certa* (Campus/Elsevier, 2008), de Richard H. Thaler e Cass R. Susntein; *Sway*, de Ori Brafman e Ron Brafman; *A Arte da Persuasão* (Campus/Elsevier, 2007), de G. Richard Shell e Mario Moussa; e *Blink – A decisão num piscar de olhos* (Rocco, 2005), de Malcolm Gladwell.

Positioning: The Battle for Your Mind

Posicionamento: A batalha por sua mente. Makron Books, 2009.

AL RIES E JACK TROUT

Resenhado por Jack

Quando o assunto é música portátil, quem dita as regras é uma marca: iPod. A forma como a Apple conseguiu dominar esse mercado é um exemplo extraordinário de "posicionamento" bem-sucedido. Posicionamento é o processo através do qual seu produto é colocado na cabeça de consumidores potenciais. Em 1972, Al Ries e Jack Trout apresentaram a ideia de posicionamento em *Advertising Age*, numa série de artigos chamada "The Positioning Era Cometh". Em 1981, publicaram o livro. O posicionamento se torna necessário para um produto, serviço ou empresa porque o excesso de comunicação no mundo moderno leva ao que Ries e Trout chamam de "uma mente supersimplificada" – um mecanismo de defesa que os consumidores usam para lidar com toda essa grande massa de empresas e, como consequência, com os profissionais de marketing. As opções que temos disponíveis atualmente podem ser avassaladoras. Por exemplo, nos anos 1970 a Frito Lay oferecia 10 variedades de batatinhas fritas; nos anos 1990 oferecia 78. Tênis? Havia cinco opções nos anos 1970 e 285 variedades nos anos 1990. Com esse tipo de sobrecarga contemporânea, a mente se apaga. Assim, para Ries e Trout, o "posicionamento é um sistema organizado para encontrar espaços na mente".

Como a eficácia da propaganda é prejudicada por essa sobrecarga, os autores alertam os profissionais de marketing que apenas uma mensagem simplificada conseguirá, de fato, atingir essa massa. Uma das formas que sugerem para posicionar um produto é "associar uma palavra na mente. Volvo está associada a 'segurança'. BMW está associada a 'dirigir'. FedEx está associada a 'no dia seguinte'. Crest está associada a 'cáries'. Uma vez que consiga essa associação na mente, é questão de pegar ou largar". Como é possível associar uma palavra que simbolize seu produto na mente das pessoas? Uma das maneiras é chegar lá primeiro. Lembramos de Charles Lindbergh e Roger Banister como os "primeiros" a cruzar o oceano Atlântico em avião e a quebrar o recorde de correr uma milha em menos de quatro minutos, respectivamente, mas não conseguimos nos lembrar de quem foram os próximos. Outra forma poderosa de se tornar memorável, diz o autor, é "se você não pode ser o primeiro em uma categoria, então crie uma nova categoria onde possa ser o primeiro". Por exemplo, Miller Brewing com certeza não foi o primeiro produtor de cerveja, mas criou a Miller Lite, a primeira cerveja light a ser comercializada.

No vigésimo aniversário desse ícone, a editora imprimiu uma nova versão em capa dura e os autores incluíram comentários nas margens do formato expandido. O que realmente acrescenta valor à nova edição são as histórias de casos mais recentes de sucesso e fracasso. O estilo conciso e direto dos autores fez esse livro se tornar sucesso ao ser publicado pela primeira vez em 1981, e sua comunicação clara dos fatos e opiniões, que continuou nas edições seguintes, leva os leitores a pensarem no marketing de uma forma diferente.

"O posicionamento é um sistema organizado para encontrar espaços na mente. Está baseado no conceito de que a comunicação só pode acontecer na hora certa e nas circunstâncias certas."

Ries e Trout acreditam que podemos posicionar quase tudo. Seus exemplos de caso vão desde a Igreja Católica da Bélgica até a empresa de biotecnologia Monsanto. Os autores acreditam que podemos posicionar inclusive nós mesmos. Em cada caso, o objetivo final é a clareza, e a missão inicial é tornar-se a primeira ideia na cabeça do cliente.

Positioning: The Battle for Your Mind. McGraw-Hill, 2001.

PARA SABER MAIS >> Página 49, para o poder de ser o número 1 ou o número 2 >> Página 210, para o poder da consistência >> Página 187, para o poder dos preços baixos. E TAMBÉM: *Ogilvy on Advertising,* de David Ogilvy; *Construindo Marcas Fortes de David A. Aaker* (Artmed, 2007); e *As 22 Consagradas Leis do Marketing de Al Ries* e *Jack Trout* (Makron Books, 1993).

A New Brand World

O Novo Mundo das Marcas. Campus/Elsevier, 2002.

SCOTT BEDBURY E STEPHEN FENICHELL

Resenhado por Jack

Scott Bedbury estava no epicentro da ascensão de duas das marcas mais reconhecidas no mundo. Foi vice-presidente sênior de marketing da Starbucks de 1995 a 1998. Durante esse período, a Starbucks teve crescimento anual de mais de 40%. Antes de trabalhar para a Starbucks, Bedbury foi chefe de propaganda da Nike por sete anos, durante o período em que a empresa mudou radicalmente sua imagem. Nesse livro Bedbury apresenta um insight dessas clássicas criações das marcas e escreve um livro relevante sobre criação de marca, extensão de marca e fidelidade de marca. O livro está extremamente baseado nos exemplos da Starbucks e da Nike, mas também mostra outros casos de sucesso e fracasso de marcas.

Bedbury ajudou a lançar as campanhas "Bo knows" e "Just Do It". Com riqueza de detalhes, ele relata as histórias de tensão interna na Nike à medida que mudava sua atitude de não ser "para os fracos", para uma marca com espaço para toda a família, e principalmente para tornar-se a empresa líder em esportes e fitness. "Just Do It" tornou-se uma marca que não trata apenas de tênis ou produtos, mas também de valores e espírito.

Bedbury continuou ajudando a criar uma definição verdadeira de marca para a Starbucks. Um ano depois de estar sob seu comando, abriu sua primeira loja fora dos Estados Unidos, no Japão. Em um papel que era muito diferente daquele que desempenhou na Nike, trabalhou com Howard Schultz para criar um código de marca e ajudar a definir quem era a Starbucks. Para fazer isso, precisou reunir e buscar a inteligência, usando uma abordagem de três pontas. Primeiro, pesquisou o produto: o café. Descobriu que "estimava-se que mais de 3 bilhões de xícaras de café eram preparadas no mundo, todos os dias. Além disso, ele descobriu que pelo menos 2,7 bilhões dessas xícaras eram tomadas. Em resumo, estávamos diante de um ambiente-alvo muito rico". Então, aprendeu tudo o que podia sobre o cliente. Finalmente, teve a compreensão clara da posição da Starbucks através de uma pesquisa de mercado.

Essas informações preciosas permitiram que a Starbucks evitasse extensões da marca que, apesar de tentadoras, eram muito equivocadas para a empresa. Bedbury explica que a "identidade da marca Starbucks não estava tão relacionada com uma grande xícara de café e, sim, com a ideia de proporcionar uma grande experiência com o café". Assim, fizeram de tudo para seguir essa filosofia. Como a Starbucks conhecia muito bem sua marca, percebeu que oferecer cartões de fidelidade ou grandes descontos não estaria de acordo com seu compromisso com o cliente. "Queríamos recompensar nossos clientes com um serviço cada vez melhor e não às vezes, com uma xícara de café mais barata", diz Bedbury. Ignorar uma estratégia usada pela maioria das empresas de café para forçar os consumidores a voltarem às suas lojas poderia ter sido um erro para qualquer outro tipo de empresa, mas a Starbucks sabia que sua marca e seus clientes haviam feito uma escolha que não era comum.

Além de compartilhar suas experiências ao trabalhar com essas marcas poderosas, Bedbury diz que toda empresa deveria ter um princípio de organização: a construção da marca. Em vez de ver a marca como uma mensagem criada pelo departamento de marketing, Bedbury acredita que a construção da marca é um processo em que todos os setores da empresa devem se concentrar. Como parte de seus oito princípios universais de construção da marca, Bedbury descreve os principais valores que todas as marcas devem incorporar: simplicidade, paciência, relevância, acessibilidade, humanidade, onipresença e inovação. Quer uma receita rápida para adicionar um pouco de humanidade à sua marca? Dê risada de si mesmo, mostre verdadeira compaixão, seja a favor de alguma causa, escute e observe, reconheça seus erros, encontre sua alma e se torne um funcionário mais humano.

"Relevância, simplicidade e humanidade – e não a tecnologia – diferenciarão as marcas no futuro."

O que achei realmente revelador nesse livro foi a defesa de Bedbury de dois aspectos importantes da marca: o amor e a confiança. Não importa se temos um produto ou serviço, o amor e a confiança, diz, são cruciais para a construção da marca. Como a campanha de propaganda mais agressiva não consegue construir uma marca quando a empresa ou o produto não tem alma ou coração, os dois são necessários para que o marketing atinja os consumidores. Bedbury deixa claro que as melhores marcas, de fato, começaram como grandes produtos ou serviços. Elas não surgem de repente como grandes marcas, mas, uma vez que uma marca é escolhida pelo público, existe a oportunidade para fazer o resto do mundo conhecê-la.

Na maioria dos livros escritos sobre ou por empreendedores famosos, podemos ter uma ideia geral dos líderes das marcas mundiais mais importantes ou talvez uma ideia sobre um tipo de indústria em determinado momento. O que Scott Bedbury nos oferece, além disso, é uma visão prática sobre a criação de marcas.

A New Brand World: 8 Principles for Achieving Brand Leadership in the 21st Century. Penguin, 2002.

PARA SABER MAIS >> Página 99, para marcas em preto e branco >> Página 124, para uso de dados em toda a organização >> Página 190, para estudo de caso sobre a construção da marca. E TAMBÉM: *Lovemarks – Futuro além das marcas* (Makron Books, 2004); *The Lovemarks Effect*, de Kevin Roberts; e *Dedique-se de Coração – Starbucks Coffee* (Campus/Elsevier, 1999), de Howard Schultz e Don Jones Young.

Os Livros de Negócios mais Vendidos

Quando os leitores querem saber que livro de negócios comprar, recorrem à lista dos livros de negócios mais vendidos do *Wall Street Journal.* Recorremos a nossos amigos da Nielsen BookScan para nos darem a palavra final sobre os livros de negócios mais vendidos.

Good to Great: Empresas feitas para vencer

Freakonomics

Blink

Quem Mexeu no Meu Queijo?

Descubra seus Pontos Fortes

Os 5 Desafios das Equipes

Paixão por Vencer

O Livro Vermelho de Vendas

A Arte de Fazer Acontecer

StrengthsFinder 2.0

Dados da Nielsen BookScan 01/01/04 a 31/07/08
Aaron Schleicher

Selling the Invisible

Vendendo o Invisível. Best Seller, 2009.

HARRY BECKWITH

Resenhado por Jack

A alegação de Harry Beckwith é que é necessário um conjunto completamente diferente de habilidades para vender um serviço em vez de um produto. Na introdução, Beckwith diz que ao olhar o catálogo de estudo de casos de marketing da Harvard Business School descobriu que, em 1997, quando o livro foi escrito, de cada quatro estudos de casos, um envolvia uma empresa de serviços. Ao ver a lista da *Fortune 500* que incluía as empresas de serviço, descobriu que de cada quatro americanos, três trabalhavam em empresas de serviços. "Em resumo, os Estados Unidos têm uma economia de prestação de serviços com um modelo de marketing voltado para produtos."

Com essa tese, Beckwith explica que este "não é um livro sobre como fazer, embora contenha muitas sugestões concretas. Ao contrário, é um livro sobre como pensar em fazer". Ele afirma que o segredo para o marketing de serviços é a *qualidade* do serviço prestado, apesar da ideia equivocada, segundo a qual o marketing é o que se *diz* sobre um serviço. Na verdade, Beckwith chega à conclusão de que se a qualidade de seu produto for realmente boa, não é necessário *dizer* nada sobre ele. Com esse foco na qualidade, Beckwith sugere as seguintes etapas: "Definir em que ramo de negócios você *realmente* está e o que as pessoas estão *realmente* comprando, posicionar seu serviço, compreender o panorama e o comportamento de compra e se comunicar."

É uma coisa bem direta, mas o resultado é interessante. Os capítulos são como flashes, alguns têm menos de uma página. Beckwith destaca que os americanos têm visão exagerada de si mesmos e, por sua vez, dos negócios – como no caso fictício de Lake Wobegon, do radialista Garrison Keillor, "onde as mulheres são fortes, os homens são bonitos e todas as crianças estão acima da média". Esse tipo de opinião exagerada não leva à autoavaliação, e como consequência, a probabilidade é de que nosso serviço seja, na melhor das hipóteses, regular. Devemos presumir que nosso serviço é ruim, o que nos obrigará a melhorar.

Beckwith conta a história de três grandes vendedores capazes de vender refrigeradores para esquimós, mas que estão sofrendo em uma corretora. Beckwith explica que o problema de vendas da empresa é, na verdade, um problema de marketing. "A empresa não conseguiu criar ou identificar a diferença que torna uma mensagem de vendas convincente, e que faz as pessoas realmente acreditarem nos vendedores." Nossa empresa de livros tentou fazer isso levando em conta a abordagem mais concreta da Amazon de promover a capacidade de oferecer descontos para livros individuais. Quando clientes potenciais nos ligavam e perguntavam, em poucas palavras, "Por que devemos usar sua empresa?", não tínhamos uma resposta com uma mensagem convincente. Não até encontrarmos uma vantagem diferenciada – nossa capacidade de personalizar qualquer pedido – assim, o "serviço bom" tornou-se algo concreto para nossos consumidores. Somente a partir daí realmente tivemos a oportunidade de transformar um consumidor em um cliente. Para ter sucesso na prestação de serviços, é necessário identificar claramente o que sua oferta tem de diferente, pois seu serviço não é intuitivo para o cliente.

Em outra história vemos o exemplo de Charlie Brown que percebeu que o bico dos sapatos de Linus estava bem engraxado, mas a parte de trás estava toda arranhada. Depois de ouvir isso de Charlie, Linus lhe disse que se preocupava com o que as pessoas pensavam sobre ele quando entrava em uma sala, mas que não se preocupava com o que elas pensavam quando ele estava saindo. Beckwith diz que isso está errado. Vários estudos mostram que as pessoas se lembram do começo e do final de um encontro e normalmente se esquecem do meio. Se quer causar uma boa impressão, concentre-se, como sempre, na primeira impressão, mas não ignore a última.

Há também um capítulo chamado "Qual a cor do seu paraquedas?" — do clássico livro de negócios Qual a cor do seu paraquedas? (Sextante, 1998), de Richard Boles, que apresenta a pergunta "Sou bom em quê?" — um tema que merece reflexão na busca por uma nova carreira. Entretanto, Beckwith acha que quando as empresas fazem essa mesma pergunta, normalmente se apresentam como uma "empresa arquitetônica". Essa definição geral resulta apenas em comparação entre sua empresa e todas as outras empresas do ramo, e não permite que você encontre maneiras para diferenciar sua empresa. Normalmente as áreas de crescimento estão fora de sua atual descrição do setor. "Ao planejar seu marketing, não pense apenas em sua empresa. Pense em suas habilidades."

"A questão central do marketing de serviços é frustrante: é muito mais fácil fracassar do que ser bem-sucedido na prestação de serviços."

Harry Backwith fez o que muitos autores tentaram fazer, porém, fracassaram. Encontrou um oásis – um lugar sem muitos produtos concorrentes – e se apossou dele. O livro explica de forma simples e compreensível o que você precisa fazer para sobreviver e prosperar ao oferecer serviços. Não importa se você é um advogado, contador ou tintureiro, esse livro certamente mudará sua forma de pensar, assim como as promessas de Beckwith.

Selling the Invisible. A Field Guide to Modern Marketing. Business Plus, 1997.

PARA SABER MAIS >> Página 80, empresas prestadoras de serviço como negócio principal >> Página 202, abrindo uma empresa prestadora de serviços >> Página 184, para a história de uma empresa prestadora de serviços. | E TAMBÉM: *Ted Levitt on Marketing,* de Ted Levitt; *Getting Everything You Can Out of All You've Got,* de Jay Abraham; e *O Toque Invisível* (Best Seller, 2009), de Harry Beckwith.

Zag

Zag: A Estratégia Número 1 das Marcas de Sucesso. Bookman, 2009.

MARTY NEUMEIER

Resenhado por Jack

Nossos primeiros livros quando crianças têm muitas fotografias e pouco texto, permitindo que tenhamos um aprendizado visual. E nossa capacidade de aprender através de fotos não desaparece depois que atingimos determinada idade. Na verdade, acredito que o uso de fotos nos livros de negócio é subestimado (veremos, mais adiante, outros livros que empregam essa abordagem). Os livros de marketing de Marty Neumeier seguem essa tendência. São curtos, perfeitos para uma viagem de avião, mas tratam de um assunto de grande importância para todas as empresas – a identidade – e estão divididos em pequenas partes, usando fotos para enfatizar os pontos principais. Neumeier conhece a eficácia das fotos na comunicação. Iniciou sua carreira como designer gráfico e, em 1996, fundou a *Critique*, uma revista sobre teoria do design gráfico. Agora é o presidente de uma empresa especializada em "colaboração entre marcas". Todos os seus livros são excelentes, mas a mensagem de *Zag* se destaca.

A abordagem ampla, porém clara, de Neumeier é mostrada até mesmo pela loquacidade da capa da edição americana que chama o livro de "A Whiteboard Overview" (Uma Visão Geral de Tudo). *Zag* tem um alto conceito e é brilhante em sua economia. Veja as seis fotografias apresentadas por Neumeier, cada uma delas mostrando um par de silhuetas conversando. Em cada foto, Neumeier dá a explicação mais concisa e eficaz sobre propaganda, marketing e marca que já vi. Por exemplo, sua descrição de "Marketing" é um homem falando para uma mulher: "Sou um grande amante". Porém, "Marca" é a mulher falando para o homem: "Sei que você é um grande amante". A diferença é sutil, mas clara: marca é uma questão de o que seu cliente *sabe* sobre seu produto ou mensagem e não tem nada a ver com o que você *está dizendo* para o cliente.

Neumeier acredita que os consumidores estão sendo bombardeados com informações confusas ou, em suas palavras, uma algazarra – sobre seus produtos e serviços. Por causa de toda essa algazarra, você deve se diferenciar – e não apenas se diferenciar, mas mostrar uma diferenciação radical. Como ele diz: "Quando todo mundo *zig, zag*" (grifo dos autores).

Sabendo que zag não é instintivo para a maioria de nós, Neumeier passa o resto do livro apresentando suas ideias sobre implementação. Um dos segredos para se ter sucesso na implementação é procurar o "espaço vazio", o espaço que ninguém está ocupando no momento. A maioria das empresas reconhece a necessidade de se ter uma diferenciação, mas tem dificuldade com o conceito de diferenciação radical. Quando Neumeier discute a diferenciação radical, ele quer dizer: "[Se] ALGUÉM está fazendo isso, você seria louco de fazer isso também. Não se pode ser um líder seguindo o líder. Pelo contrário, você tem que encontrar os espaços entre os jogadores. Você tem que encontrar um *zag*".

"O caminho mais rápido para um zag é ver o que os competidores estão fazendo e, então, fazer algo diferente. Algo REALMENTE diferente."

Neumeier apresenta um processo de diferenciação incluindo capítulos para ajudá-lo a encontrar, criar, elaborar e renovar o seu zag. Empresas já estabelecidas podem reposicionar sua marca ou aprender aonde levá-la depois de seu lançamento. Porém, diz Neumeier, para fazer isso é necessário saber onde sua empresa está dentro do "ciclo da concorrência". Ele usa a brincadeira de criança papel-pedra-tesoura como analogia para mostrar o caminho que as empresas de pequeno, médio e grande portes têm que atravessar nesse ciclo. As empresas iniciantes são "tesoura" e crescem por causa de seu grande foco; crescem ocupando o "espaço vazio" das empresas maiores ("papel") porque conseguem ter mais agilidade para negociar ou porque as empresas grandes não se dão conta, pois estão muito ocupadas. A pequena empresa finalmente se transforma em uma empresa de médio porte. Essas "pedras" prosperam esmagando as "tesouras", que não têm os recursos para enfrentar a concorrência. Finalmente, as "pedras" se tornam "papel" e usam seus recursos e rede para destruir as "pedras". A analogia papel-pedra-tesoura ilustra muito bem a transição das empresas de portes diferentes entre os ciclos e como os pontos fortes e fracos dessas empresas mudam com o passar do tempo.

No último capítulo Neumeier faz um resumo de cada capítulo em parágrafos curtos, descrevendo os pontos principais. Essa abordagem oferece um resumo útil e serve como futuro lembrete. Inclui também uma lista de leituras sugeridas, apresentando uma breve descrição, de um parágrafo, junto com toda a informação de que você precisa para encontrar o livro sugerido.

É um livro diferente, com uma mensagem diferente. É também um zag divertido e poderoso para os livros de negócios.

Zag: The # 1 Strategy of High-Performance Brands. New Riders, 2007.

PARA SABER MAIS >> Página 234, para outro livro com fotos bonitas >> Página 236, para aprender a fazer coisas legais >> Página 165, para o método de Marty de colaboração com o cliente.
E TAMBÉM: *The Brand Gap*, de Marty Neumeier; *AS 22 Consagradas Leis de Marcas* (Makron Books, 1999), de Al Ries e Laura Ries; e *Brandsense – A marca multissensorial* (Bookman, 2007), de Martin Lindstrom.

Crossing the Chasm

GEOFFREY A. MOORE

Resenhado por Todd

No final dos anos 1950, os sociólogos desenvolveram uma curva em formato de sino para descrever como os agricultores escolhiam as novas variedades de batatas. Nesse estudo preliminar, cinco grupos diferentes foram identificados, cada um deles realizando a mudança com diferentes níveis de aceitação. As novas técnicas foram, à primeira vista, aceitas com entusiasmo por um pequeno grupo de líderes inovadores, seguidos de um grupo maior, que não demorou a aceitar a mudança. À medida que a inovação se espalhou, os agricultores, os que aceitaram antes e os que o fizeram mais tarde, mudaram suas práticas de plantio. Os retardatários foram os últimos a aceitar qualquer mudança, e normalmente o faziam quando já não havia opção. Em 1962, Everett Rogers popularizou e expandiu essa estrutura para as tendências mais amplas do consumismo e da mudança em seu famoso livro *Diffusion of Innovations,* e o setor de tecnologia usa, há muito tempo, esse paradigma para descrever a adoção de produtos e serviços.

Geoffrey Moore publicou um aviso importante em 1991 com *Crossing the Chasm.* A sabedoria convencional do marketing ensinou as empresas a ganharem impulso em cada segmento de adoção da curva e a usar isso para dar energia para o próximo grupo ao longo da curva. A pesquisa de Moore confirmou os pequenos intervalos de aceitação entre cada um dos grupos, mas seu verdadeiro insight foi a descoberta de um abismo (*chasm*) entre os primeiros inovadores e a maioria seguinte.

Com a descoberta desse abismo, Moore finalmente conseguiu explicar as dificuldades enfrentadas por muitas empresas de tecnologia em sua fase inicial. Assim como as start-ups sentem que estão ganhando impulso devido ao sucesso nos mercados iniciais, o crescimento da receita inicial começa a ficar achatado e as empresas começam a torrar o dinheiro. As empresas não são capazes de alavancar a reputação e o boca a boca que conseguiam nos grupos iniciais à medida que vendiam para a maioria inicial porque o abismo que separa os dois grupos é uma das motivações contrárias.

Os clientes seguidores iniciais veem a tecnologia como uma oportunidade para roubar a cena da concorrência pessoal e fazer mudanças nas empresas em que trabalham. A maioria inicial, ao contrário, quer melhorias moderadas com componentes confiáveis. Os seguidores iniciais querem revolução; a maioria inicial pragmática quer evolução.

O abismo só é atravessado com uma invasão ao estilo Dia D, diz Moore. Clientes potenciais, na maioria inicial, estão bem satisfeitos com o que têm. Moore implora aos invasores para atacar um único nicho e concentrar todos os esforços em um único subgrupo de clientes. Somente com a criação de uma pequena cabeça de ponte (posição estratégica) na maioria inicial haverá o ponto de referência necessário para que os demais do grupo da maioria inicial se sintam à vontade para adotar o novo produto.

Moore é bem específico em relação ao modo como as empresas precisam planejar o ataque. Os nichos são escolhidos com base no setor de um cliente já existente ou em um método operacional ineficiente, identificável e que possa ser melhorado. Como exemplo desse último, Moore apresenta a Silicon Graphic, um fabricante de soluções para computadores de alto desempenho cujo alvo era Hollywood, e propôs a substituição da edição física da película cinematográfica por suas modernas estações de trabalho.

"O fenômeno do abismo... leva todas as empresas de alta tecnologia emergentes a um momento de crise, quando devem abandonar a segurança relativa de seu mercado inicial já estabelecido e sair em busca de um novo lar nessa corrente."

Moore também acredita que devemos formar alianças e trazer parceiros para enfrentar a guerra. Aqueles que formam parte da maioria inicial querem compatibilidade com o que já adquiriram, acessórios plug-and-play e manuais prontos, esperando por eles assim que assinarem o cheque.

Para aqueles que leram a edição original de *Crossing the Chasm,* vale a pena fazer uma segunda leitura da edição revista, de 1999. Moore reescreveu a maioria dos casos e incluiu um novo grupo de empresas que tentam atravessar o abismo. Porém, o mais interessante são as descrições de como as empresas usam esse conhecimento. Algumas empresas atualmente pegam carona no sucesso da travessia das outras; Moore aponta a bem-sucedida travessia da Netscape, seguida pela Microsoft no mercado de browser na internet. Ele discute ainda casos de empresas que estão criando estratégias para deter e anular as travessias.

Crossing the Chasm aborda as mudanças principais e se refere às experiências de muitas empresas de alta tecnologia; portanto, o livro está cheio de termos e acrônimos técnicos. Menciono isso apenas como alerta, mas de forma alguma isso deve se tornar impedimento. A hipótese de Moore é sobre a mudança e, naturalmente, os diferentes níveis de aceitação. Aposto que você está tentando mudar alguma coisa, e há várias lições em *Crossing the Chasm* para mudar os agentes e os desafios que se têm de enfrentar.

Crossing the Chasm: Marketing and Selling Disruptive Products to Mainstream Customers. Collins, 2006.

PARA SABER MAIS >> Página 194, para abrir uma empresa de alta tecnologia >> Página 8, como os geeks administram suas vidas >> Página 178, para o início de uma grande empresa de tecnologia. | E TAMBÉM: *The Cluetrain Manifesto,* de Christopher Locke, Rick Levine, Doc Searts e David Weinberger; e *A Cauda Longa* (Campus/Elsevier, 2006), de Chris Anderson.

Secrets of Closing the Sale

Os Segredos da Arte de Vender. Record, 2002.

ZIG ZIGLAR

Resenhado por Jack

Durante toda minha vida fui vendedor. Comecei com um jornal, depois dirigi uma loja de discos e há 25 anos vendo livros. Isso posto, sempre considerei os vendedores que falam sobre "vender" e "técnicas" curandeiros e suas poções mágicas. Minha abordagem foi mais instintiva, talvez até mais humanista: se as pessoas não estão interessadas no que tenho para oferecer, o problema está em minha oferta e não em minha apresentação ou venda. Porém, até mesmo os grandes especialistas (e não me refiro a mim mesmo) podem tirar proveito do estudo e da prática, e, para isso, o livro de Zig Ziglar é leitura essencial.

Ziglar nos conta que vender e fechar a venda não são mistérios a serem solucionados; pelo contrário, são algo tão tangível como quando sua própria esposa lhe vendeu uma casa. Até mesmo uma visita ao dentista mostrou isso a Ziglar. Ele percebeu que o dentista e sua equipe usavam palavras predominantemente positivas durante a visita – palavras como restauração, em vez de obturação, recepção, em vez de sala de espera, desconforto ou pressão, no lugar de dor, e confirmar ou verificar uma consulta, em vez de lembrar. As palavras fazem a diferença, e o efeito é importante – tanto que Ziglar faz uma lista com as 24 palavras que "vendem" (como comprovado, saúde, fácil e descoberta) e as 24 palavras que "não vendem" (como acordo, pagar, contrato e assinar). Observe qualquer anúncio veiculado à noite e veja esses métodos em ação.

Apesar do nome, o livro revela verdades e abordagens aplicáveis ao processo de venda completo, com foco no fechamento. É claro que o fechamento é a parte principal da venda, mas, para fechar a venda, devemos entender aspectos como a atitude de vender, lidar com objeções e, então, a psicologia da venda. O livro divide o processo de venda em seus componentes e é, portanto, o guia perfeito para todos os vendedores novatos.

Guias sobre como vender têm pouco valor, mas a essência desse livro está em uma série de histórias divertidas contadas por Ziglar para demonstrar os vários aspectos da venda. Achei uma história particularmente divertida. Durante um temporal, ele parou em um posto de gasolina e descobriu que o dono achava que os temporais eram fortuitos. A chuva levava pregos e outras sujeiras para a rua, o que causava muitos pneus furados – e gerava aumento para seu negócio. O dono tinha em seu staff um ótimo funcionário para trocar pneus que, na verdade, tornava a visita de seus clientes agradável. "Não há nada que possa fazer em relação à chuva, mas posso fazer muita coisa para solucionar os problemas das pessoas quando a chuva cair", explica o dono. Ziglar mostra, através dessa história, como vale a pena conhecer seus clientes, tratá-los bem e ainda aproveitar uma oportunidade.

"O cliente potencial é persuadido mais pela força de sua convicção do que pelo tamanho de sua lógica."

No livro inteiro Ziglar é seu instrutor pessoal de vendas. Pede que você tenha uma caneta e um bloco à mão quando começar a ler porque quer que os leitores tratem seu livro como se fosse um manual, quase um texto acadêmico. Fiz várias anotações em meu exemplar com o passar dos anos. Cada página está cheia de dizeres motivadores que talvez sejam apenas o empurrão que você precisa para dar o próximo passo em direção à melhoria. Aqui estão alguns exemplos:

- "O cliente potencial é persuadido mais pela força de sua convicção do que pelo tamanho de sua lógica."
- "Você não vende o que o produto é – você vende o que o produto faz."
- "Uma conquista espetacular vem sempre precedida de uma preparação não espetacular."
- "Sua empresa nunca é realmente boa ou ruim lá fora. Sua empresa é boa ou ruim entre os seus ouvidos."

O objetivo de Ziglar é nos inspirar e ensinar como refinar nossas atividades diárias de venda. A mensagem geral do livro nos estimula a ater-nos ao básico. Às vezes, pensamos demais em algo que é tão inerente ao ser humano, como o processo de venda, e esse é o livro que você precisa para manter o foco nos aspectos básicos. Às vezes o valor de um livro está em sua capacidade de colocá-lo de volta nos eixos ou de mostrar-lhe um jeito melhor de fazer seu trabalho diário. O conselho prático e clássico de Zig Zaglar sobre um assunto conhecido cumpre perfeitamente esses requisitos.

Secrets of Closing the Sale. Fleming H. Revell, 2006.

PARA SABER MAIS >> Página 22, para nadar com os tubarões >> Página 205, para apreciar o marketing de guerrilha, >> Página 115, para ver uma vaca roxa. | E TAMBÉM: *How to Master the Art of Selling,* de Tom Hopkins; *A Bíblia de Vendas* (Makron Books, 2005), de Jeffrey Gitomer; e *Vendas por Telefone – Técnicas que realmente funcionam* (Record, 1998), de Stephan Schiffman.

Vendas

no Cinema

Estes filmes chamam nossa atenção porque tratam de assuntos reais como honestidade, concorrência e autovalor, os quais prevalecem na profissão de vendas.

"A Chave do Sucesso" [1999]
Qualquer pessoa que tenha participado de uma convenção de determinado setor irá se identificar com esse filme. Kevin Spacey e Danny DeVito precisam apenas conseguir um cliente importante e a empresa estará salva. As coisas se tornam mais complicadas quando um novato da empresa perde a oportunidade de usar um contato pessoal para atraí-lo. Algumas pessoas acharão o filme devagar (o filme todo se passa dentro da empresa com esses três personagens), mas o diálogo é inteligente e envolvente. Esse filme mostra como todos nós estamos vendendo algo.

"O Primeiro Milhão" [2000]
Os idealizadores do telemarketing apontarão esse filme como prova de que a técnica funciona. O personagem principal, representado por Giovanni Ribisi, é jogado dentro de uma corretora que usa suas táticas de vendas para exercer grande pressão sobre os clientes (e funcionários). "Wall Street", uma mistura de ganância e impiedade, é considerado o filme de treinamento nessa empresa.

"A Morte do Caixeiro-viajante" [1985]
Essa peça de Arthur Miller é um clássico do teatro americano. O que podemos testemunhar através dessa história é o lado destrutivo de sonharmos – sonhos sobre nós mesmos e sonhos sobre os que estão a nosso redor. Dustin Hoffman faz o papel de Willy Loman nessa adaptação para a televisão gravada após sua encenação na Broadway, em 1984.

"O Sucesso a Qualquer Preço" [1992]
Uma obra-prima de David Mamet, a peça trata da motivação e do que acontece quando você recebe uma recompensa ou um castigo extremo. O gerente corporativo de vendas chega à cidade e cria um novo concurso de vendas – o vencedor ganha um Cadillac e o perdedor é demitido. O que isso tem a ver com motivação? O elenco é de primeira – Jack Lemmon, Al Pacino, Ed Harris, Alan Arkin, Kevin Spacey e Alec Baldwin.

"Tin Men – Os Rivais" [1987]
Danny DeVito e Richard Dreyfuss são dois vendedores de alumínio, profissão que está com seus dias contados, e concorrentes nos anos 1960, em Baltimore. Suas táticas de venda inescrupulosas chamam a atenção da cidade. Nenhum desses personagens tem a bravata ou o carisma daqueles listados nos outros filmes; são apenas camaradas comuns que você será capaz de reconhecer. Isso torna o filme verossímil.

Escrito por Todd Sattersten

How to Become a Rainmaker

JEFFREY J. FOX

Resenhado por Jack

How to Become a Rainmaker ajudará você a recarregar sua força de vendas ou, como no meu caso, retomar o foco sobre as pessoas que pagam as contas: o cliente. Essa qualidade – a ideia que esse livro me dá quando me disperso dos objetivos mais básicos – o coloca muito próximo do meu coração. Escrevi uma de minhas primeiras resenhas Jack Covert Selects sobre este livro quando foi lançado, em 2000. Foi uma combinação fortuita. Naquele momento, nossa empresa lutava contra a Amazon.com, que emergia como a nova potência na indústria de livros. Através do livro de Fox, aprendi rapidamente que havia me esquecido das necessidades básicas de minha empresa: clientes satisfeitos que queriam comprar o que podíamos oferecer. Parece óbvio, mas esse é o tipo de insight que Fox apresenta nesse livro: simples, mas sempre de muita valia. Cada página contém conselhos práticos, facilmente digeridos pelos profissionais de vendas que sabem que a vida nada mais é do que vender algo – seja você mesmo ou um produto.

Rainmaker (mandachuva) é a pessoa que traz a receita para uma organização. O que o livro apresenta são estratégias para maximizar o sucesso como tal. Aqui está um exemplo: "Por que reuniões no café da manhã são a melhor pedida: Você faz uma reunião durante o café da manhã porque: (1) o café da manhã é a refeição mais barata – a seleção é simples, então, não é necessário pensar muito e as bebidas alcoólicas não são uma tentação; (2) economiza-se tempo no café da manhã – tente marcar a reunião em algum lugar no caminho do cliente para o trabalho; (3) não se cancela tanto as reuniões no café da manhã porque os problemas que surgem durante o dia estão fora de questão. (Normalmente os *rainmakers* têm duas reuniões por dia no café da manhã).

O livro dá alguns dos melhores conselhos do tipo "faça isso hoje" que mudarão de imediato a maneira como você conduz os negócios.

Em "Não beba café durante uma ligação de vendas", Fox explica que como as ligações de venda duram em média entre 18 e 20 minutos, você não deve se distrair porque como ele diz: "Você não consegue escrever com uma xícara de café na mão." Em "Seja a pessoa mais bem vestida que você vai encontrar hoje", Fox afirma que é importante estar mais bem vestido do que o cliente (sem exageros) para transmitir a impressão de profissionalismo, confiança e sucesso. "Vestir-se com cuidado é um elogio ao cliente... Indica respeito pelo cliente, e ele, cliente, gostará disso; seu cliente escolherá você de novo, venda após venda." Nem sempre pensamos em como os clientes nos veem, especialmente se forem pessoas com as quais trabalhamos já faz algum tempo. Eu ainda levaria isso um pouco mais adiante. Além do conselho de Fox, eu incluiria que vestir-se com cuidado no ambiente de trabalho mostra que você respeita seu trabalho. Seus funcionários ou colegas vão gostar e até mesmo ser influenciados por seu esforço.

"O principal trabalho de cada funcionário de uma organização é, direta ou indiretamente, atrair e manter os clientes."

Dei um exemplar desse livro para cada trainee de vendas que entrava em minha empresa e sua aplicação prática não tem limites. Não importa se você é um experiente gerente de vendas, um gerente de nível médio ou um recém-formado da faculdade que está à procura de emprego, o livro *How to Become a Rainmaker* tem uma linguagem de vendas que mudará completamente o famoso clichê "desgraça pouca é bobagem".

How to Become a Rainmaker: The Rules for Getting and Keeping Customers and Clients. Hyperion, 2000.

PARA SABER MAIS >> Página 13, para ver como se tornar uma estrela >> Página 22, para aprender a competir >> Página 218, para ver como as forças de vendas corporativas funcionam. | E TAMBÉM: *Abrace seus Clientes* (Sextante, 2007), de Jack Mitchell e *Secrets of Great Rainmaikers,* de Jeffrey J. Fox; e *The Rainmaker's Toolkit,* de Harry Mills.

Why We Buy

Vamos às compras! A ciência do consumo. Campus/Elsevier, 2001.

PACO UNDERHILL

Resenhado por Jack

Entre minhas várias carreiras, fui dono de uma loja de discos. Normalmente, sentava-me atrás do balcão e observava os clientes, tentando decifrar seus hábitos de compra. Por exemplo, será que determinada cor de capa ou estilo do álbum influenciava a escolha final? Nessa época, não sabia que existia uma "ciência" sobre os interesses de meus clientes, mas com certeza poderia ter usado esse livro.

Há 25 anos, Paco Underhill, o autoproclamado geógrafo urbano e antropólogo do varejo, fundou a empresa Envirosell, que basicamente observa as pessoas fazendo compras. Sua empresa aconselha organizações, desde bancos até a The Gap, sobre como se comunicar melhor com os clientes e, por fim, vender mais "coisas", a meta de todas as empresas de varejo. A ciência de Underhill sobre compras envolve os "rastreadores", a quem chama de os pesquisadores de campo da ciência. Esses rastreadores seguem os compradores em segredo pela loja, anotando em um formulário tudo o que o comprador faz. Com a ajuda de um vídeo, medem, pessoalmente, "cerca de novecentos aspectos diferentes da interação entre a loja e o comprador". Suas descobertas são, então, transformadas no design da loja, sinalização e arrumação dos produtos. Underhill reuniu esse rico material e escreveu esse livro com base nos mecanismos, na demografia e, finalmente, na dinâmica das compras.

Underhill dá um panorama detalhando os atuais problemas no varejo. Muitos especialistas concordam que há um "excesso de varejo" no mercado. Os varejistas estão abrindo lojas não para encontrar ou servir novos clientes, mas para enfrentar diretamente os concorrentes. Com a diminuição dos jornais e o aumento das informações via Web, está se tornando cada vez mais difícil convencer as pessoas a comprar o produto *de você.* A marca não é tão levada em consideração na tomada de decisões. Antigamente, havia pessoas "Buick" (modelo de carro), mas não existem mais. Agora existem as pessoas que fazem o "melhor negócio" ou a "compra mais inteligente".

Enquanto a situação do varejo está, de fato, sob um cerco, Underhill está basicamente preocupado com o que acontece quando o cliente está na loja. Ele alega de maneira taxativa que a forma mais importante de se comunicar com o cliente e fechar a venda é ter pessoas na loja conversando e ajudando os compradores. Os estudos de Underhill mostram que, quanto mais tempo os compradores permanecerem na loja, mais comprarão. Envolver os compradores e ouvir suas necessidades ainda é a solução de antigamente para o sucesso.

De várias formas, a mensagem de Underhill é não deixar nada ao acaso. Assegure-se de que há uma estratégia para tudo o que é feito em sua loja para maximizar a venda. Como os rastreadores estão na loja e suas observações são relatadas novamente aqui, o livro está cheio de conselhos práticos. O autor nos conta a seguinte história sobre uma loja Bloomingdale's, em Nova York, que sentiu a importância do fluxo e do merchandising. Havia uma arara de gravatas perto de uma das entradas principais e à medida que a loja ficava mais cheia, as pessoas que olhavam as gravatas levavam empurrões e cotoveladas porque o corredor era estreito. Os compradores se afastavam rapidamente sem escolher uma gravata. Esse fenômeno tornou-se conhecido como o efeito "butt brush" (esbarrão por trás). Os rastreadores observaram que as mulheres, principalmente, não gostavam de ser empurradas por trás, e abandonavam a busca quando isso acontecia. Perdiam-se vendas por causa da localização daquela arara; o mesmo efeito que pode ocorrer em qualquer corredor estreito.

"Por que não pegar as ferramentas do antropólogo urbano e usá-las para estudar como as pessoas interagem com o ambiente de varejo?"

Assim como os conselhos dados por Underhill sobre uma oportunidade perdida, a localização correta de um produto pode estimular uma venda. Em um supermercado, a maior parte das pessoas que compra petiscos para cachorros é formada por crianças e os mais idosos, pois essas pessoas estão mais inclinadas a agradar seu cachorro. Contudo, os petiscos são normalmente colocados nas prateleiras mais altas. Os rastreadores sugeriram mudar os petiscos para uma prateleira mais baixa e as vendas aumentaram. Essa é uma lição que pode ter aplicação mais ampla, já que os varejistas pensam, por exemplo, como fazer um planejamento para os *baby boomers* (geração do pós-guerra) que estão entrando na maturidade. A localização exata de um produto facilita o processo de venda para o cliente. O ambiente de varejo tem a ver com o físico e os mecanismos, e a maneira como seus clientes tocam as coisas pode ter forte impacto no desejo de comprar.

A verdadeira força desse livro é a importância de cada cenário: "Por que eu não pensei nisso antes?" Mas o autor não trata somente de casos curiosos. Os dados de Underhill foram meticulosamente reunidos pelos especialistas da Envirosell e fornecerão as ferramentas para determinar o que seu cliente realmente quer. Uma questão intrigante colocada por Underhill é que ele sente que a internet jamais poderá realmente substituir a experiência do ato físico de comprar. Entretanto, os varejistas devem ouvir o cliente e fazer qualquer mudança, por menor que seja, para poder manter um cliente na loja ou fazê-lo voltar. Como varejista de uma loja física durante muitos anos, mergulho nesse livro diversas vezes, e sempre me surpreendo com o fato de muitas lojas fazerem as coisas mais simples de maneira tão errada.

Why We Buy: The Science of Shopping. Simon & Schuster, 1999.

PARA SABER MAIS >> Página 187, para onde compramos >> Página 112, para o que compramos. | E TAMBÉM: *Trading Up*, de Michael J. Silverstein e Neil Fiske; *Being the Shopper*, de Phil Lempert; e *O Código Cultural* (Campus/Elsevier, 2006), de Clotaire Rapaille.

The Experience Economy

O Espetáculo dos Negócios. Campus/Elsevier, 1999.

B. JOSEPH PINE II E JAMES H. GILMORE

Resenhado por Todd

Hard Rock Cafe, Disney World e Starbucks oferecem muito mais do que apenas comida e bebida. Esses estabelecimentos criam um teatro – o roteiro, os acessórios e os atores, todos unidos para proporcionar experiências inesquecíveis. Os $3 do café latte ou os $0,75 da taxa de estacionamento são apenas uma amostra do que os clientes pagarão para receber ajuda e ter essas lembranças.

Consideremos a evolução das festas de aniversário. Houve uma época em que os bolos de aniversário eram todos feitos em casa pelas mães, usando farinha de trigo, ovos, açúcar e leite. Mas eu nasci durante os anos 1970, e lembro que minha mãe preparava os bolos prontos, de caixa, rápidos e baratos, comprados no supermercado. Para algumas reuniões maiores nos meus anos de adolescente, íamos até a padaria buscar o bolo de baunilha com o tradicional "Feliz aniversário, Todd" na cobertura. Quando meu filho Ethan fez 4 anos, reunimos seus amiguinhos no Chuck E. Cheese's para uma pizza, um bolo e jogos eletrônicos. No ano seguinte, sempre que alguém lhe perguntava quantos anos ele tinha, ele dizia "Tenho 4 anos e minha festa de aniversário foi no Chuck E. Cheese's". Há melhor propaganda do que essa? Não há dúvida do efeito que aquilo teve sobre ele (ou das expectativas que foram criadas para os próximos aniversários).

Joseph Pine e James Gilmore usam o exemplo da festa de aniversário para ilustrar a evolução das commodities, desde mercadorias até serviços e experiências. O custo dos ingredientes de um bolo pode ser de apenas alguns dólares, mas pague para ter uma dessas experiências no aniversário e o valor será de 20 a 25 vezes maior. Os pais estão dispostos a pagar esse preço porque oferecer uma festa perfeita e divertida para seus filhos tem um enorme valor. As empresas também são capazes de manter preços altos por causa da facilidade de criar experiências diferentes das de seus concorrentes. A análise dos autores do produto interno bruto e do nível de emprego confirma isso, mostrando que as experiências estão crescendo mais rápido em ambas as categorias de mercadorias e serviços na economia geral.

Como todo bom consultor, Pine e Gilmore apresentam uma matriz 2x2 para avaliar as experiências. Em um eixo está o nível de participação do convidado e no outro está a conexão que o convidado tem com o evento ou o desempenho. O *entretenimento* é o mais antigo e mais familiar das quatro "esferas da experiência", nas quais o público observa, de forma passiva, absorvendo o desempenho. Um nível parecido de absorção, mas com um nível mais alto de participação, cria uma experiência *educacional,* como aquelas proporcionadas por uma exposição interativa e prática em um museu para crianças. Uma experiência *escapista ou de fuga da realidade* descreve uma visita a um cassino em Las Vegas ou uma sala de bate-papo na internet, em que o participante está totalmente imerso e participando de forma ativa. A experiência *estética* também é familiar, seja uma visita ao Guggenheim ou à loja de varejo Cabela's (produtos para pesca, caça, tiro etc.) para uma grande imersão e baixo envolvimento físico. O objetivo é incorporar todas as quatro esferas e eliminar as atividades que não se encaixam em nenhuma delas.

"Aquelas empresas que se relegarem ao pequeno mundo das mercadorias e serviços estarão fadadas a ser irrelevantes. Para evitar esse destino, você tem que aprender a proporcionar uma experiência rica e convincente."

Proporcionar experiências não é um esforço novo. Os autores se baseiam nas artes – especialmente no teatro – para explorar uma metáfora entre as empresas e o palco. O roteiro de uma peça é "o código básico dos eventos", parecido com a maneira como uma empresa faz a coreografia das trocas entre vendas, entrada dos pedidos, operações e distribuição. O desempenho em si é o produto final, o valor que foi criado. A metáfora cresce à medida que o elenco se torna o departamento de recursos humanos e o papel do diretor se assemelha a uma versão mais dinâmica do típico gerente de projetos. A Disney usa essa linguagem há muito tempo para transmitir a seu "elenco" o papel para tornar inesquecíveis as experiências de seus "convidados".

Publicado em 1998, o livro descobriu cedo a tendência da demanda dos consumidores por mais experiências. Considerando nossa indústria de venda de livros, o CEO da Barnes & Noble, Leonard Riggio, descreve suas megalojas como teatros para experiências sociais. A Amazon apresentou enorme crescimento ao criar sua própria experiência, usando recomendações personalizadas com base nas compras passadas, participação do cliente em forma de críticas e listas de desejos e uma seleção incomparável de produtos, impossível de ser copiada no varejo. A Borders está contando, segundo seu website, com uma loja conceito em Ann Arbor, Michigan, que é "uma *experiência* de compra revolucionária" (ênfase nossa), combinando componentes físicos e digitais na loja. Talvez sua empresa precise de um novo roteiro. Esse livro mostrará que há um palco esperando por você.

The Experience Economy: Work Is Theatre and Every Business a Stage. Harvard Business School Press, 1999.

PARA SABER MAIS >> Página 244, para criando experiências >> Página 190, para uma empresa que é só experiências >> Página 241, para experiências que recomendamos. | E TAMBÉM: *Improve Wisdom,* de Patricia Ryan Madson; *On Caring,* de Milton Mayeroff; e *Performance Theory,* de Richard Schechner.

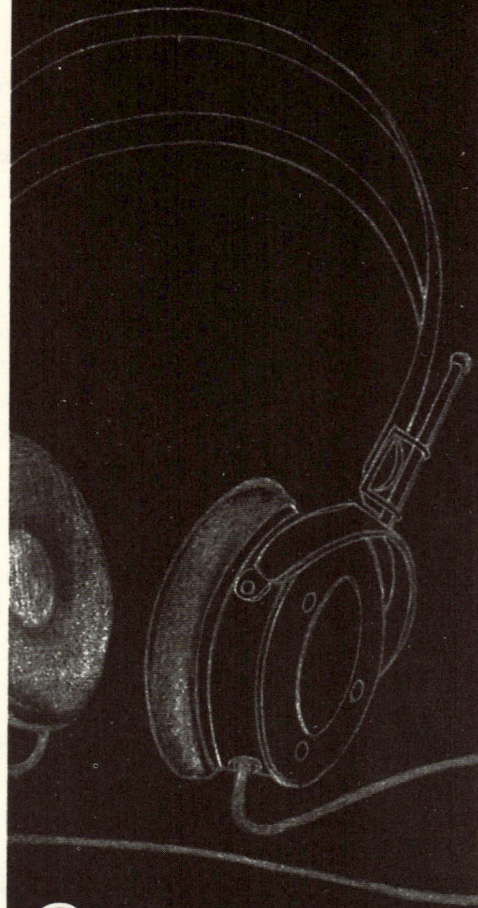

Somente para ouvir

Desde dezembro de 2004, temos transmitido entrevistas com autores de livros de negócios, incluindo Dan Pink, Seth Godin, Kevin Caroll e muitos outros. Formamos uma valiosa coleção de conselhos e insight diretamente dos próprios autores. Aqui estão algumas citações de nossas entrevistas favoritas.

Dan Pink, *A Revolução do Lado Direito do Cérebro*, março de 2005: "Estas três forças – abundância, Ásia e automação – estão nos levando de um mundo onde as habilidades mais importantes são as regidas pelo lado esquerdo do cérebro para um mundo onde as aptidões mais importantes são as regidas pelo hemisfério direito, que é intuitivo, holístico, artístico e empático."

Erika Andersen, *Growing Great Employees*, janeiro de 2007: "Assim como você não é capaz de fazer as plantas crescerem, também não é capaz de fazer as pessoas crescerem. Você as planta no lugar adequado – dá a elas o trabalho certo. Cuida delas, mantendo e alimentando-as. O gerenciamento é, em minha opinião, em sua essência, um processo de apoio contra um processo de criação. Você não está criando um funcionário, você pega um funcionário e o ajuda a prosperar."

Pip Coburn, *The Change Function*, junho de 2006: "O que faz um usuário mudar e usar uma nova tecnologia?, pensei. Bem, isso é realmente uma mudança de hábito. Você pede para alguém fazer algo diferente. Há uma conexão entre a dor que eles estão sofrendo agora e a vontade de experimentar alguma coisa nova. As pessoas mudarão seus hábitos se a crise for maior do que a dor geral que estão sentindo em adotar uma nova solução proposta."

Acesse 800ceored.com/podcasts.

Escrito por Dylan Schleicher

Purple Cow

A Vaca Roxa – Como transformar sua empresa e ganhar o jogo fazendo o inusitado. Campus/Elsevier, 2003.

SETH GODIN

Resenhado por Todd

Em 2003, *A Vaca Roxa* mudou minha vida.

Aquilo foi realmente muito dramático para mim. Naquela época, trabalhava com meu pai em sua empresa de fabricação de chapas metálicas e tentava tornar a empresa mais consciente. O subtítulo do livro, *Como transformar sua empresa e ganhar o jogo fazendo o inusitado*, deu-me o insight de que precisávamos para mudar nosso pensamento. O mercado mal sabia que nossa pequena loja com quatro pessoas existia e precisávamos achar um jeito de chamar atenção. Focamos nosso marketing em um único segmento da indústria, desenvolvemos um notável kit de marketing e dobramos nossa base de clientes em 12 meses. Tudo isso a partir de um livro que veio junto com uma embalagem de leite.

Para compreender *A Vaca Roxa*, você tem que começar com a seguinte palavra: "notável". Não estou falando de "incrível" ou "extraordinário", os sinônimos mais corriqueiros. Para Godin, notável quer dizer "digno de nota" – um adjetivo para descrever a capacidade de um produto ou serviço em inspirar os usuários a espalhar essa palavra para os demais. "Uau!" não é o suficiente. "Uau! Ei, Jack, você viu isso?" é o objetivo – exatamente como se você tivesse acabado de ver uma vaca roxa de verdade.

A propaganda boca a boca é mais importante do que qualquer outra coisa, pois as ferramentas de marketing *tried-and-true* (de eficácia comprovada), que os profissionais do setor têm usado nos últimos 50 anos, estão se tornando ineficazes. O TiVo mudou o mundo das propagandas na televisão: quando foi a última vez que você ficou sentado durante um comercial de televisão? A internet mudou a eficácia das propagandas impressas: o número de leitores das publicações está caindo em quase todos os tipos de mídia. As imagens das propagandas podem ser vistas em todos os lugares para onde uma pessoa olhar, desde xícaras de café e bandejas nas poltronas de avião até as portas de banheiros. Todas são tentativas desesperadas de chamar nossa atenção.

Ao aceitar o boca a boca como legítima ferramenta de marketing, *A Vaca Roxa* faz a tática dar um passo à frente e inspira o pensamento sobre como otimizar esse método em sua empresa. Ter pessoas falando para as outras pessoas é algo essencial, com certeza, porém, como podemos controlar esse meio ou dar início ao boca a boca? Godin sugere que nos concentremos em um grupo pequeno e específico de pessoas quando desenvolvermos nossas "vacas roxas". Trate bem aqueles que adotarem primeiro seu produto no mercado. Essas pessoas estão dispostas a pagar mais do que os outros só para dizer que foram os primeiros a adquiri-lo. Você quer as pessoas que procuram um restaurante novo todos os fins de semana porque elas serão as primeiras a falar sobre ele para os amigos. Você quer as empresas que acreditam ser as primeiras a implantar as novas tecnologias porque elas vão se gabar de terem tecnologia de ponta.

"Em *A Vaca Roxa* meu objetivo é deixar claro que é mais seguro arriscar-se mais – fortalecer seu desejo de realizar coisas realmente incríveis. Uma vez que você perceba isso, os velhos dias não terão mais aonde ir, a não ser desaparecer, e será ainda mais necessário criar coisas sobre as quais valha a pena falar."

O marketing de *A Vaca Roxa,* por si só, já é um exemplo impressionante da teoria posta em prática. Godin mandou imprimir 10 mil exemplares do livro na versão brochura e colocou um exemplar junto a cada caixa de leite com o tema *A Vaca Roxa*. A informação nutricional do lado de fora da embalagem continha as informações sobre o tamanho da oferta – o número de páginas (160), o número de bons exemplos (38) e o número de trocadilhos com vaca que seriam encontrados no livro (14), entre outras coisas. A informação final na embalagem contava a verdadeira história: "Uma vez aberta, consumir em até sete dias. E não se esqueça de emprestar seu exemplar para um colega de trabalho."

Como colunista da revista *Fast Company* durante os quatro anos anteriores, Godin tinha um público já formado para sua campanha da caixa de leite. Ofereceu por $5 a caixa de leite a seus leitores. A embalagem propriamente dita foi criada para ser enviada por correio e tinha um espaço em branco para o endereço do destinatário. Caso os leitores quisessem mais exemplares, o preço seria o mesmo, mas eles teriam que adquiri-los na quantidade de uma dúzia. A ideia era que mantivessem um ou dois exemplares e dessem o restante aos amigos. A edição de Godin esgotou-se em 19 dias. O livro vendeu mais de 250 mil exemplares desde sua publicação, em 2002.

Ser notável não é algo que acontece sem que surjam problemas. O boca a boca dá certo somente se os clientes falarem para os outros o que você faz, mas estimular essas conversas pode levar a comentários bons e ruins. Talvez você possa experimentar várias ideias que não darão certo, então, você deverá estar preparado para superar o fracasso (assim como seus chefes). Porém, não há alternativa. A única maneira de fazer sua empresa crescer, conseguir o emprego que você quer ou ver sua causa ganhar impulso é tornar-se notável, destacando-se do rebanho.

Quantas experiências você teve hoje que contará para seus cinco melhores amigos? Uma? Nenhuma? Agora pense nas experiências que seus clientes tiveram hoje. Será que contarão para os amigos? Se sua resposta para essa pergunta não for um rotundo "sim", então está na hora de fazer algo notável.

Purple Cow: Transform Your Business by Being Remarkable. Portfolio, 2002.

PARA SABER MAIS >> Página 273, para fixar conceitos de marketing >> Página 238, para criar ideias impressionantes. | E TAMBÉM: *A Grande Mudança – Não tente ser perfeito, comece a ser notável* (Manole, 2006), de Seth Godin e o Grupo de 33; *Buzzmarketing – Criando clientes evangelistas* (Makron Books, 2005), de Ben McConnell e Jackie Huba; *The Anatomy of Buzz*, de Emanuel Rosen; e *The Pursuit of WOW*, de Tom Peters.

The Tipping Point

O Ponto da Virada – Como pequenas coisas podem fazer uma grande diferença. Sextante, 2009.

MALCOLM GLADWELL

Resenhado por Jack

O *Ponto da Virada* começa com a história de Gladwell sobre o reaparecimento dos sapatos "Hush Puppies" como tendência de moda. O renascimento da marca ocorreu no início dos anos 1990, quando um pequeno grupo de crianças de East Village, na cidade de Nova York, começou a usá-los. Até o final de 1994, os designers de moda usavam os sapatos em seus desfiles. De repente, essa marca já sem vida tornou-se febre exatamente quando Wolverine, a fabricante de calçados, pensava em suspender a linha devido às vendas fracas. Como esses genéricos sapatos Oxford entraram em cena? Para ajudar o leitor a entender totalmente o fenômeno dos Hush Puppies e outros exemplos incluídos, Gladwell explica que "ideias, produtos, mensagens e comportamentos se espalham da mesma forma que vírus". Uma vez compreendido o conceito dos vírus, podemos compreender essas epidemias.

Na introdução, Gladwell nos conta que existem três princípios nas epidemias: o contágio, pequenas causas têm grandes efeitos e as mudanças não acontecem de forma gradual, mas em um único momento dramático. Para ilustrar como as epidemias crescem e se multiplicam em progressão geométrica, Gladwell usa um simples quebra-cabeça para nos ajudar a entender o crescimento exponencial. Ele demonstra o seguinte: se você pegar uma folha grande de papel e multiplicá-la 50 vezes sobre si mesma, o papel que foi multiplicado quase alcançará o sol. Esse exercício mostra que enquanto as pessoas são inerentemente gradualistas, isso não ocorre com a maneira como os vírus se espalham. "Para entender a potência das epidemias, temos que deixar de lado essa expectativa sobre proporcionalidade. Precisamos estar preparados para a possibilidade de, às vezes, algumas mudanças acontecerem a partir de pequenos eventos, e que, às vezes, essas mudanças acontecem de forma muito rápida."

Nas epidemias sociais, Gladwell apresenta três fatores essenciais para o fenômeno: a lei da minoria, o fator de aderência e o poder do contexto. A lei da minoria nos leva a três grupos sociais: os "mavens (formadores de opinião)", os conectores e os vendedores. Os "mavens" são o "banco de dados", pessoas brilhantes com as quais buscamos as respostas; os conectores são a "cola social", aquelas pessoas que conhecem outras pessoas; e os vendedores são as pessoas que têm a habilidade de nos persuadir quando não estamos convencidos sobre aquilo que estamos ouvindo, e eles são tão críticos com a epidemia do boca a boca quanto os outros dois grupos.

Para explicar o segundo fator essencial, o fator de aderência, Gladwell apresenta exemplos que incluem o meu favorito sobre o show de televisão "Blue's Clues" (programa infantil do canal Nickelodeon). Para garantir que o show tenha boa repercussão entre o público, pesquisadores testam todos os shows três vezes antes de ir ao ar, reunindo-se com as crianças todas as semanas para criar os roteiros. Adoro o conceito de ir diretamente ao público e usar os dados para criar um produto que é notável, mesmo que as mudanças sejam pequenas.

A teoria das janelas quebradas é um exemplo do terceiro fator essencial, o poder do contexto, que diz que uma epidemia não acontece em um vácuo. Na teoria das janelas quebradas, se a janela de um edifício for quebrada e não for consertada, as pessoas acharão que ninguém se importa, não há ninguém responsável e, como consequência, mais janelas serão quebradas, aumentando a criminalidade na vizinhança. Gladwell usa o trabalho de David Gunn de supervisionar o plano de bilhões de dólares de recuperação do metrô de Nova York para mostrar a reversão dessa tendência. Nos anos 1980, os níveis de criminalidade na cidade de Nova York atingiram os mais altos da história. O sistema de metrô estava um pandemônio, os vagões normalmente cheios de pichações e as pessoas tinham medo de usar o transporte. Uma das primeiras coisas que David Gunn fez foi criar um plano para remover todas as pichações dos vagões e mantê-los limpos. A ideia de limpar as pichações tornou-se obsessão para os trabalhadores: nenhum vagão pichado sairia do pátio. Essa limpeza dos vagões mostrou aos vândalos que o sistema – a "janela quebrada" – estava sendo consertado e que a onde de crimes havia sido interrompida.

"O *Ponto da Virada* é a biografia de uma ideia, e a ideia é muito simples."

O Ponto da Virada é o tipo de livro que nos ajuda a entender o mundo a nosso redor. É um guia prático, didático, sobre as epidemias sociais que acontecem a nossa volta, e talvez sobre como tirar proveito delas. À medida que tentam acompanhar um cenário de negócios cada vez mais envolvente, as pessoas recorrem a livros que mostram o foco desse cenário, como, por exemplo, *O Mundo é Plano* (Objetiva, 2009), de Thomas Friedman, o livro seguinte de Gladwell; *Blink: A decisão num piscar de olhos,* (Rocco, 2005) e *Freakonomics: O lado oculto e inesperado de tudo que nos afeta* (Campus/Elsevier, 2007), de Steven Levitt e Stephen Dubner. Não só o contexto é mais amplo, mas a escrita é muito melhor do que a dos livros tradicionais de negócios. *O Ponto da Virada* foi o livro que deu início a essa tendência, talvez à sua própria epidemia, e continua a ser considerado o melhor.

The Tipping Point: How Little Things Can Make a Big Difference. Back Bay Books, 1999.

PARA SABER MAIS >> Página 269, para outro escritor do *New Yorker* >> Página 273, para um livro inspirado por este aqui >> Página 121, para as figurinhas de Gladwell. | E TAMBÉM: *Blink: A decisão num piscar de olhos* (Rocco, 2005), de Malcolm Gladwell; *Colapso* (Record, 2005), de Jared Diamond; e *Freakonomics: O lado oculto e inesperado de tudo que nos afeta* (Campus/Elsevier, 2007).

QUATRO ESCRITORES (SUPER)PODEROSOS

MALCOLM GLADWELL

O SUPERPODEROSO DO

* * * **ENCANTAMENTO** * * *

Escreve para: *New Yorker*

Famoso por: Um artigo no *New Yorker,* em outubro de 2000, sobre Ron Popeil chamado "The Pitchman",que ganhou o National Magazine Award for Profiles; *O Ponto da Virada* (Sextante, 2009) e *Blink: A decisão num piscar de olhos* (Rocco, 2005).

Afirmação brilhante: "Não sabemos de onde vêm nossas primeiras impressões ou, mais precisamente, o que significam, então, nem sempre compreendemos sua fragilidade."
(*Blink*)

* * * * * * * * *

CHARLES FISHMAN

O SUPERPODEROSO DA

* * * **INVESTIGAÇÃO** * * *

Escreve para: *Fast Company*

Famoso por: Um artigo na *Fast Company*, em dezembro de 2003, intitulado "The Wal-Mart You Don't Know", que ganhou o prêmio 2004 Best Business Magazine Story do New York Press Club; *The Wal-Mart Effect*.

Afirmação brilhante: "No final, claro, somos nós, como compradores, que temos o poder e que damos esse poder para o Wal-Mart. Parte do domínio do Wal-Mart, parte de seu insight e parte de sua arrogância é que ele supõe falar em nome dos compradores americanos." ("The Wal-Mart You Don't Know")

* * * * * * * * *

MICHAEL LEWIS

O SUPERPODEROSO DA

* * * **INTERPRETAÇÃO** * * *

Escreve para: *New Yorker, Times Magazine, Portfolio* e *Slate.*

Famoso por: Um artigo no *New York Times*, em dezembro de 2005, "Coach Leach Goes Deep, Very Deep"; *Money ball*; *Liar's Poker* e *The Blind Slide.*

Afirmação brilhante: "[Coach Leach] acha que a equipe vencedora é aquela que se movimenta mais rápido e, consequentemente, é a que ele quer. Para ele, tanto o fracasso quanto o sucesso tornam os jogadores mais lentos, a não ser que eles mesmos impeçam isso" ("Coach Leach Goes Deep, Very Deep").

* * * * * * * * *

DANIEL H. PINK

O SUPERPODEROSO DA

* * * **PREVISÃO** * * *

Escreve para: *Wired*

Famoso por: *A Revolução do Lado Direito do Cérebro* e *Free Agent Nation*

Afirmação brilhante: "Estamos passando de uma economia e sociedade construídas com base na lógica linear, com capacidades tecnológicas na era da informação para uma economia e sociedade construídas com base nas capacidades de invenção, empatia e grandes cenários do que está surgindo nesse lugar: a era conceitual." (*A Revolução do Lado Direito do Cérebro*)

* * * * * * * * *

Escrito por Rebecca Schlei

REGRAS E SISTEMAS DE PONTUAÇÃO (*SCOREKEEPING*)

Como você pode jogar se não conhece as regras?

Naked Economics

CHARLES WHEELAN

Resenhado por Todd

A frase de Peter Drucker citada com mais frequência deve ser a de seu livro de 1954, *A Prática da Administração de Empresas* (Thomson Pioneira, 1998): "Existe apenas uma definição válida para essa finalidade: criar um cliente." Aqui, Drucker encontrou uma maneira simples de dizer o que os economistas têm dito há mais de cem anos. Nas economias de mercado, os clientes e as empresas estão dançando. Os primeiros estão tentando suprir suas próprias necessidades e desejos e os últimos estão tentando ganhar dinheiro. Portanto, se você achar o insight de Drucker esclarecedor, então *Naked Economics*, de Charles Wheelan, lhe dará novas lições de economia ainda mais interessantes.

"Por que a galinha atravessou a estrada? Para maximizar sua utilidade."

Muitas pessoas têm dificuldade para entender economia e encontrar sozinhas uma maneira útil de aplicá-la ao cotidiano. Grande parte tem a ver com os cursos de Economia, que se tornaram ruins – as curvas de oferta e demanda, narrativas envolvendo armas de fogo e laticínios, a necessidade de cursar determinadas matérias obrigatórias do currículo da universidade. Mas na introdução Wheelan descreve sua intenção de oferecer algo diferente: "Este não é um livro de economia para leigos; é um livro de economia para pessoas inteligentes que nunca estudaram economia (ou têm apenas uma vaga lembrança de terem estudado)." Você não encontrará gráficos, equações ou termos incompreensíveis na apresentação de Wheelan sobre economia. Pelo contrário, ele contará como a The Gap determina o preço de suas novas malhas de lã, por que o Burger King tem um aviso no caixa que diz que você ganha um lanche grátis se não receber o comprovante fiscal ou o que banheiros limpos, serviços sete dias por semana e hambúrgueres preparados sempre com o mesmo padrão fazem pelas lanchonetes do McDonald's. Através de cada uma dessas histórias, Wheelan o faz pensar sobre conceitos como oferta e demanda, incentivos e informação. Os conceitos se tornam tangíveis e relevantes para a vida cotidiana e você verá que a economia pode nos dar informações muito úteis sobre como as pessoas e as empresas tomam suas decisões.

Wheelan começa sua lição com microeconomia, abordando os mercados e incentivos. Os Capítulos 3 e 4 abordam o papel do governo e como os mercados enfrentariam grandes dificuldades sem o governo. Na segunda metade do livro, há um capítulo sobre economia da informação como transição para a macroeconomia. Produtividade, mercados financeiros, o Federal Reserve e a globalização são os tópicos principais. O epílogo olha mais para a frente, para 2050, e estimula os leitores a usarem um pouco do conhecimento recém-adquirido para pensar em problemas potenciais que podem surgir mais adiante.

Esse livro é um curso universitário completo de Economia em 228 páginas. Wheelan anda rápido e cobre um enorme terreno com o objetivo de expor o leitor a uma ciência não tão sinistra e permitir que vejamos o mundo a nosso redor com outras lentes.

Naked Economics: Undressing the Dismal Science. W.W. Norton & Company, 2002.

PARA SABER MAIS >> Página 228, para aplicação da teoria econômica, >> Página 70, para mais aplicação da teoria econômica, >> Página 282, para o que o CEO quer que você saiba. | E TAMBÉM: *The Economic Naturalist,* de Robert H. Frank; *Novas Ideias de Economistas Mortos* (Record, 2000), de Todd G. Buchholz; e *O Economista Clandestino* (Record, 2007), de Tim Harford.

Financial Intelligence

Inteligência Financeira na Empresa: Desmistificando conceitos financeiros. Campus/Elsevier, 2007.

KAREN BERMAN E JOE KNIGHT COM JOHN CASE

Resenhado por Todd

Por mais que a imprensa e muitas colunas de opinião tenham se dedicado ao assunto do colapso da Enron e da WorlCom, o americano comum não conseguiu compreender a magnitude nem as implicações desses fracassos. Se realmente queremos entender as empresas e os efeitos das instituições financeiras no mundo, devemos compreender as normas e os princípios de contabilidade. Precisamos de *inteligência financeira.*

A contabilidade normalmente está relacionada ao sistema de pontuação do jogo no mundo dos negócios, mas essa não é uma boa comparação. Isso perpetua ideias erradas sobre o papel da contabilidade. O mercado ininterrupto (24 horas por dia, 7 dias por semana) é muito mais complicado do que um placar parelho de um jogo terminado no tempo regulamentar de 60 minutos. O resultado final e a vitória ou derrota associada talvez sejam uma forma de comparação com a receita líquida de uma empresa, mas a receita líquida não é a função binária de cada cesta ou gol feito. Pelo contrário, a receita líquida é mais holística, uma função matemática dos custos subtraídos das vendas.

A pergunta que sempre aparece na contabilidade é "Quando?", e a regra fundamental da contabilidade é a do *princípio das partidas dobradas* – a ideia de que as vendas e os custos associados devem ser registrados juntos. É aí que entram os autores Karen Berman e Joe Knight, com seu parceiro de escrita John Case. O barulho da caixa registradora de uma livraria registra uma venda e uma despesa relacionada do livro que foi vendido, e a diferença é lançada como lucro. A compra de um equipamento como um computador novo para a recepção da empresa, por exemplo, é registrada como uma série de despesas mensais, com a finalidade de representar, com exatidão, o seu uso ao longo do tempo. Quando as empresas se metem em uma situação problemática, sua interpretação do princípio das partidas dobradas, dizem os autores, é provavelmente a fonte. No caso da WorlCom, despesas do dia a dia, como *material* de escritório, estavam sendo consideradas despesas com *construção* no escritório, e seu reconhecimento financeiro foi adiado durante décadas.

Como um gerente vê um conjunto de demonstrações financeiras, o seu entendimento das premissas implícitas sobre como uma empresa escolheu interpretar a contrapartida apropriada da venda com a despesa é algo essencial. Saber, por exemplo, se a receita de uma garantia estendida é reconhecida por completo no dia da compra ou dívida durante os meses subsequentes do contrato pode afetar tudo, desde as comissões dos vendedores até o cálculo da lucratividade do produto e a decisão de oferecer produtos similares no futuro. Essas distinções não são preocupações banais, e o livro *Financial Intelligence* nos mostra seu know-how para tomar decisões bem fundamentadas sobre questões básicas da empresa.

"A informação financeira é o sistema nervoso de qualquer empresa."

No livro todo, os autores usam uma linguagem direta para explicar demonstrações de resultado, balanços patrimoniais e fluxos de caixa. A terminologia é definida e sinônimos comuns são apresentados, embora os autores afirmem, com orgulho, que as palavras "débito" ou "crédito" não aparecem em nenhuma das páginas do livro. Eles dão o mesmo tratamento direto e claro aos índices de mensuração, como retorno sobre ativos e prazo médio de recebimento, que os gerentes usam de forma rotineira para avaliar a saúde da empresa.

O subtítulo da edição original é o único inconveniente nesse livro bem elaborado, pois a afirmação restringe o público em potencial do livro. Sinceramente, recomendamos esse livro para todos os funcionários, desde um técnico de serviços até o gerente da loja, pois permitirá que todos participem de uma conversa sobre negócios.

Financial Intelligence: A Manager's Guide to Knowing What the Numbers Really Mean. Harvard Business School Press, 2006.

PARA SABER MAIS >> Página 151, para o poder de compartilhar os números >> Página 67, para a estratégia que cria grandes números >> Página 149, para quais botões você deve virar. | E TAMBÉM: *How to Read a Financial Report,* de John A. Tracy; e *Managing by the Numbers,* de Chuck Kremer e Ron Rizzuto, com John Case.

FIQUE POR DENTRO

Os livros para leigos (*for dummies)* são um recurso valioso quando se quer aprender algo. Quer aprender a jogar tênis, construir um deck ou produzir sua própria cerveja? Há um livro para leigos esperando por você. Contudo, os livros para leigos também são uma forma eficiente de aprendizado sobre um novo assunto de negócios. Aqui está uma amostra de guias para leigos para as pessoas da área de negócios.

Seis Sigma para Leigos (Alta Books, 2008)

Craig Gygi, Neil Decarlo e Bruce Williams

Os praticantes dos Seis Sigma trouxeram milhões de dólares para o resultado final, acabando com as ineficiências das empresas ou dos processos de fabricação. Contudo, mencione a expressão Seis Sigma para a maioria das pessoas e seus olhos ficarão arregalados. O que é Seis Sigma? Esse guia *para leigos* tornará essas práticas valiosas disponíveis e compreensíveis para todos.

IT Disaster Recovery Planning for Dummies

Peter Gregory

Sua empresa não precisa ser devastada por um tsunami ou terremoto para que você precise de um plano de recuperação de desastres. Um apagão. Um incêndio. Equipamento queimado. Tudo isso basta para derrubar seus sistemas tecnológicos e ameaçar o futuro de sua organização. Prepare-se com *IT Disaster Recovery Planning for Dummies*, que apresenta os passos para criar, elaborar e testar um plano interino eficaz de recuperação de desastres.

Sarbanes-Oxley for Dummies

Jill Gilbert Welytok

Sarbanes-Oxley pode parecer o nome de uma das faculdades da Ivy League ou talvez o nome de uma doença infecciosa, mas na verdade o assunto é contabilidade. Essa legislação aprovada pelo Congresso americano exige alguns controles sobre as práticas contábeis corporativas e, especialmente, depois do colapso da Enron, sua importância não pode ser subestimada. Esse livro conta tudo o que você precisa saber sobre os detalhes da Sarbanes-Oxley.

Escrito por Aaron Schleicher e Sally Haldorson

The Balanced Scorecard

A Estratégia em Ação: Balanced Scorecard. Campus/Elsevier, 1997.

ROBERT S. KAPLAN E DAVID P. NORTON

Resenhado por Todd

Durante mais de cem anos, o método científico serviu de base para o avanço tecnológico. A experiência fornece informações para a conjectura, a adivinhação leva à hipótese e os testes confirmam ou rejeitam as profecias. Nos negócios, a estratégia faz parte da hipótese, já que os executivos fazem suas apostas no que dará certo no mercado. A maioria dos executivos não consegue conectar a estratégia com a ação e, quando faz isso, não tem os indicadores de medida necessários para comprovar o sucesso ou o fracasso. Nesse livro, os autores Robert Kaplan e David Norton propõem uma abordagem com base em critérios de mensuração mais metódicos para fazer a ligação entre os dois.

O *scorecard* serve como painel de indicadores sobre como a empresa está operando, criando mecanismos de feedback que alinham a estratégia da empresa com as ações dos administradores. Primeiro, é um conjunto de indicadores financeiros comuns que estão baseados na etapa do ciclo de vida que a empresa se encontra. Assim, as empresas em crescimento focam as vendas e a fatia de mercado enquanto as empresas já amadurecidas veem os custos unitários e as despesas operacionais. Os indicadores de clientes como satisfação, retenção e a participação no orçamento do consumidor mensuram a proposição de valor da empresa. Depois, todo um conjunto de indicadores internos direciona o foco para a inovação, operações e serviços-processos, que fornecem um valor para o cliente e o acionista. Finalmente, as empresas não podem oferecer valor sem investir no crescimento e desenvolvimento de seus funcionários; então, as mensurações como satisfação do funcionário avaliam o sucesso.

"Se você não consegue medir, não consegue administrar."

Os autores relatam que as equipes de liderança mais experientes estabelecem de 15 a 20 critérios de mensuração, mas logo descobrem que 20% desses critérios dos novos *scorecards* não têm dados de suporte. "Se não há dados que sirvam de base para uma medida, o processo de gerenciamento de um objetivo estratégico provavelmente será inadequado ou inexistente." O processo de desenvolvimento ajuda a descobrir as falhas e equívocos nas questões da empresa que precisam de atenção.

A Estratégia em Ação é, sem dúvida, uma aula avançada sobre sistemas de pontuação (*scorekeeping*). O processo proposto pelos autores deve começar por cima, com a diretoria definindo uma estratégia de ação e visão para a empresa. Os indicadores estratégicos devem ser repassados para todos os níveis hierárquicos da empresa para que as metas das equipes e as metas individuais estejam de acordo com as metas estratégicas gerais. O feedback do *scorecard* deve apresentar clara confirmação ou negação das hipóteses estratégicas da diretoria.

Saber os detalhes sobre os resultados das vendas, cálculos do retorno sobre o capital e projeções do fluxo de caixa é a preocupação de quase todos os líderes executivos. O apelo do livro está na ligação direta que se cria entre a estratégia da alta hierarquia e a tomada de decisões em todos os níveis da organização. Em vez de buscar causas desconhecidas para resultados inesperados, os executivos podem, finalmente, ver a relação entre os indicadores internos, tanto *leading* (tendência) quanto *lagging* (efeito), e os resultados financeiros analisados de forma detalhada.

The Balanced Scorecard: Translating Strategy into Action. Harvard Business School Press, 1996.

PARA SABER MAIS >> Página 126, para noções básicas sobre finanças, >> Página 238, para o marketing orientado por dados. | E TAMBÉM: *Organização Orientada para a Estratégia* (Campus/Elsevier, 2000) de Robert S. Kaplan e David P. Norton.

A **GESTÃO** é o saco de pancadas do círculo das pessoas envolvidas em liderança. Elas dizem que a disciplina é monótona e pouco estimulante. Os executivos descolados não gostam de admitir o quanto ela é essencial para qualquer organização. A gestão é a base dos negócios e os livros que classificamos como melhores abordam a dinâmica interpessoal de grandes e pequenos grupos. Já está na hora de demonstrarmos um pouco de respeito pela gestão.

The Essential Drucker

O Melhor de Peter Drucker: O homem, a administração, a sociedade. Nobel, 2002.

PETER F. DRUCKER

Resenhado por Jack

Quando estávamos selecionando os livros para a parte de gestão deste livro, sabíamos que Peter F. Drucker teria que estar presente. Mas qual de seus livros incluiríamos? Embora seu nome seja muitas vezes citado entre os círculos do pensamento gerencial, os livros de Drucker são, com frequência, considerados densos demais para acesso às suas inestimáveis ideias e observações. Visto que Drucker escreveu 39 volumes sobre tudo, de gestão empresarial a empreendedorismo, para entidades sem fins lucrativos, o número de opções pode ser um pouco assustador.

Como fã de música (algumas pessoas podem até dizer um obcecado), não recomendaria em absoluto comprar um CD com os "Maiores Sucessos". O problema desse tipo de coletânea é que elas carecem das nuances do pacote completo contido no álbum original. Várias vezes só descobri minha faixa preferida depois de ouvir um CD inteiro diversas vezes – e prezo muito essa oportunidade de descoberta. Independentemente disso, *O Melhor de Peter Drucker*, na verdade uma coletânea dos "Maiores Sucessos", é leitura obrigatória porque o corpo da obra de Drucker é uma montanha alta a ser escalada. Em que pese o fato de eu, um autodefinido esnobe musical, não me permitir sair correndo para comprar O Melhor de Mahler, defendo a ideia de tornar a literatura acadêmica acessível para o leitor comum, e é isso que *O Melhor de Peter Drucker* faz pela obra desse homem brilhante.

A ideia desse livro surgiu quando o editor japonês e amigo de longa data de Drucker, Atsuo Ueda, que havia se aposentado do ramo editorial e passado a dar aulas, precisou de uma versão resumida para seus alunos estudarem. A coletânea resultante foi publicada no Japão em 2000. Contudo, mesmo resumida, ela consumiu três volumes. A edição americana publicada em 2001 foi condensada em um volume. Drucker aprovou a compilação como uma boa visão geral de sua obra.

O livro é organizado em torno dos três focos de Drucker ao longo de sua carreira: a administração, o homem e a sociedade. Ele sempre foi muito interessado no papel que as pessoas desempenham dentro das organizações. Cada capítulo dessas seções deriva de um livro diferente de Drucker, e um leitor curioso poderá consultar a obra original para mergulhar ainda mais no assunto. Apesar de extrair trechos de apenas 10 dos 39 livros de Drucker, o editor reconhece que existem outros cinco livros que poderiam ter sido incluídos, mas que são mais técnicos e, portanto, inadequados para serem incluídos em um livro que visa apresentar a essência de Drucker.

"A gestão empresarial deve sempre, em cada decisão e ação, priorizar o desempenho econômico."

É certo que o homem foi prolífico, mas o que torna os escritos de Drucker tão importantes? Li toneladas de livros de gestão, mas ler Drucker é uma experiência diferente. Suas passagens exigem várias leituras não porque a escrita é difícil de apreender, mas porque cada palavra é escolhida com cuidado para enfatizar o que ele pretende provar. Suas sentenças são esculpidas e os pensamentos são de nítida relevância. Se você normalmente lê um livro empunhando um marcador para realçar os pensamentos importantes, talvez seja melhor marcar somente as palavras que você não queira lembrar, pois existem muito menos palavras desse tipo, e você ainda economiza marcadores.

Por exemplo, Drucker diz que o objetivo de uma empresa é criar o cliente. Simples. Ele afirma que uma empresa tem apenas duas funções básicas: marketing e inovação. Importante: no capítulo sobre gerenciamento de tempo, ele apresenta uma estratégia que eu já usei diversas vezes na elaboração de resenhas, ou outras anotações importantes, e que achei muito eficaz. Ele sugere que num grande projeto de escrita, você se concentre em fazer um "rascunho zero" – bem tosco – antes do primeiro rascunho. O "rascunho zero" normalmente consumirá bem menos tempo e aí você pode editar e revisar o texto em períodos curtos de tempo – que são sempre mais fáceis de encontrar. Prático. Sim, são conceitos simples, mas a essência está na implementação. Como administradores e líderes, sabemos que cada empresa tem um modo diferente de abordar o mercado, mas esse pequeno volume oferece conceitos essenciais que todo mundo pode implantar na própria empresa.

Pergunte às pessoas que você conhece com formação em administração e ficará surpreso com o número daquelas que irão dizer que não leram Drucker. Começando a carreira como jornalista, ele foi um homem que nunca parou de escrever, nunca parou de observar e suas percepções sempre foram bem fundamentadas na dinâmica do mercado. Isso não quer dizer que seus livros não sejam incríveis, e é por isso que recomendamos *The Essential Drucker* como ponto de acesso para um mundo de reflexão inigualável na busca que chamamos de negócios.

The Essential Drucker – The Best of Sixty Years of Peter Drucker's Essential Writings on Management. Collins Business Essentials Edition, 2008.

PARA SABER MAIS >> Página 11, para conhecer o outro livro de Drucker que consta de nossa lista » Página 173, para o sujeito do primeiro estudo de caso de Drucker » Página 279, para um olhar irreverente sobre gestão | E TAMBÉM: *The Daily Drucker,* de Peter F. Drucker; *Reminiscências de Viena ao Novo Mundo* (Thomson Pioneira, 1982), de Peter F. Drucker (sua autobiografia); e *The Last of All Possible Worlds,* de Peter F. Drucker (uma de suas duas obras de ficção).

PETER DRUCKER DISSE . . .

"Só existe uma definição válida para objetivo empresarial: criar clientes."

A Prática da Administração de Empresas (1954)

Nós nem entendemos mais a questão de a mudança ser, por si mesma, boa ou ruim...
Partimos do axioma de que ela é a norma.
Não encaramos a mudança como fator de alteração da ordem...
Encaramos a mudança como sendo a própria ordem – na verdade, a única ordem que podemos compreender atualmente é uma ordem dinâmica, em movimento e mutável.

***Landmarks of Tomorrow: A Report on the New "Post-Modern" World* (1959)**

O empregador nada tem a ver com a personalidade do homem.
O emprego é a convocação de um contrato específico para um desempenho específico e nada mais.
Qualquer tentativa do empregador de ir além disso é usurpação.
É imoral, bem como uma invasão ilegal da privacidade.
É abuso de poder.
O empregado não deve "lealdade" nem "amor", tampouco "atitudes" – deve apenas desempenho e nada mais.

Management: Tasks, Responsibilities, Practices (1974)

Toda atividade econômica é, por definição, "de alto risco". Defender o passado – ou seja, não inovar – é muito mais arriscado do que fazer o amanhã.

Inovação e Espírito Empreendedor (1985)

A força moral de uma organização não significa que "as pessoas se dão bem". O teste reside no desempenho, e não na conformidade.

O Gerente Eficaz (1967)

Temos apenas uma alternativa:
construir uma sociedade industrial que funcione
ou ver a própria liberdade desaparecer na anarquia e na tirania.

The Future of Industrial Man (1942)

Grandes organizações não podem ser versáteis. Uma grande organização é eficaz por sua massa, e não por sua agilidade. As pulgas podem saltar várias vezes sua própria altura, um elefante não.

***The Age of Discontinuity* (1969)**

Uma vez por ano, pergunte a seu chefe: "O que eu e o meu pessoal podemos fazer para ajudá-lo a realizar o seu trabalho?" e "O que eu ou o meu pessoal fazemos que dificulta o seu trabalho?"

Administrando para o Futuro (1992)

Não interessa se o trabalhador quer
ter responsabilidade ou não...
A empresa deve exigir isso dele.

A Prática da Administração de Empresas (1954)

Um homem jamais
deve ser indicado para
um cargo de gerência
se sua visão se concentra
nas fraquezas das pessoas,
e não em suas forças.

A Prática da Administração de Empresas (1954)

Definir o problema pode ser o elemento mais importante na tomada de decisões eficazes – e é justamente aquele ao qual os executivos prestam menos atenção. Uma resposta errada ao problema certo pode normalmente ser recuperada e corrigida. Mas a resposta certa para o problema errado é muito difícil de consertar porque é difícil de diagnosticar.

O Gerente Eficaz (1967)

Out of the Crisis

Saia da Crise. Futura, 2003.

W. EDWARDS DEMING

Resenhado por Jack

Em uma noite de sábado do verão de 1980, viajando de *motorhome* pelas florestas de Michigan, assisti a um documentário da NBC intitulado "Se o Japão pode... por que nós também não?" O documentário versava sobre como a indústria manufatureira japonesa crescia a um ritmo impressionante, ao passo que as empresas americanas patinavam. Em que pesem algumas avaliações inconsistentes, esse documentário tem sido considerado a centelha do movimento por qualidade nos Estados Unidos. Ele também apresentou aos Estados Unidos um matemático estatístico octogenário e músico: Dr. William Edwards Deming. Circulam rumores de que Donald Petersen, presidente e COO da Ford, também estava assistindo àquele programa (provavelmente *não* na floresta, como eu) e contratou Deming para ajudar a tirar a gigantesca montadora de um acentuado declínio. O Ford Taurus e o Mercury Sable chegaram em 1985, e Deming ajudou a mudar a cultura da Ford para "Qualidade É Nossa Prioridade Número Um".

Deming contava 80 anos quando aquele programa foi televisionado, mas ele já transformava o ambiente de negócios bem antes de sua contribuição à Ford. Durante o censo de 1940, o governo empregou uma técnica de amostragem que Deming havia desenvolvido. Como resultado dessa experiência, depois da Segunda Guerra Mundial, o governo mandou Deming para o Japão para ajudar a reconstruir a infraestrutura industrial daquele país. Lá ele encontrou um público receptivo a novas ferramentas para aprimorar os processos manufatureiros, enquanto o país tentava recomeçar sua indústria. Como reconhecimento por seu trabalho, foi criado um prêmio para comemorar a contribuição de Deming e promover o contínuo desenvolvimento do controle de qualidade no Japão. A influência da filosofia de Deming no Japão era algo totalmente novo e continua até hoje, mesmo que ele não tenha conseguido esse mesmo grau de reconhecimento nos Estados Unidos.

Lá, para ajudar a disseminar sua palavra e explicar os conceitos do movimento de qualidade, Deming publicou *Quality, Productivity, and Competitive Position*, em 1982, rebatizado como *Out of the Crisis*, em 1986. Esse livro histórico é o ponto culminante de mais de 50 anos de experiência. O ponto central do livro são os "14 Pontos", que enumeram os princípios gerenciais essenciais de Deming. Embora a formação de Deming tenha sido em Matemática e Estatística, com o tempo ele veio a acreditar que o que contava eram as pessoas nos processos, e que a gerência tinha um incrível controle sobre os resultados de uma organização.

"O aprimoramento da qualidade transforma o desperdício de homens-hora e tempo de máquina em manufatura de bons produtos e serviços melhores."

Tome, por exemplo, o clássico experimento das "Contas Vermelhas" de Deming. Ele era conhecido por trazer pessoas do público para o palco e dizer-lhes que sua tarefa era entregar contas brancas, e apenas contas brancas, para um cliente fictício. Cada pessoa era vendada e instruída a pegar 50 contas de uma grande vasilha contendo contas vermelhas e brancas. As contas de cada "funcionário" eram, então, registradas, anotando-se a quantidade de contas vermelhas e brancas retiradas. Para cada pessoa, Deming empregava os métodos que a gerência poderia empregar para influenciar os resultados: recompensa para aqueles que se saíam bem e intimidação dirigida àqueles que se saíam mal. Qualquer pessoa que presenciasse esse exercício poderia testemunhar a futilidade de tais técnicas gerenciais. Embora o cliente não aceite as contas vermelhas, é inevitável que uma porcentagem delas seja retirada da vasilha. A conclusão é que nosso desempenho é resultado direto do material que nos fornecem para trabalhar mais do que qualquer outra influência externa. Portanto, as pessoas que pegam mais contas vermelhas não são funcionários piores e não deveriam sofrer redução no pagamento ou sofrer outras consequências com base no desempenho. O trabalho do gestor é aprimorar o processo, aumentando a probabilidade de pegar contas brancas.

As contas vermelhas são o resultado de um sistema perverso. "O trabalhador não é o problema", é uma famosa declaração de Deming. "O problema reside na alta administração!" Ele discutiu sua visão do papel da gerência em um artigo de 1993 publicado pelo *New Economics for Industry, Government and Education*. Deming explica assim sua teoria sobre o papel da gerência: "É atribuição da gerência dirigir os esforços de todos os componentes para o objetivo final do sistema. O primeiro passo é o esclarecimento: todos dentro da organização devem entender o objetivo do sistema e como dirigir seus esforços nessa direção. Todos devem entender os danos e as perdas para a organização como um todo, causados por uma equipe que se torna egoísta, independente e um centro de lucros." Com essas declarações, Deming deixa clara a conexão existente entre o conceito de equipe e o movimento por qualidade.

Saia da Crise caminha na corda bamba entre a ciência da estatística e do processo e a arte da gestão. Em suas páginas, o livro é um testemunho da genialidade de Deming, cuja mensagem começou a ganhar força na América somente após sua morte, no início dos anos 1990.

Out of the Crisis. MIT Press, 2000.

PARA SABER MAIS >> Página 283, para saber mais sobre equipes » Página 80, para ligação com o DNA de seu grupo » Página 266, para conhecer o lado negro da qualidade | E TAMBÉM: *The Deming Management Method na Prática,* de Mary Walton; *A Qualidade desde o Projeto* (Cengage, 2009), de J.M. Juran; e *Understanding Statistical Process Control,* de Donald J. Wheeler e David S. Chambers.

Os 14 Pontos de Gestão de Deming

1.

Criar constância de propósito para o *aperfeiçoamento* do produto e do serviço, com o objetivo de tornar-se competitivo, manter-se no negócio e gerar empregos.

2.

Adotar a nova filosofia. Estamos em uma nova era econômica. A gestão ocidental deve acordar para o desafio, deve conhecer suas responsabilidades e assumir a liderança da mudança.

3.

Cessar a dependência da inspeção para gerar qualidade. Eliminar a necessidade de inspeção de forma maciça, desenvolvendo a qualidade do produto antes de qualquer coisa.

4.

Encerrar a prática de premiar as empresas com base no preço da etiqueta. Em vez disso, minimizar o custo total. Mover-se em direção a um fornecedor único para qualquer item, em um relacionamento de longo prazo de fidelidade e confiança.

5.

Aprimorar constantemente e para sempre o sistema de produção e serviços, para melhorar a qualidade e a produtividade, reduzindo custos de forma constante.

6.

Implantar treinamento sobre o trabalho.

7.

Instituir liderança. O objetivo da supervisão deve ser o de ajudar as pessoas, máquinas e instrumentos a apresentar melhor desempenho. A supervisão da gerência precisa tanto de reformulação quanto a supervisão dos trabalhadores da produção.

8.

Expulsar o medo, para que todos possam trabalhar eficientemente para a empresa.

9.

Quebrar as barreiras entre os departamentos. O pessoal de pesquisa, projeto, vendas e produção deve trabalhar em equipe para prever problemas de produção e de uso que podem eventualmente ocorrer com um produto ou serviço.

10.

Eliminar slogans, exortações e metas para a força de trabalho e a exigência de nível zero de defeitos e novos níveis de produtividade. Tais exortações apenas criam relacionamentos antagônicos, uma vez que grande parte das causas de baixa qualidade e baixa produtividade está no sistema e, portanto, fora do alcance da força de trabalho.

11.

a. Eliminar padrões de trabalho (quotas) no chão de fábrica. Substituir a liderança.
b. Eliminar a gestão por objetivos. Eliminar a gestão por números e metas numéricas. Substituir a liderança.

12.

a. Remover as barreiras que roubam do trabalhador horista seu direito ao orgulho por seu trabalho. A responsabilidade dos supervisores deve ser mudada de meros números para a qualidade.
b. Remover as barreiras que roubam do pessoal de gestão e engenharia seu direito ao orgulho por seu trabalho. Isso significa, entre outras coisas, abolir a avaliação do mérito da gestão por objetivos.

13.

Instituir um vigoroso programa de educação e autoaperfeiçoamento.

14.

Colocar todas as pessoas da empresa para trabalhar para viabilizar a transformação. Transformar é trabalho de todos.

Toyota Production System

O Sistema Toyota de Produção: Além da produção em larga escala. Bookman, 2003.

TAIICHI OHNO

Resenhado por Todd

A indústria automotiva japonesa estava na infância logo depois da Segunda Guerra Mundial. O mercado total de carros de passeio do Japão em 1949 era de 1.008 unidades. Muitos dos executivos da indústria olhavam com inveja para o lado de lá do Pacífico. O mercado americano de 5 milhões de unidades e as técnicas de produção em massa nascidas da linha de montagem de Henry Ford asseguravam às suas contrapartes americanas vantajosas economias de escala.

Taiichi Ohno foi uma exceção. Como supervisor da oficina de usinagem da Toyota, ele viu as montadoras americanas reduzirem suas variedades de estilos que eles ofereciam e padronizarem peças para obter essas vantagens. Ele viu um problema bem diferente em seu país. "Nosso problema era como cortar custos e produzir pequenas quantidades de muitos tipos de carros", Ohno escreve.

A ascensão da Toyota como potência automotiva global veio na esteira do sistema de coordenação do chão de fábrica de Ohno e teve como base uma percepção enganadoramente simples: *a eliminação total de desperdício*. Movimentar peças, aguardar por peças e até estocar peças são formas de desperdício. Lidar com o desperdício de forma compartimentada gera ganhos marginais, mas nada comparável aos grandes ganhos obtidos quando o desperdício é tratado em nível sistêmico.

O Sistema Toyota de Produção de Ohno tem como base dois pilares: *just-in-time* e automação. O *just-in-time* também é conhecido como produção puxada. Em vez de seguir uma programação de produção centralizada, cada operação requisita peças a fornecedores da etapa anterior da linha de produção com base em suas necessidades do momento, o que significa que os motores são montados quando a produção final aponta essa necessidade. Automação é o conceito de conferir ao maquinário inteligência humana – por exemplo, permitir que um torno mecânico detecte material com defeito ou uma ferramenta quebrada. Um maquinário mais inteligente reduz a incidência de peças defeituosas e cria um deslocamento de um artesão operando máquinas individuais para uma equipe de generalistas semiqualificados capazes de lidar com diversos equipamentos.

Os avanços implementados por Ohno foram resultado direto de sua curiosidade natural e da observação do mundo que o rodeava. O processo decisório descentralizado de seu sistema de produção puxada imitava a variação inconsciente no corpo humano de coração e pulmões, baseados no nível de esforço. O conceito de trabalho em equipe não existia efetivamente na cultura japonesa até a importação de esportes ocidentais, como o baseball e o vôlei, depois da Segunda Guerra; os esportes tradicionais japoneses, como sumô e judô, focam o indivíduo, e como nos primeiros anos de Ohno no departamento têxtil da Toyota ele teve contato com operações nas quais um trabalhador conseguia manter 40 ou 50 teares autorreparadores em operação, ele ficou chocado quando passou para a mentalidade individualista e artesanal do setor automotivo.

Na metade da década de 1990, implantei um sistema de produção puxada para trazer matérias-primas para uma fábrica da GE em Columbus, Ohio, e, assim, descobri os benefícios desse sistema em primeira mão. Antes da mudança, o controle de compras e produção elaborava programações mensais e executava extensos cálculos para determinar os requisitos de materiais. Os pedidos de compra eram enviados e os fornecedores faziam as remessas com base no plano inicial. Mas nada acontecia de acordo com o plano. Demandas variáveis de clientes, rendimentos variáveis de produtos e tempo inconsistente de funcionamento de máquinas geravam pouco demais ou um excesso do que era necessário. Ao definir quantidades de pedidos padronizadas e simples códigos de barras, os operadores da fábrica assumiam a responsabilidade de requisitar as matérias-primas de que precisavam. Os materiais eram transportados de um depósito centralizado para o chão de fábrica. Quando concluído, o projeto reduziu o custo de estoque comprado em $2 milhões, ou mais de 30%, mas o mais importante foi que a mudança para o sistema de produção puxada eliminou a falta de materiais causada pelos defeitos do planejamento centralizado.

"A sociedade industrial deve desenvolver a coragem, ou melhor, o bom senso, de adquirir apenas o que é necessário, quando necessário e na quantidade necessária."

Muitos livros foram escritos sobre a Toyota e seu sistema de produção, e o livro de Ohno é o melhor. Com 152 páginas, é uma leitura rápida, e suas três décadas de aprimoramento do sistema conferem pureza aos elementos de seu argumento a favor de uma nova visão sistêmica de organização das cadeias de suprimentos. Mas existe também outra vantagem. O que soa como um esforço totalmente interno trata, na verdade, de produzir exatamente o que seu cliente quer, quando ele quer. Ohno diz que quanto mais perto a Toyota chegar de 100% de eliminação de desperdício, mais "claro" [se torna] o quadro dos seres humanos individuais com personalidades distintas. Apesar dessa conclusão não ser óbvia, em última análise, ela mostra a elegância do eficiente sistema criado.

Toyota Production System: Beyond Large-Sacle Production. Productivity Press, 1988.

PARA SABER MAIS >> Página 253, para saber mais sobre sistemas autossustentáveis » Página 173, para o que Ohno estava aperfeiçoando | E TAMBÉM: *A Máquina que Mudou o Mundo* (Campus/Elsevier, 2004), de James P. Womack, Daniel T. Jones e Daniel Roos; *O Modelo Toyota* (Bookman, 2005), de Jeffrey K. Liker; e *The Elegant Solution,* de Matthew E. May.

Reengeneering the Corporation

Reengenharia: Revolucionando a empresa em função dos clientes, da concorrência e das grandes mudanças da gerência. Campus/Elsevier, 1993.

MICHAEL HAMMER E JAMES CHAMPY

Resenhado por Todd

A reengenharia tornou-se o termo gerencial mágico da década de 1990. Matérias de capa de revistas de gestão aclamaram Michael Hammer e Jim Champy como os gurus estratégicos do momento. Empresas do porte da Deere, Ford e Duke Power obtiveram enorme sucesso ao utilizar seus conceitos. Até Lou Gerstner, em *Quem Disse que os Elefantes não Dançam?*, evoca a reengenharia como tendo exercido seu papel na virada da IBM. O problema com qualquer moda passageira é o ridículo que se segue.

Nos anos 1990, o termo "reengenharia" tornou-se substituto para os termos "reorganização", "reestruturação", *"delayering"** e *"downsizing"*** da década anterior. A popularidade do termo deu aos executivos em conflito a cobertura necessária para enfrentar o escrutínio da mídia e a pressão do mercado de ações. A simples menção de uma nova iniciativa de reengenharia reconhecia a gravidade de um problema e sinalizava aos acionistas que as medidas apropriadas estavam sendo tomadas. Mas os resultados reais variavam muito, e os líderes empresariais e jornalistas saíam correndo para descobrir e divulgar a próxima solução milagrosa. O que sobrou foi uma ambivalência geral para um dos conceitos gerenciais mais importantes da segunda metade do século XX.

Muitas organizações ainda modelam suas operações na divisão de trabalho utilizada por seus ancestrais automotivos. Mas existem questões de produtividade inerentes à teoria de Smith. As transferências de responsabilidade (*handoffs*) entre os especialistas criam filas e introduzem a oportunidade de erros; 90 minutos de trabalho real estendem-se por vários dias à medida que o trabalho se arrasta pelo labirinto organizacional, e quando alguém levanta a mão para sugerir uma solução melhor, as acusações entre os departamentos atrasam qualquer progresso real para determinar onde o problema reside.

Hammer e Champy acreditam que é o processo como um todo, e não as etapas individuais, que compõem o processo, que deve ser simples. Os

---

**Nota da Tradutora:* Reestruturação que implica redução dos níveis hierárquicos.

***Nota da Tradutora:* Reestruturação que implica redução de custos, número de funcionários, escala de produção etc.

generalistas tomam a responsabilidade de vários especialistas, tomando decisões sobre o que será feito e quando. Múltiplos processos substituem a padronização, e com indivíduos ou pequenas equipes responsáveis, inspeções de controle de qualidade e controles de supervisão são reduzidos ou eliminados. A medida do sucesso do novo fluxo de trabalho é a satisfação do cliente final.

ERROS COMUNS DURANTE O PROCESSO DE REENGENHARIA

- Tentar reparar um processo em vez de transformá-lo
- Tentar implantar a reengenharia de baixo para cima
- Economizar em recursos alocados
- Tentar implantar a reengenharia sem causar problemas a ninguém
- Estar disposto a conformar-se com resultados pífios

(Para a lista completa, veja o Capítulo 13 de *Reengenharia: Revolucionando a empresa em função dos clientes, da concorrência e das grandes mudanças da gerência.*)

O mais importante é que a natureza do próprio trabalho é mutável. Trabalhadores contratados como autômatos tornam-se gerentes de caso, capacitados a lidar com as situações da forma que consideram a mais adequada. Seus gerentes delegam responsabilidades e tornam-se *coaches*, monitorando o desempenho com base na qualidade das ações, e não na quantidade de unidades concluídas.

"A 'reengenharia', propriamente, é a remodelagem e o replanejamento radical dos processos de negócio para conseguir melhorias drásticas nas métricas críticas e contemporâneas de desempenho..."

Hammer e Champy recomendam atitudes ousadas, sugerindo "começar de novo" como sinônimo para reengenharia. A folha de papel em branco pode ser desalentadora, mas processos falhos que afetam diretamente o cliente são o ponto certo para começar. A evidência visual, seja um palete não retirado ou pilhas de papelada, é indicadora de incerteza sistêmica. Pilhas de e-mails e caixas de correio de voz repletas demonstram excesso de comunicação entre indivíduos, um ponto excelente para o replanejamento do processo. A evolução natural de uma empresa cria essas complexidades como produtos e os clientes evoluem. A reengenharia dá aos líderes a oportunidade de desemaranhar essas redes e simplificar processos de negócios demasiadamente grandes.

Jack Welch disse que ele sempre precisou estar "à beira da loucura" para fazer sua empresa avançar um pouco, e a forma extrema de replanejamento do processo que é a reengenharia tem um efeito semelhante. *Reengenharia* incluiu permanentemente a análise de processos na caixa de ferramentas de todos os líderes empresariais, saibam eles disso ou não.

Reengineering the Corporation: A Manifesto for Business Revolution. Collins Paperback Business Essentials Edition, 2003.

PARA SABER MAIS >> Página 177, para uma cartilha sobre Adam Smith » Página 77, para um endosso da reengenharia feito por um ex-CEO » Página 52, para saber como implementar a mudança | E TAMBÉM: *A Mentalidade Enxuta nas Empresas* (Campus/Elsevier, 2004), de James P. Womack e Daniel T. Jones; *A Disciplina dos Líderes de Mercado* (Rocco, 1995), de Michael Treacy e Fred Wiersema; e *Business Process Improvement,* de H. James Harrington.

The Goal

A Meta: Um processo de melhoria contínua. Nobel, 2003.

ELIYAHU M. GOLDRATT E JEFF COX

Resenhado por Jack

Eliyahu Goldratt e Jeff Cox publicaram *A Meta* em 1984 e, logo a seguir, uma empresa em Milwaukee nos enviou um pedido de dez exemplares do livro. Eu não tinha ainda ouvido falar do livro e fiquei surpreso ao descobrir, quando recebi a remessa e folheei um exemplar, que *A Meta* era um romance. Embora hoje seja comum escrever sobre negócios em forma de narrativa era extraordinário e original naquela época. O que chamou minha atenção foi como os autores deram vida, através de personagens realistas, de carne e osso, e uma narrativa acelerada a uma história da batalha de uma empresa para recuperar uma divisão em decadência.

A narrativa apresenta Alex Rogo, um novo gerente de fábrica que comanda 600 funcionários de uma divisão da UniCo. A empresa controladora está insatisfeita com a produtividade da divisão da UniWare e dá três meses para que Alex recupere a fábrica. Para reverter o quadro, Alex tem de resolver uma infinidade de problemas, como remessas atrasadas, estoques nas alturas e níveis de qualidade inaceitáveis.

Sem saber por onde começar a transformação, Alex relembra um encontro fortuito que teve com um físico chamado Jonas. Os dois haviam se conhecido durante uma escala em um aeroporto e Alex havia contado a Jonas, com orgulho, que sua empresa havia acabado de instalar robôs de última geração. Alex disse a Jonas que os robôs haviam incrementado a produtividade em 36% em alguns departamentos. Jonas fez a Alex uma série de perguntas sobre os efeitos resultantes do uso dos robôs. Sua empresa está fabricando mais produtos? O quadro de funcionários foi reduzido ou vocês reduziram os estoques? Quando Alex respondeu não a todas as perguntas, Jonas argumentou que sua percepção de sucesso estava incorreta. Alex não internalizou o conselho na época, mas com o prazo prestes a vencer, retoma o contato com Jonas.

Por meio de uma série de breves encontros e telefonemas, Jonas ensina a Alex as métricas que ele *deveria* ter como objetivo para obter os resultados desejados, em vez da simples produção dos robôs que Alex tanto havia exaltado em sua primeira conversa. O que Alex deveria monitorar para saber se as mudanças implementadas por ele iriam auxiliar na virada? Primeiro, Jonas explica a Alex os resultados com os quais os chefes de Alex na UniCo realmente se preocupam. Essas métricas financeiras são indicadoras de como uma empresa está se saindo no nível mais alto: lucro líquido, ROI e fluxo de caixa. Jonas, então, explica que as melhores métricas internas que Alex pode controlar na virada – ou seja, tomar as decisões de chão de fábrica que irão, em última instância, alimentar essas métricas de alto nível – são produtividade (*throughput*), estoques e despesas operacionais. Jonas lembra a Alex que "a meta não é melhorar uma medição isolada. A meta é reduzir despesas operacionais e reduzir estoques, e, simultaneamente, aumentar a produtividade".

Alex tem dificuldade de enxergar como as ideias de Jonas funcionarão em sua fábrica, até que leva a tropa de escoteiros de seu filho para uma longa caminhada. Ele pena para manter os meninos juntos porque alguns são mais rápidos do que outros. Ele começa a perceber as variações ou desvios em tempo real. Um dos garotos mais lentos é Herbie, e Alex se dá conta de que Herbie está se atrasando porque carregava muito peso na mochila. Alex remove e redistribui os objetos pesados, Herbie alcança os outros e os meninos se divertem à beça. É aqui que Goldratt e Cox apresentam um dos itens mais populares do livro: a Teoria das Restrições (TDR). A TDR é uma metáfora para encarar o processo – seja uma linha de montagem ou qualquer tipo de processo repetitivo – como uma entidade viva e descobrir o gargalo que está impedindo sua máxima produtividade. Ao estudar o fluxo real das peças através da fábrica e procurar lidar com os "Herbies" imediatamente, a fábrica é capaz de apresentar sucesso para a matriz. No final, Alex é promovido e o conglomerado incorpora a TDR às outras divisões.

"Por que não podemos colocar sempre um produto de qualidade no mercado em tempo e a um custo que pode bater a concorrência?"

Nos últimos vinte e poucos anos, *A Meta* vendeu mais de 3 milhões de exemplares, foi traduzido em 21 idiomas, foi ensinado em mais de 200 faculdades e universidades e foi convertido em filme. Goldratt, físico israelense, está presente, é claro, no personagem de Jonas que advoga que ensinar deveria conter mais pontos de interrogação e menos pontos de exclamação. Jonas incorpora essa abordagem socrática e, através das perguntas de Jonas, temos a oportunidade de aprender junto com Alex. *A Meta* oferece uma série de respostas sobre como encarar o processo como um todo e a necessidade de aperfeiçoar continuamente esse processo.

The Goal: A Process of Ongoing Improvement. North River Press, 2004.

PARA SABER MAIS >> Página 162, para uma história sobre equipes » Página 47, para uma história sobre liderança » Página 57, para como você pode utilizar as histórias| E TAMBÉM: *O Modelo Toyota: 14 princípios de gestão* (Bookman, 2005), de Jeffrey K. Liker; *Deming and Goldratt,* de Domenico Lepore e Oded Cohen; *We All Fall Down,* de Julie Wright e Russ King; e *A Máquina que Mudou o Mundo* (Campus/Elsevier, 2004), de James P. Womack, Daniel T. Jones e Daniel Roos.

The Great Game of Business

JACK STACK E BO BURLINGHAM

Resenhado por Jack

Jack Stack tem o crédito de ter sido o primeiro autor a discorrer sobre OBM (Open-Book Management – Gestão Transparente) em seu livro *The Great Game of Business,* que trata de sua empresa, a Springfield Remanufacturing Corporation (SRC), uma divisão da International Harvester. OBM é uma política gerencial baseada na divulgação de todos os dados financeiros de uma empresa para seus funcionários. A teoria é que se os funcionários entenderem como afetam a saúde financeira da empresa como um todo, eles darão mais de si e trabalharão com mais eficiência. Existem, contudo, alguns elementos externos que podem afetar o êxito dessa abordagem: a gerência tem de ter credibilidade e os funcionários têm de ter motivação.

Comecei a divulgar as cifras, ou seja, comecei a usar a OBM, há alguns anos porque senti que meus funcionários eram, enquanto um grupo, muito mais inteligentes do que eu poderia ser ao trabalhar sozinho. Sempre acreditei que a transparência é a forma melhor e mais honesta de se trabalhar e, com isso, posso dormir melhor à noite. Em tempos difíceis (tivemos alguns anos de vacas magras), os funcionários sabiam por que tínhamos de apertar o cinto e tomar algumas decisões potencialmente impopulares. Quando a empresa ficou mais próspera, os funcionários entenderam como foi difícil escalar a montanha e pudemos comemorar genuinamente sua contribuição para nosso sucesso. Mas para que esse tipo de gestão funcione, a educação – oferecer aos funcionários uma compreensão dos fundamentos básicos de finanças – é essencial. A OBM continua sendo uma abordagem de gestão incomum porque requer engajamento constante com todo mundo, em todos os níveis da organização. Eu acredito, e suspeito que Stack também, que é esse engajamento que faz um dia de trabalho valer a pena.

Quando Stack e um grupo de administradores adquiriram uma divisão da IH que recondicionava motores de caminhões a diesel, então conhecida como Springfield Renew Center, a divisão andava mal das pernas. Introduzir a OBM exigia, de antemão, comprometimento com o engajamento dos funcionários. No início, Stack sabia não ser possível envolver as pessoas, a menos que elas sentissem orgulho daquilo que fazem e da empresa onde trabalham. Ele escancarou as portas da empresa e equipou seus funcionários com o necessário para pintar e redecorar suas áreas de trabalho e colocou produtos da empresa em exposição. Nos fins de semana, as famílias eram convidadas para conhecer o local onde seu familiar passava parte de seu dia.

"A melhor, mais eficiente e mais rentável forma de comandar uma empresa é dar a todos os seus membros a oportunidade de sugerir como a empresa deve ser conduzida e uma participação nos resultados financeiros, bons ou maus."

Para que a OBM funcione, a gerência precisa definir a situação geral para cada membro da organização. Isso vai contra as práticas de gestão mais antigas, mas como foi comprovado pela divisão Springfield, e eu também observei, a coisa funciona. Os funcionários também devem manifestar-se, ser motivados pelas informações divulgadas e tomar as decisões cotidianas com base nesse conhecimento. A analogia que melhor resume o poder da OBM é "todos remando em conjunto". As equipes e a montagem destas desempenham papel crucial para o êxito da OBM. Stack dá uma lista de algumas metas que funcionaram melhor no caso da SRC:

1. Negócios são um esporte de equipe – escolha os jogos que reforcem a equipe.
2. Seja positivo, crie confiança.
3. Comemore cada vitória.
4. Tem de ser um jogo.
5. Estabeleça para todos o mesmo conjunto de metas.
6. Não utilize as metas para dizer às pessoas tudo o que você quer que elas façam.

Essa abordagem pode parecer antiquada, uma vez que o livro foi escrito em 1992, porém, atualmente, a SRC Holdings possui 15 empresas separadas, com vendas totais de $300 milhões. Um investimento de $1 nas ações da SRC em 1983 vale hoje $800. As pessoas que trabalham na SRC são as detentoras dessas ações, e a empresa nunca dispensou um funcionário.

Acredito firmemente que a OBM desempenhou papel significativo no crescimento de minha empresa e essa é a razão pela qual temos uma rotatividade extremamente baixa de pessoal. Mas a abordagem de OBM defendida por Stack requer o compromisso constante dos administradores de compartilhar todas as informações com seus funcionários. É uma viagem só de ida: oferecer às pessoas mais meios, de tal forma que você não possa voltar atrás, reter informações ou negar participação.

The Great Game of Business: Unlocking the Power and Profitability of Open-Book Management. Currency/Doubleday, 1994.

PARA SABER MAIS >> Página 126, para saber mais sobre contabilidade » Página 202, para saber como fazer uma empresa crescer » Página 213, para uma narrativa da indústria pesada| E TAMBÉM: *Open-Book Management – Gerenciamento Transparente* (Ediouro, 1996), de John Case; *Managing by the Numbers*, de Chuck Krerner e Ron Rizzuto, com John Case; e *Virando a Própria Mesa* (Rocco, 2002), de Ricardo Semler.

First, Break All the Rules

Primeiro, Quebre Todas as Regras: As melhores práticas dos melhores executivos. Campus/Elsevier, 1999.

MARCUS BUCKINGHAM E CURT COFFMAN

Resenhado por Todd

Os personagens que aparecem nas telonas e nas telinhas retratam os administradores como tiranos ou bufões. Em "Os Incríveis", da Pixar, o gerente de Bob Parr, Gilbert Huph, personifica todos os atributos clássicos de um tirano até a sua exigência mais característica: "Pare imediatamente ou você está demitido!". O vocabulário organizacional ainda é fortemente calcado em suas raízes militares, porém o "gerente major" vai desaparecendo à medida que uma nova geração ocupa cargos gerenciais de nível médio. A mídia empresarial reporta casos de líderes derrubados e inevitavelmente aponta o desejo pelo poder como a razão de sua queda, quando a verdadeira razão encontra-se na avaliação do mercado feita pela empresa.

Para conhecer uma nova ideia sobre o que um administrador *deve* ser, *Primeiro, Quebre Todas as Regras!,* de Marcus Buckingham e Curt Coffman, é o guia. Os dois autores trabalharam para o Gallup, e o livro foi o resultado de um grande projeto para identificar o perfil de um bom gestor. A pesquisa começa com uma pergunta bem lógica: "Os administradores são importantes?" Os administradores têm influência notável no sucesso de uma empresa, mas o Gallup queria provar analiticamente esse pensamento comum. E assim o fez. Quando o Gallup analisou separadamente unidades de negócios integrantes de grandes empresas, os grandes administradores geraram mais vendas, mais rentabilidade e menos rotatividade do que os administradores medíocres.

A distinção entre boa e má gestão veio na forma da pesquisa Q12 do Gallup. A história do Gallup como instituição de pesquisa veio muito a calhar; eles tinham mais de 1 milhão de entrevistas em campo para dar suporte e os pesquisadores procuraram um conjunto de questões pertinentes. Eles encontraram 12 que "capturavam a *maior parte* das informações e as informações *mais importantes*". As questões foram conectadas diretamente aos resultados da empresa, como produtividade, rentabilidade e níveis de retenção e satisfação do cliente:

1. Sei o que esperam de mim no trabalho?
2. Tenho os materiais e o equipamento necessário para fazer meu trabalho corretamente?

3. No trabalho diário, tenho a oportunidade de fazer o que sei fazer melhor?
4. Nos últimos sete dias, recebi reconhecimento ou elogios por fazer um bom trabalho?
5. Meu supervisor, ou alguém no trabalho, se preocupa comigo como pessoa?
6. Tem alguém na empresa que encoraja meu desenvolvimento?
7. No trabalho, minhas opiniões contam?
8. A missão/o objetivo de minha empresa faz eu sentir que meu trabalho é importante?
9. Meus colegas de trabalho estão comprometidos em fazer um trabalho de qualidade?
10. Tenho um melhor amigo no trabalho?
11. Nos últimos seis meses, alguém da empresa falou comigo sobre meu progresso?
12. Neste último ano, tive oportunidades de aprender e crescer dentro da empresa?

Essas 12 perguntas foram feitas para mais de 105 mil funcionários de 2.500 unidades de negócio de 24 empresas diferentes. Os funcionários que deram respostas mais favoráveis trabalhavam em unidades de negócio de mais alto desempenho. A correlação deu ao Gallup a metodologia para identificar bons gestores. O Gallup foi em frente e entrevistou 80 mil administradores bem avaliados, gerando mais de 120 mil horas de gravações.

Inúmeras vezes, de uma forma ou de outra, os pesquisadores ouviram: "[Bons administradores] ajudam cada pessoa a se tornar *cada vez mais* o que elas já são." Os gestores entrevistados pelo Gallup admitiram que o desenvolvimento de seus funcionários foi possível graças ao foco em seus pontos fortes naturais em vez de enfatizar seus pontos fracos. Essa percepção vai totalmente contra o pensamento convencional. A pesquisa do Gallup aponta para uma mudança no foco gerencial de encaixar um funcionário em uma função para identificar a melhor função para um funcionário. Três palavras, "administrador como *coach*", são as que melhor descrevem os achados de Buckingham e Coffman.

O processo começa na contratação, quando o talento se torna o principal critério de seleção de um novo funcionário. Tome como exemplo os sete homens selecionados para o programa espacial Mercury, da NASA, e considere como o mais importante empreendimento humano do século XX errou o alvo. Todos os candidatos tinham a experiência mais pertinente possível como piloto de testes militares. O núcleo inicial passou dois anos adquirindo as habilidades necessárias para o voo espacial, mas quando aqueles astronautas estavam na cápsula e em órbita, cada um deles teve desempenho muito diferente, apesar da mesma experiência. O desempenho deles no novo ambiente variou de problemático a impecável. O que o responsável pela contratação não levou em consideração foram as habilidades individuais de cada astronauta. Todo mundo tem tendências naturais e reage diferentemente ao mesmo estímulo. Durante a decolagem, por exemplo, a pulsação de um deles bateu em 150, ao passo que a de Neil Armstrong nunca passou de 80, o que revela como cada astronauta se comportaria mais tarde na missão.

Perguntas baseadas em comportamento ("Fale sobre o tempo em que você...") durante uma entrevista podem propiciar a percepção dos talentos de uma pessoa. Preste atenção às respostas rápidas que indiquem o uso recorrente de um talento. Perguntar a um candidato o que ele ou ela consideram gratificante pode mostrar ao entrevistador a direção para a qual a pessoa projeta suas forças e encontra realização. Por exemplo, os melhores motoristas de caminhão descreverão a constante avaliação do tráfego local e a satisfação natural que sentem ao antecipar potenciais problemas.

"A energia para uma carreira saudável é gerada pela descoberta dos talentos que já existem, e não pela vivência de experiências negociáveis."

Conjugar os talentos naturais de um funcionário com o trabalho certo pode produzir resultados surpreendentes. Veja o exemplo de Jean P., personagem de um dos cenários dos autores. Essa digitadora produzia uma média de 560 mil toques por mês, 50% mais do que a média nacional de 380 mil. Reconhecendo seu talento inato, o gerente reuniu-se com Jean e criou uma série de metas e recompensas. Nos meses seguintes, Jean melhorou seu desempenho para 3,5 milhões, dez vezes o padrão de mercado. Igualmente importante, seu gerente criou um perfil de talento para a contratação, e agora Jean está rodeada de gente que apresenta uma média de 1 milhão de toques por mês. Gastando seu tempo com os melhores profissionais, os administradores descobrem o que os torna diferentes e como seus pontos fortes podem ser aplicados à equipe como um todo.

O talento não tem uma distribuição uniforme, mas qualquer um possui dons e habilidades únicos. *Primeiro, Quebre Todas as Regras!* mostra as mudanças que os administradores devem fazer para extrair o máximo potencial das pessoas que trabalham para eles.

First, Break All the Rules: What the World's Greatest Managers Do Differently. Simon & Schuster, 1999.

PARA SABER MAIS >> Página 260, para como administrar vai além de QI » Página 43, para uma abordagem da liderança com base em pesquisa » Página 129, para como relacionar métricas com gestão | E TAMBÉM: *12*, de Rodd Wagner e James K. Harter; e *O Poder da Amizade* (Sextante, 2006), de Tom Rath.

Now, Discover Your Strenghts

Descubra seus Pontos Fortes. Sextante, 2008.

MARCUS BUCKINGHAM E DONALD O. CLIFTON, PHD

Resenhado por Jack

Aprendemos desde criança a aperfeiçoar nossos pontos fracos para desenvolvermos nosso potencial. Na escola, são poucos os pais e professores que comemoram as notas altas e, em vez disso, perguntam: "Por que esta nota baixa em Matemática?" Nos negócios, essas expectativas continuam, mas Marcus Buckingham e Donald O. Clifton, junto com o Instituto Gallup, argumentam que essa abordagem é ineficaz. Eles afirmam que podemos crescer mais rápido e obter a máxima satisfação em nosso trabalho quando fazemos uso de nossos pontos fortes, que os autores definem como um "desempenho sistematicamente quase perfeito em determinada atividade". Na elaboração do livro, o Gallup perguntou a uma amostra de 1,7 milhão de empregados se eles tinham a oportunidade de fazer o que faziam melhor e descobriu que apenas 20% dos entrevistados responderam sim. Descubra seus Pontos Fortes visa mudar essa realidade deprimente para toda uma geração de trabalhadores.

Assim como a pesquisa em *Primeiro, Quebre Todas as Regras!* mostrou que mudanças na abordagem dos administradores podem estimular o melhor desempenho de um funcionário, *Descubra seus Pontos Fortes* redefine os parâmetros para seu aperfeiçoamento. Os pressupostos antigos eram de que qualquer empregado pode aprender a ser competente em quase tudo ao descobrir seu "maior espaço de crescimento em suas áreas mais fracas". Em vez disso, *Descubra seus Pontos Fortes* ensina a administradores e funcionários como capitalizar sobre seus pontos fortes para maximizar o desempenho. Não existe nenhum propósito em tentar encaixar uma estaca quadrada em um buraco redondo.

A próxima questão óbvia é – depois de anos de preocupação com nossos pontos fracos – como podemos determinar nossos pontos fortes? O Gallup realizou mais de 2 milhões de entrevistas para determinar padrões de comportamento e habilidades entre pessoas bem-sucedidas. Apareceram 34 padrões ou temas mais consistentes no talento humano. Dessa vez, o Gallup criou uma ferramenta de avaliação on-line chamada StrengthsFinder para ajudar os indivíduos a descobrirem seus pontos fortes. Quando você compra o livro *StrengthsFinder 2.0*, existe um código na contracapa que oferece acesso on-line a um teste com 180 questões. Quando termina, você recebe uma lista de cinco temas nos quais tem um potencial mais alto. O livro traz uma análise de uma página sobre cada tema. Existem 16,7 milhões de combinações possíveis, o que significa que os resultados são feitos sob medida para você.

Quando fiz o teste, descobri que meu primeiro ponto forte é harmonia, que significa "procurar áreas de acordo" e eu logo descobri que harmonia pode não ser o melhor ponto forte de alguém que lidera um grupo no século XXI. Ainda que esse ponto forte tenha me propiciado bastante lealdade da parte de meus funcionários, às vezes, devemos tomar decisões estratégicas, independentemente de harmonia. O principal ponto forte do coautor é sua habilidade de "ver além do horizonte" e indagar "não seria genial se..." – o rótulo para isso no StrengthsFinder é "futurístico" – e nós nos saímos bem como equipe porque nossos pontos fortes se equilibram. Acredito firmemente que o crescimento de dois dígitos nos últimos quatro anos de nossa empresa deve-se a essa parceria eficaz.

"Queremos ajudá-lo... *a capitalizar seus pontos fortes*, quaisquer que sejam eles, *e administrar seus pontos fracos*, quaisquer que sejam eles."

Um de meus equívocos na melhoria do desempenho de meus funcionários foi justamente tentar introduzir uma estaca quadrada em um buraco redondo. Por exemplo, tentar fazer um indivíduo tranquilo e orientado para o cumprimento de tarefas ser um bom vendedor, quando realmente ele é um ótimo profissional de suporte, implica perder seus talentos e minha energia. Buckingham e Clifton descobriram que os melhores administradores entendiam duas coisas: cada empregado tem talentos únicos e permanentes e o maior espaço de crescimento de cada empregado encontra-se nas áreas de seus pontos fortes. Eles dão exemplos de administradores bem-sucedidos que trabalham com essas ideias. Phil Jackson, o famoso treinador de basquete da NBA (alguns o chamam de guru), passou livros sobre desenvolvimento pessoal escolhidos a dedo para seus jogadores visando ampliar suas habilidades inerentes. Sam Mendes, um cineasta de muito sucesso, administra seu *set* de filmagem respeitando os pontos fortes de seus atores e, como recompensa, obtém deles suas melhores performances. Os autores oferecem ainda outro tesouro: uma lista com marcadores de uma página que explicam como administrar cada um dos 34 tipos de pontos fortes. Essa avaliação on-line é um recurso valioso e compensa o custo da inscrição.

A maioria de nós pega este livro esperando encontrar respostas para questões do tipo: "Meus temas podem revelar se estou na carreira certa?" Certamente há pontos em comum que podem ser encontrados entre pessoas de algumas carreiras. Por exemplo, os jornalistas podem partilhar "adaptabilidade" porque sua profissão muda diariamente, dependendo das matérias que lhe são atribuídas naquele dia. Mas, de forma geral, os autores acreditam que seus temas distintivos têm pouco a dizer sobre a área em que você atua, mas eles oferecem uma direção para o papel que você desempenha em determinado campo. De fato, o Gallup descobriu dados surpreendentes no número de pessoas com temas similares que se destacam em campos muito diferentes. É importante salientar que o StrengthsFinder não é um teste de orientação vocacional, mas, sim, uma ferramenta para melhorar o desempenho.

Apesar da nossa tendência de focar nossas limitações, é muito vantajoso aderir à mentalidade do StrengthsFinder. Warren Buffett é um perfeito representante de alguém que conhece seus próprios pontos fortes e mantém o curso. Ele sabia que era um homem paciente e prático, no qual as pessoas podiam confiar. Os autores nos contam que Buffett absteve-se de investir em tecnologia por não entendê-la, mas "[ele] identificou seus fios mais fortes, teceu-os em educação e experiência e introduziu-os nas forças dominantes que vemos hoje em dia". Pode ser que nem todos nós alcancemos o nível de sucesso de Buffett, mas se *Descubra seus Pontos Fortes* conseguir nos deixar mais satisfeitos e confiantes com nosso trabalho, então ele será realmente um sucesso.

Now, Discover Your Strengths. Free Press, 2001.

PARA SABER MAIS >> Página 11, para o que Drucker tem a dizer sobre pontos fortes » Página 196, para como o entendimento dos pontos fortes ajudou um diretor de beisebol | E TAMBÉM: *StrengthsFinder 2.0,* de Tom Rath; *Discover Your Sales Strengths,* de Benson Smith e Tony Rutigliano; e *Reinventando o seu Próprio Sucesso* (Campus/Elsevier, 2007), de Marshall Goldsmith e Mark Reiter.

The Knowing-Doing Gap

JEFFREY PFEFFER E ROBERT I. SUTTON

Resenhado por Todd

"Ouça, veja e faça."

É assim que os residentes de cirurgia aprendem novos procedimentos. A etapa final da operação prova que o conhecimento foi adquirido e transferido. Esse conceito de treinamento coincide com o utilizado pelos militares americanos durante os exercícios simulados e de tiro real para preparar os soldados para o combate. Pilotos de avião, comandantes de navios cargueiros e atletas profissionais adotam a mesma estratégia, porém parece que os executivos favorecem a teoria em detrimento da prática.

O problema não é saber o que fazer. Mais de 11 mil livros de gestão, 80 mil MBAs e $60 bilhões gastos em treinamento corporativo a cada ano são testemunho dos vastos caminhos pelos quais o conhecimento trafega. Mas Jeff Pfeffer e Bob Sutton, autores de *The Knowing-Doing Gap*, descrevem uma linha divisória intelectual afirmando que "existem menos e menores diferenças no que se refere ao que *as empresas sabem* do que em sua *capacidade de agir* em função desse conhecimento". Eles chamam essa linha divisória de "The Knowing-Doing Gap" (A Disparidade entre Saber e Fazer).

Com o conhecimento largamente disseminado, a próxima indagação dos autores foi: "Esta disparidade existe realmente?" Eles citam numerosos estudos acadêmicos e de mercado para demonstrar substanciais diferenças de desempenho dentro e entre as empresas em função da incapacidade de adotar práticas de negócio de alto nível para um setor ou devido à falta de divulgação de um modelo exemplar entre as unidades de uma única empresa. Em vez de colocar essas estratégias em prática, as organizações e seus líderes optam por uma série de alternativas inúteis.

A comunicação desnecessária lidera a lista, afirmam Pfeffer e Sutton. Estratégias inovadoras e realinhamentos organizacionais inseridos em apresentações em PowerPoint ou em documentos de planejamento encadernados não passam de ideias que não se concretizam. Os encontros de administradores (*retreats*) para a elaboração da declaração de missão consomem capacidade mental equivalente, porém não geram mais do que milhas de viagem para os participantes. Outro obstáculo entre saber e fazer é a "turma do contra". Eles se fazem de inteligentes para seus colegas de trabalho, mas descartam rapidamente qualquer novidade, alegando que "isso já foi feito", acabando com a iniciativa antes que ela ganhe o impulso necessário. A turma do contra não representa o único obstáculo: uma cultura forte, a qualidade de sucesso sustentada por Jim Collins em *Good to Great: Empresas feitas para vencer*, também pode frear uma iniciativa e abortar a mudança necessária. A história e a tradição atuam como estenografia do processo decisório e tanto podem manter o barco em seu rumo quanto podem desencaminhá-lo.

Os autores também sugerem que a "Disparidade entre Saber e Fazer" se origina do medo. Um subproduto primário da ação é o insucesso, e os não conformistas que querem correr riscos temem perder seu emprego ou, pior ainda, temem a humilhação da reação de seus pares. Como Deming sabiamente aconselhou, afaste o medo. Pfeffer e Sutton concordam. Os cirurgiões fizeram isso ao criar uma cultura na qual os erros são partilhados com os colegas. Os líderes empresariais deveriam seguir o exemplo, compartilhando seus fracassos e seu aprendizado, levando esse hábito a seus funcionários. Recompense aqueles que se arriscam com uma segunda e terceira chances.

"Existem menos e menores diferenças no que se refere ao que as empresas sabem do que em sua capacidade de agir em função desse conhecimento."

Os autores terminam o livro recontando a história de um workshop realizado para executivos de varejo. Uma gerente da Macy's apareceu mais tarde para agradecer e para dizer que nada daquilo funcionaria em sua empresa. No estacionamento havia um pequeno grupo da Trader Joe's que também se aproximou para agradecer a palestra. Eles disseram que muitas das lições oferecidas já estavam implementadas em sua empresa, porém havia coisas que podiam melhorar. Um deles inclusive já estava ao telefone contando o que havia aprendido e haviam lhe garantido que as mudanças já estariam implementadas na segunda-feira. O grupo havia se inspirado para começar a agir, e não para encarar os conselhos dos autores apenas como teoria. Pelo menos, eles estavam querendo fazer uma tentativa. Como Pfeffer e Sutton dizem: "Se você sabe por que você fez, não haverá disparidade entre o que você sabe e o que você faz."

The Knowing-Doing Gap: How Smart Companies Turn Knowledge into Action. Harvard Business School Press, 2000.

PARA SABER MAIS >> Página 8, para ver como agir de forma mais pessoal » Página 83, para como agir de forma mais empresarial » Página 104, para saber como vender mais | E TAMBÉM: *A Verdade dos Fatos* (Campus/Elsevier, 2006), de Jeffrey Pfeffer e Robert I. Sutton; e *Chega de Babaquice!* (Campus/Elsevier, 2007), de Robert I. Sutton.

The Five Disfunctions of a Team

Os 5 Desafios das Equipes: Uma fábula sobre liderança. Campus/Elsevier, 2009

PATRICK LENCIONI

Resenhado por Jack

As equipes constituem parte importantíssima da gestão moderna. Contudo, esse nem sempre foi o caso. Antigamente, atribuía-se uma tarefa a um trabalhador, mostrava-se a ele como fazê-la e esperava-se que ele a repetisse indefinidamente, até que seu supervisor decidisse que era hora de mudar. Organizar indivíduos em uma equipe com um objetivo comum muitas vezes resulta em um processo decisório aprimorado e em uma tarefa mais bem concluída devido às diversas perspectivas envolvidas. Entretanto, a manutenção de uma equipe está repleta de ciladas, pois o sucesso depende da natureza idiossincrática das pessoas que compõem a equipe – pessoas com objetivos conflitantes ou hábitos de trabalho diferentes. Conseguir fazer pessoas díspares trabalharem em equipe, remando juntas e na mesma direção, pode ser um grande desafio.

Muitos livros foram escritos sobre equipes: teoria das equipes, gestão de equipes, criação de equipes e motivação das equipes. Mas nesse livro Lencioni pegou o assunto e criou uma ficção centrada nessa abordagem prevalente. O sucesso como narrador reside em sua capacidade de criar personagens plausíveis e colocá-los para trabalhar em empresas plausíveis, lidando com situações plausíveis. Pode não parecer muito, mas da mesma forma que algumas obras de ficção funcionam e outras não – dependendo do quanto elas se prendem à realidade – muitas obras de ficção empresarial terminam de forma muito certinha, como uma série ou novela de televisão que refletem a vida hiperbolicamente. Os livros de Lencioni nem sempre terminam com um final totalmente feliz; eles tomam a realidade como base e, por isso, são mais aplicáveis às pessoas que precisam deles, as pessoas que você está treinando.

Lencioni cria uma empresa fictícia de 150 empregados, localizada no Vale do Silício durante a bolha da internet. Apenas dois anos antes, a empresa era considerada uma das start-ups em novas tecnologias mais promissoras. Mas, desde o início, a equipe executiva sofria com intrigas e falta de unidade. A diretoria solicita ao CEO atual e cofundador que se demita e contrate um novo CEO de fora do setor. Depois de observar sua nova empresa por algumas semanas, a nova CEO marca uma reunião fora da empresa com seus subordinados diretos, dizendo: "Nós temos uma equipe executiva que tem mais experiência e talentos do que qualquer um de nossos concorrentes. Nosso caixa também é maior... Nós temos uma tecnologia melhor. E temos uma poderosa diretoria. Apesar disso tudo, estamos atrás de dois concorrentes em termos de faturamento e crescimento de clientes. Alguém pode me dizer o porquê disso?" Em cada sessão subsequente, enquanto a equipe executiva luta para levantar a empresa, ela começa com essa mesmíssima declaração até que a equipe consiga responder à pergunta.

OS CINCO DESAFIOS DAS EQUIPES

- Ausência de confiança
- Medo do conflito
- Falta de comprometimento
- Fuga de responsabilidades
- Falta de atenção para com os resultados

"Não é o aspecto financeiro. Nem estratégico. Nem tecnológico. É o trabalho em equipe que permanece a suprema vantagem competitiva, por ser tão poderoso e tão raro."

À medida que a empresa e a nova CEO lidam com problemas tanto internos quanto externos, as diferentes personalidades da equipe executiva vão aflorando e são usadas pelo autor para ilustrar os cinco desafios comuns: ausência de confiança, medo do conflito, falta de comprometimento, fuga de responsabilidades e falta de atenção para com os resultados. Os cinco desafios estão interconectados: você não consegue ter uma discussão estimulante sem confiança entre os membros da equipe. Você não consegue ter comprometimento com as decisões, a não ser que tenha uma discussão aberta, sem medo de expressar sua verdadeira opinião. Você não terá consenso sem um pouco de, ou talvez bastante, conflito. Como minha empresa está crescendo e novas pessoas são contratadas com pontos de vista divergentes, percebo que o conflito pode ser positivo, e é essencial para uma adesão total a um novo programa ou plano. Como Lencioni declara: "Todos os grandes relacionamentos, os que perduram, precisam de conflito para crescer. Isso vale para um casamento, amizade, relacionamento entre pais e filhos e, certamente, para o relacionamento empresarial."

Nesse caso, Lencioni conclui sua história com um final feliz. Com uma equipe executiva revitalizada, a empresa cresce para mais de 200 funcionários e consegue equiparar-se ao líder em sua área de atuação. Com uma equipe trabalhando eficientemente em conjunto, tanto o moral quanto a qualidade melhoram. Mas esse livro oferece mais do que uma história bem contada da qual podemos extrair uma nova abordagem para nossa equipe ou empresa. A fábula é um veículo eficaz para as lições de Lencioni, mas o livro inclui também 40 páginas de planilhas e avaliações para começar seu novo programa de montagem de uma nova equipe ou a reciclagem de uma equipe já montada.

The Five Dysfunctions of a Team: A Leadership Fable. Jossey-Bass, 2002.

PARA SABER MAIS >> Página 43, para mais histórias sobre liderança » Página 198, para uma história de como começar um negócio » Página 283, para um guia prático sobre equipes | E TAMBÉM: *The Five Dysfunctions of a Team – Participant Workbook*, de Patrick Lencioni; *Leading Teams*, de J. Richard Hackman; é *Desempenho Máximo*, de Jon R. Katzenbach.

Escolha sua abordagem

Cada pessoa aprende de forma diferente. O desafio é encontrar o meio correto para a mensagem. Mostramos aqui três formas como classificamos os livros e alguns exemplos para mostrar que há um pouco de tudo para todos.

1. Fábula	**2. Moderno**	**3. Clássico**
Breves cenários ficcionais impactantes, com simbolismo e analogias ↓	Menos de dez anos de publicação, com perspectivas e casos contemporâneos ↓	Ideias de negócios que sobreviveram ao teste do tempo ↓

Sobre Mudança

Quem Mexeu no Meu Queijo?, de Spencer Johnson, MD. Explora as diferentes abordagens de mudança adotadas por dois camundongos e duas pessoas quando alguém mexe em seu queijo.

Mude ou Morra, de Alan Deutschman. Um livro sobre mudança comportamental, inspirado no popular artigo da revista *Fast Company*.

Liderando Mudança, de John P. Kotter. O famoso professor de Harvard ensina as oito etapas para liderar e guiar a mudança.

Sobre Motivação

Peixe Vivo!, de Stephen C. Lundin, PhD, Harry Paul e John Christensen. Um administrador enfrenta o desafio de infundir motivação no Pike Place Market, de Seattle.

Seu Balde Está Cheio?, de Tom Rath e Donald O. Clifton. Mostrar como encher, com experiências positivas, o balde metafórico que existe dentro de cada um de nós.

O Poder do Pensamento Positivo, de Norman Vincent Peale. Esse clássico ensina como vencer obstáculos pensando positivamente.

Sobre Liderança

Liderança Radical, de Steve Farber. O guru Edg mostra que amor, energia, ousadia e evidência são os principais traços de líderes extremos.

O Desafio da Liderança, de James M. Kouzes e Barry Z. Posner. Ensina aos líderes cinco práticas úteis a serem aplicadas a qualquer nível da empresa.

Leadership, de James MacGregor Burns. O texto sobre liderança original e definitivo.

Escrito por Roy Normington

Six Thinking Hats

Os Seis Chapéus do Pensamento. Sextante, 2008

EDWARD DE BONO

Resenhado por Todd

Imagine que sua empresa esteja enfrentando um grande problema, ou seja, seu maior cliente bandeou-se para o concorrente.

O presidente convoca uma reunião para descobrir o que aconteceu e cada participante entra na sala de reuniões tendo em mente coisas diferentes. Os colegas da área de pesquisa chegam com calhamaços de gráficos detalhando como a campanha está (ou melhor, *estava*) se desenvolvendo bem. A criativa equipe tem várias ideias sobre a maneira de melhorar o sistema de mensagens. O gerente de contas pensa que talvez não esteja mais empregado quando a reunião terminar, e a gerente do escritório caminha balançando a cabeça, lembrando que ela advertira a todos que não seria uma boa ideia acolher aquele cliente.

O assunto se transforma em uma discussão para determinar qual seria a perspectiva mais adequada. O comprometimento verbal de cada integrante com a respectiva posição adotada torna difícil considerar outras opções; contudo, levar em consideração uma ampla gama de ideias é o segredo para superar esses impasses organizacionais.

Para levar adiante esse tipo de discussão, Edward De Bono esboça seis direções claras, ou chapéus, que representam determinada linha do pensamento humano. A cada chapéu ele designa uma cor. A metáfora do chapéu é eficaz nesse caso porque significa que a maneira de pensar de uma pessoa pode ser aceita, modificada ou eliminada, dependendo da situação. Gostaria de fazer uso das descrições de Bono para introduzir rapidamente cada chapéu:

O branco é neutro e objetivo. O chapéu branco concentra-se em ações e números objetivos.

O vermelho sugere irritação (ficando vermelho), raiva e emoções. O chapéu vermelho fornece uma visão emocional.

O preto é triste e sério. O chapéu preto é cauteloso e cuidadoso. Aponta os pontos fracos de uma ideia.

O amarelo é radiante e positivo. O chapéu amarelo é otimista e retrata a esperança e um modo de pensar positivo.

O verde representa a grama, a vegetação e um crescimento abundante e fértil. O chapéu verde indica criatividade e ideias novas.

O azul é calmo e tranquilo; é também a cor do firmamento, que está acima de tudo. O chapéu azul está preocupado com controle, com a organização do processo do pensamento e com o uso dos outros chapéus.

No cenário aqui descrito, cada participante encara o problema usando um chapéu diferente... sem se dar conta disso. A maneira de pensar dos Seis Chapéus permite que os participantes concentrem sua energia em uma direção específica, fazendo cada um "usar" um chapéu de cada vez. Durante a reunião, os chapéus podem também ser usados na ordem que se coadune com a discussão. Por exemplo, o presidente pode iniciar a reunião usando um chapéu vermelho, a fim de se inteirar dos sentimentos de seus subordinados a respeito da perda daquele cliente. A seguir, pode usar um chapéu branco para coletar fatos sobre a deserção do cliente. Para concluir a reunião, seria interessante fazer os membros do grupo usarem chapéus amarelos, a fim de analisar o lado positivo dos recursos recentemente disponibilizados.

Uma variedade de benefícios práticos é gerada pela abordagem adotada em Os *Seis Chapéus do Pensamento*. As discussões são abreviadas, pois o grupo se concentra em determinada linha de pensamento a ser compartilhada em determinado momento. Seja por receio ou com base em fatos, existe um chapéu para que esse modo de pensar seja compartilhado. Desentendimentos não costumam ocorrer no decorrer da reunião. Os indivíduos que se inclinam em direção a determinada linha de pensamento têm liberdade para ampliar seu raciocínio sob outros chapéus. A linguagem dos chapéus coloridos em si minimiza o ego e permite a exploração de um tópico de modo natural e objetivo.

"O maior inimigo do raciocínio é a complexidade, pois ela leva à confusão."

Vale a pena observar o estilo da escrita de Bono. Muitas vezes ele faz referência a reflexões que o leitor esperaria ouvir de um grupo durante uma discussão com base na abordagem do método dos Seis Chapéus. Uma declaração feita por um membro usando um chapéu preto poderia soar como "receio que nosso concorrente consiga oferecer preços tão baixos quanto os nossos" ou uma afirmativa feita por um membro usando um chapéu vermelho poderia ser: "Sinto que ele desistirá quando a hora H chegar." Essa abordagem facilita a introversão e a utilização do material. Mesmo quando você apresenta pela primeira vez essa abordagem a um grupo, o processo parece familiar, e é fácil prever as perguntas e as preocupações do grupo.

De Bono trata o pensamento com seriedade, conforme seus inúmeros livros acadêmicos indicam, mas sua obra *Os Seis Chapéus do Pensamento* é a mais acessível e de mais fácil aplicação.

As pessoas de negócios despendem um longo tempo em conversas – muitas vezes conversas que geram confrontos – e o método dos Seis Chapéus é uma forma eficaz de organizar suas reuniões para que realmente propiciem o progresso.

Six Thinking Hats, Back Bay Books, 1999.

PARA SABER MAIS >> Página 236, para uma empresa que utiliza o brainstorm >> Página 287, para se aperfeiçoar em brainstorm | E TAMBÉM: *O Pensamento Lateral* (Nova Era, 1995), de Edward De Bono; e *Teach Yourself to Think,* de Edward De Bono.

BIOGRAFIAS Como ele conseguiu realizar todas essas coisas? Essa é a pergunta que todos fazem quando se deparam com alguém famoso ou rico. Querem imitar essa pessoa e pensam que só precisam seguir suas pegadas para chegar ao mesmo lugar. No entanto, conforme dizia Mark Twain: "A história escreve rimas – ela não se repete." As biografias fornecem um direcionamento e um contexto para que possamos empreender nosso próprio caminho.

Titan

RON CHERNOW

Resenhado por Jack

O elemento químico titânio foi assim batizado em homenagem aos Titãs, raça mitológica de poderosos homens gregos. Se hoje batizássemos o petróleo cru de forma semelhante, nós o chamaríamos de Rockefeller, em homenagem ao primeiro homem a transformar esse poderoso recurso natural em produto de consumo mundial e em um empreendimento que proporciona a acumulação de riquezas. John D. Rockefeller estabeleceu o padrão (sem intenção de fazer nenhum trocadilho) para a grande empresa, e é sua história que o respeitado biógrafo Ron Chernow conta na obra *Titan*.

Rockefeller estava no lugar certo, no momento certo para fazer história: Cleveland, Ohio, em 1853. Cleveland abrigava as cinco principais áreas de refino da América, e o jovem Rockefeller, que se mudara para Cleveland com a família na adolescência, tornou-se especialista na conversão de petróleo em querosene para ser usado na iluminação artificial. Sua carreira disparou logo nos primeiros tempos graças a seu árduo trabalho, à sua habilidade para encontrar formas de cortar custos e à sua compreensão do cenário como um todo. O petróleo era transportado por ferrovias em barris e Rockefeller descobriu que podia fabricar seus próprios barris a preços mais baixos do que se recorresse à terceirização, economizando, assim, $150 por barril – esse é apenas um pequeno exemplo de seu espírito empreendedor. Além disso, usufruía da vantagem de obter empréstimos dos banqueiros locais em virtude de sua confiável educação e de seu tino comercial. Em 1868 – apenas cinco anos depois que deu início a seus empreendimentos – a capacidade de refino de suas instalações era maior do que aquela das outras três maiores refinarias juntas. Em 1870, nascia a Standard Oil.

Chernow deixa claro em seu relato que Rockefeller era agressivo em relação a seu objetivo de maximizar os lucros e transformar o setor. Em 1871, o chefe da Pennsylvania Railroad propôs a consolidação do fragmentado setor de refino, o que teria trazido enormes benefícios para Rockefeller. O plano nunca foi implementado porque quando a informação sobre o aumento das taxas (estimado em 100%) de transporte vazou – lucros que seriam compartilhados entre a Standard Oil e as ferrovias –, alguns refinadores do leste protestaram. Houve revolta em um campo de petróleo da Pennsylvania e, após a sublevação, as ferrovias voltaram atrás e reduziram as taxas. Depois disso, Rockefeller tentou outra abordagem e começou a adquirir refinarias de petróleo e a fortalecer seu controle sobre o refino. Ele adotou táticas agressivas, como vender abaixo do custo, para mostrar aos outros proprietários que eles deveriam vender antes que ele os expulsasse do negócio. Em 1872, em um curto período de seis semanas, ele comprou 22 dos 26 concorrentes existentes em Cleveland.

Dez anos mais tarde, Rockefeller tinha negócios diversificados em vários estados, os quais acabaram se tornando difíceis de administrar. Assim, a Standard Oil Trust foi criada para controlar os diferentes negócios. Além do fato de o preço do querosene – o principal produto de consumo – ter sofrido queda de 80% ao longo da vida da empresa, a Standard Oil Trust enfrentou sérios problemas no campo das relações públicas devido às agressivas práticas comerciais de Rockefeller. Essas práticas não eram ilegais, pois não havia legislação em vigor para regular esse tipo de empreendimento. Consequentemente, menos de uma década mais tarde o governo decretou a dissolução da Standard Oil. Poucas organizações já foram combatidas por atos do Congresso, mas a legislação Sherman Antitruste foi criada para combater a Standard Oil Trust. Hoje, temos apenas de analisar o crescimento do Wal-Mart e da Microsoft para encontrar exemplos contemporâneos de empresas que enfrentam problemas na área de relações públicas e acusações de formarem monopólio.

"Ele incorporou todas as virtudes [do modo de vida americano] da prosperidade, da autoconfiança, do trabalho árduo e do perseverante espírito empreendedor. Contudo, como alguém que despreza o governo e pisoteia seus concorrentes, também personificava muitos dos mais condenáveis vícios."

Chernow enfatiza que as questionáveis táticas e os êxitos retumbantes alcançados por Rockefeller foram contrabalançados por muitos anos de filantropia. Essa dicotomia contribui para uma biografia fascinante, e a paixão do autor por essa inspiradora personagem fica patente em toda a sua obra. Chernow diz: "Na verdade, quando Rockefeller morreu, tanta coisa boa fora surpreendentemente gerada de tanto mal que Deus talvez até o tenha acolhido do outro lado, conforme o titã esperara com tanta confiança ao longo de todo o seu caminho."

Rockefeller era um homem extremamente religioso, que acreditava ter vindo a este mundo para ganhar dinheiro com o qual tornaria melhor a vida de outros. Afirmava que seu maior gesto humanitário não fora o trabalho filantrópico desenvolvido nos últimos anos de vida, mas os empregos que gerou e o querosene barato que produziu para iluminar e aquecer os lares, enquanto ganhava seu próprio dinheiro. Rockefeller viveu 98 anos e passou a maior parte de sua vida doando dinheiro do que acumulando bens. Embora não direcionasse suas ações filantrópicas de formas previsíveis – construindo bibliotecas ou salas de concertos musicais, conforme fez Andrew Carnegie, doava dinheiro para promover pesquisas que gerariam abrangentes resultados. Fez também polpudas doações a faculdades, incluindo a Spelman College, para mulheres afro-americanas em Atlanta, para a University of Chicago e para a instituição hoje denominada Rockefeller University, na cidade de Nova York.

Esse ícone do petróleo descortinou a oportunidade e perseguiu seu sonho com grande perseverança. Hoje, vemos a mesma ambição titânica em revolucionários como Bill Gates e Sam Walton. Quando se trata de compreender algo tão inovador como o computador pessoal ou as vendas a varejo das megastores, que, com seu êxito, alargaram as fronteiras do que aprendemos sobre negócios, é sempre interessante analisar seus predecessores. Ron Chernow fornece aos leitores um quadro completo desse antepassado dos grandes empreendimentos.

Titan: The Life of John D. Rockfeller Sr. Vintage Books, 2004.

PARA SABER MAIS >> Página 213, para o renascimento de um setor americano >> Página 124, para regras que Rockefeller pretendia alavancar >> Página 22, para aconselhamento sobre como concorrer com tubarões do tipo Rockefeller | E TAMBÉM: *The Prize*, de Daniel Yergin; *Andrew Carnegie*, de David Nasaw; e *The People's Tycoon*, de Steven Watts.

My Years with General Motors

Meus Anos com a General Motors. Campus/Elsevier, 2002.

ALFRED P. SLOAN JR.

Resenhado por Jack

Quando Alfred Sloan, que foi presidente da General Motors por muitos anos, escreveu um artigo para a revista *Fortune* na primavera de 1953, seu estudo era tão abrangente que um dos colaboradores da revista, John McDonald, sugeriu que fosse transformado em livro. Sloan e McDonald (que atuaria como *ghost-writer*), juntamente com um jovem pesquisador, Alfred D. Chandler Jr. (hoje famoso historiador de empresas), que trabalhou como assistente de Sloan por muitos anos, esquadrinharam os arquivos da GM para criar a obra-prima *Meus Anos com a General Motors*. Como McDonald tinha amplo acesso aos arquivos de Sloan, o livro está repleto de cópias de memorandos, cartas datalhadas e atas de reuniões que, embora às vezes enfadonhas, ajudam a narrar os anos de Sloan na GM de forma abrangente e exclusiva. Em 1946, Peter Drucker publicou *Concept of the Corporation*, estudo detalhado sobre a General Motors que resultou do convite de Sloan feito a Drucker para observar (mediante pagamento) a empresa. Suas filosofias combinavam bem: ambos sabiam que as corporações não poderiam continuar a crescer a menos que a teoria sobre como elas deveriam ser construídas evoluísse.

Em 1899, quando a GM ainda era liderada por W.A. Durant, Sloan era o presidente da Hyatt Roller Bearing Company, fornecedora da incipiente indústria automotiva. A GM comprou a Hyatt em 1916, adquirindo também muitos de seus outros fornecedores, e criou um grupo denominado United Motors. Sloan foi nomeado vice-presidente e significativas obrigações lhe foram designadas. Ele também foi promovido, passando a ocupar um cargo no Conselho. Após a Primeira Guerra Mundial, a indústria automobilística enfrentou maus tempos, e os acionistas ficaram preocupados. Embora Durant fosse visto como um grande visionário no que dizia respeito a aquisições e à indústria automotiva, não era considerado um gestor eficaz. Mais ou menos na mesma época, Sloan tornou-se diretor da United Motors e escreveu um estudo sobre a organização "como uma possível solução para os problemas específicos criados pela expansão da corporação após a Primeira Guerra Mundial", e apresentou-o ao comitê executivo. Esse estudo é um dos documentos mais importantes jamais escritos, principalmente porque nessas páginas Sloan revelava uma organização extremamente eficiente, que empregava processos como compras centra-

A GHOST MEMOIR

Em 2003, John McDonald escreveu um livro para a MIT Press intitulado *A Ghost Memoir: The Making of Alfred P. Sloan's* My Years with General Motors. Lido como uma continuação dessa biografia, o próprio livro de McDonald apresenta um olhar revelador sobre a criação dessa obra exemplar por um dos mestres da administração do século XX. Sua dissertação sobre alguns dos materiais mais polêmicos está incluída no livro; por exemplo, a revelação de Sloan de sua preocupação com o temor em relação à quebra de mercado presente no coração de cada advogado da GM. McDonald conta, em detalhes, como os advogados, depois de lerem o manuscrito, quiseram impedir a publicação do livro, preocupados com possíveis problemas com a lei antitruste. Graças à iniciativa inédita de McDonald de processar a GM, o livro pôde ser publicado em 1964 – dois anos antes da morte de Sloan.

lizadas e utilizava peças intercambiáveis para montar diferentes tipos de carros da GM, o que assegurava grandes economias naqueles tempos difíceis. Em 1922, Sloan sucedeu Durant como presidente e, mais tarde, em 1937, foi eleito presidente do Conselho. Seu desempenho na GM comprovou que ele foi um dos mestres da gestão no século XX.

Durante a década de 1920, Ford, com o projeto de seu modelo T, conquistou mais de 50% do mercado automotivo. Sob a gestão de Durant, a GM perdera o foco nos negócios que estavam disponíveis e fora em busca de outros desafios secundários, como a criação de um motor resfriado a cobre. Além disso, a montadora tinha um número extenso de marcas, o que muitas vezes canibalizava os clientes de outras marcas. A nova GM, utilizando o plano organizacional de Sloan para consolidar as marcas de seus veículos, criou o conceito baseado no fornecimento de carros para a vida toda, conforme rezava o slogan. O comprador de seu primeiro carro começaria com o Chevrolet de baixo custo, enquanto o motorista experiente escolheria um Cadillac. A Ford demorou a atualizar o Modelo T, e quando as práticas administrativas de Sloan foram implantadas, a GM se tornou o maior fabricante de carros e caminhões, e assim permaneceu por várias décadas.

"Confiança e cautela eram a base de minha atitude em 1920. Não podíamos controlar o meio ambiente ou prever com precisão suas mudanças, mas podíamos buscar a flexibilidade para sobreviver às flutuações dos negócios."

Seria pouco dizer que os êxitos obtidos por Sloan foram impressionantes durante seus 45 anos na GM. Em 1922, ele comandava uma empresa que contava 25 mil empregados; em 1962, o último ano de Sloan na GM, esse número havia aumentado para 600 mil. Durante esse tempo, as vendas de automóveis e de caminhões aumentaram de 205 mil unidades para 4.491 mil, e o patrimônio total da empresa, de $134 milhões para $9,2 bilhões. A GM alcançou esse crescimento, em parte, devido ao fato de ter sido a primeira empresa a introduzir novos modelos de automóveis a cada ano. Sloan compreendeu que as pessoas não queriam um veículo que refletisse a posição desfrutada no momento, mas o status que almejavam ocupar. Os compradores estavam dispostos a esticar seu limite financeiro. Assim, para acelerar o processo, Sloan criou a General Motors Acceptance Corporation, cuja finalidade era financiar veículos novos.

O estilo administrativo de Sloan permitiu que os comitês tomassem decisões enquanto ele orquestrava os debates dentro desses comitês, a fim de impulsionar os planos para o futuro da organização. Essa abordagem ajudou Sloan e a GM a liderarem o setor por várias décadas, o que gerou o conceito de "administrador profissional", conforme Drucker qualifica Sloan na introdução do livro.

Repleto de extensos fragmentos da correspondência de Sloan e de documentos comerciais, *Meus Anos com a General Motors* difere do formato usual das biografias. O livro é adequado ao estudante de Administração que quer aprender como gerenciar grupos grandes ou pequenos, pois Sloan faz longas dissertações sobre importantes questões organizacionais. Este proporciona também um vislumbre da mente e das ações de um dos mestres da gestão do século XX.

My Years with General Motors. Currency/Doubleday, 1990.

PARA SABER MAIS >> Página 132, para mais informações sobre a consultoria de Sloan >> Página 146, para a insurreição que visava combater o ponto de vista de Sloan >> Página 143, para a evolução da produção automotiva. E TAMBÉM: *Concept of the Corporation*, de Peter F. Drucker; *Guts*, de Robert A. Lutz; e *A Ghost's Memoir*, de John McDonald.

Clássicos

A Riqueza das Nações

A *magnum opus* da Economia, escrita por Adam Smith, talvez não seja adequada como leitura leve na hora do almoço, mas seu peso épico camufla sua acessibilidade. Na verdade, Smith, um dos maiores pensadores de todos os tempos, de certa forma consegue lidar com os paralelos do dia a dia, muitos dos quais, embora baseados em um ponto de vista do século XVIII, ainda se aplicam aos dias de hoje.

Com escopo abrangente, Smith vai do micro ao macro, passando pela globalização dos impostos, jamais perdendo o foco ou o vigor. Na verdade, a parte principal da obra jaz no persistente bombardeamento dos fatos – aparentemente a qualquer momento, em qualquer lugar onde o dinheiro tenha mudado de mãos na moderna sociedade capitalista, Smith não se desvia de sua perspectiva.

Independentemente do setor ou da posição do totem dentro da corporação, o livro fornece ao leitor acostumado a refletir sobre o que o leva a trabalhar todos os dias, expressões originais como "mão invisível" e "autocentrado", que podem ecoar de uma distante aula de história dos tempos de escola, mas a relevância dessas e de outras expressões continua inquestionável em nossa rotina.

A Origem das Espécies

Poucos livros ao longo da história continuam a ser considerados chatice intelectual como *A Origem das Espécies*. No passado extremamente controvertido em termos do pensamento científico, a obra-prima de Darwin hoje tem seu lugar em discussões sobre os clássicos da área comercial. Na verdade, muita coisa pode ser obtida da mudança na forma como o livro tem sido recebido ao longo dos anos. É como se as conclusões sobre a seleção natural – menor complexidade dando lugar à maior complexidade – fossem demonstradas através da percepção que o público tem da obra.

Oferecendo conclusões abrangentes sobre a interação entre a raça humana e o meio ambiente, essa obra influenciadora, quando analisada minuciosamente, pode ser utilizada também como um manual: "A Luta pela Sobrevivência" é característica de toda empresa iniciante. "O Instinto" é incorporado por todos os consumidores.

Devemos reconhecer o mérito de Darwin pela contribuição dada por sua obra, elaborada sem o uso de computadores, e ignorar sua bagagem histórica.

Surpreendentemente, *A Origem das Espécies* é, em seu âmago, bastante palatável; encerra uma análise extremamente acurada da natureza humana.

O Príncipe

Um estudo clássico sobre poder e controle, esse tratado de Maquiavel foi escrito sem muita preocupação com os negócios ou com a política. Ironicamente, o objetivo do autor era impressionar Lorenzo de Médici e, basicamente, conseguir recuperar um emprego confortável. De certa forma, dentro de sua aspiração ao conforto, Maquiavel elaborou um conjunto de virtudes comerciais em defesa da manipulação, da autoridade e da força, mas também da elasticidade e do comprometimento sistemático com um objetivo. "Os fins justificam os meios" e outras frases do tipo tornaram-se clichês, mas, na teoria e na prática, ainda impressionam por sua concisão e precisão. Elogiar ou criticar esse estudo não fará você se tornar uma pessoa popular, e o nome do autor deste livro é emprestado à maioria dos chefes temidos e odiados, mas *O Príncipe* enfatiza um princípio fundamental – não é nada pessoal, é um negócio.

A Arte da Guerra

De longe o maior "clássico" entre todos os clássicos. A obra-prima de Sun Tzu é também a mais concisa, e é universalmente indispensável. Nenhuma estimativa poderia fazer justiça ao papel representado na história do mundo por essa obra-prima da arte da guerra memorizada pelos lutadores chineses e reverenciada por Napoleão; foi até mesmo estudada pelo exército americano durante a Segunda Guerra Mundial.

Mais tarde, contudo, o primeiro de todos os tratados militares começou firmemente a invadir o campo da batalha comercial. Espionar, tramar, esgueirar-se pelo campo inimigo, permanecer na frente a todo custo é o jogo de Sun Tzu. Ao ler as descrições sobre a manutenção da ofensiva, o uso da energia e a estratégia exploratória, ficamos com a impressão de que essa não seria a pessoa com quem gostaríamos de disputar o último biscoito.

Essa talvez seja a forma como os concorrentes se sentirão a respeito de qualquer um que coloque as teorias de Sun Tzu em prática.

Enquanto a popularidade do livro continua a crescer, a contribuição de Tzu – simplista, misteriosa, poética – assegura que cada leitor extraia algo diferente e se entretenha ao longo da leitura.

Escrito no ano 500 a.C., o livro *A Arte da Guerra* continua a ser a palavra final no que diz respeito a todos os aspectos competitivos. Embora com o passar do tempo as armas tenham mudado, as imutáveis leis relativas aos conflitos humanos jamais mudarão.

The HP Way

The HP Way: Como Bill Hewlett e eu construímos nossa empresa. Campus/Elsevier, 1995.

DAVID PACKARD

Resenhado por Jack

Talvez você ache que a Hewlett-Packard é famosa por uma série de razões. Talvez você tenha uma impressora HP em sua mesa. Talvez seja um entusiasta da história do Vale do Silício e tenha feito uma excursão à prosaica garagem onde a HP começou. Talvez você sinta curiosidade a respeito da ascensão e queda de Carly Fiorina ou talvez esteja informado sobre a confusão ocorrida em 2006 envolvendo vazamentos de informações e dedos em riste na sala do Conselho da HP. Mas talvez você também tenha ouvido falar do livro *The HP Way*, a abordagem administrativa sobre a qual Jim Collins escreve. "A questão é que nem todas as empresas deveriam adotar as especificações contidas no *The HP Way*, mas sim reconhecer que Hewlett e Packard são exemplos da capacidade de criar uma empresa baseada em uma estrutura de princípios." A Hewlett--Packard personifica uma história americana de êxito, e o livro *The HP Way* conta essa história – como a empresa surgiu e por que sua abordagem singular levou a um êxito singular.

Hewlett e Packard eram parceiros improváveis. David Packard nasceu em 1912 e se tornou astro do basquete e atleta de pista. Na infância, tinha grande interesse pelo rádio e por aparelhos elétricos e mais tarde foi aceito em Stanford para cursar Engenharia Elétrica. Durante seu primeiro outono em Stanford, em 1930, conheceu Bill Hewlett, cuja personalidade era oposta à sua sob muitos aspectos. Hewlett sofria de dislexia e desde cedo enfrentara muitas dificuldades na escola. Fora aceito em Stanford somente porque seu pai lecionava na universidade. Hewlett brincava dizendo que tinha escolhido engenharia elétrica porque gostava de trens elétricos.

Durante o tempo que passaram em Stanford, Hewlett e Packard se tornaram amigos íntimos. Em 1937 tiveram sua primeira reunião "de negócios" para discutir uma parceria para a abertura de uma empresa. Packard cuidaria das tarefas relativas à fabricação, enquanto Hewlett se concentraria na tecnologia de circuitos e na engenharia. A sociedade foi formada em 1939 (a sequência dos sobrenomes que designavam a empresa foi estipulada depois de tirarem a sorte no "cara ou coroa"). O primeiro produto fabricado foi um oscilador de áudio utilizado para criar frequências de áudio constantes. (Eles o denominaram Modelo 200A porque esse número dava a impressão de que já estavam no negócio há um bom tempo.) Nesse meio-tempo, Hewlett, solteiro, mudou-se para a garagem da casa alugada por Packard e a esposa, que podia abrigar apenas um veículo. A garagem, hoje um marco considerado "o local de nascimento do Vale do Silício", tornou-se a primeira oficina da empresa.

Em 1964, a Hewlett-Packard já havia trilhado um longo caminho desde a fabricação de seu primeiro produto. Suas vendas totais chegavam a $125 milhões, e toda a receita advinha da venda de instrumentos científicos. Os dois inovaram ainda mais, desenvolvendo um controlador automático cujas vendas se expandiram quando esse instrumento começou a ser utilizado como um minicomputador, não como um acessório; esse fato estabeleceu a trajetória para o futuro negócio de Hewlett e Packard. A empresa continuava a evoluir, diversificando seus produtos. É preciso considerar que em 1994 as vendas da HP de produtos para computadores, serviços e suporte giravam em torno de $20 bilhões, ou seja, cerca de 78% do negócio total.

"Achávamos que se conseguíssemos a concordância de todos a respeito de nossos objetivos e a compreensão sobre o que estávamos tentando fazer poderíamos torná-los maleáveis para que caminhassem na mesma direção."

Embora os produtos fossem suficientes para tornar a HP bem-sucedida e conhecida, foi a filosofia de gestão que conquistou outro tipo de respeito. Na primeira reunião externa, em 1957, a empresa verbalizou o que acreditava ser "a maneira HP" de fazer negócios. Em cinco princípios, o estudo estabelecia a filosofia da empresa, que visava conservar a qualidade de um pequeno negócio em uma empresa agora bastante grande. Revolucionárias práticas de gestão foram implantadas, como "horário de trabalho flexível", e a criação de pequenas equipes que tinham liberdade para se desenvolver por conta própria. Em 1966, os objetivos da empresa expandiram-se para sete. Até hoje esses objetivos são: lucratividade, clientes, área de interesse, crescimento, empregados, organização e cidadania. Packard explica que cada objetivo pode ser resumido em uma frase. Por exemplo, o princípio *áreas de interesse* é explicado da seguinte maneira: "Concentrar nossos esforços buscando continuamente novas oportunidades de crescimento, porém limitando nosso envolvimento a áreas nas quais temos experiência e que possam dar uma contribuição. Esses objetivos comuns ajudam a estabelecer limites para todos os empregados e, ao mesmo tempo, permitem certa liberdade de atuação dentro dos limites".

Hewlett e Packard eram pensadores brilhantes e talvez ainda mais eficazes na realização de sua visão, e tudo indicava que faziam a coisa certa para seus clientes e empregados quando se defrontavam com um dilema. A maior lição a ser tirada desse livro não é tanto como criar uma empresa semelhante, mas sim que uma empresa baseada em um sólido e claro conjunto de valores pode levar a um grande êxito.

The HP Way: How Bill Hewlett and I Built Our Company. Collins, 2005.

PARA SABER MAIS >> Página 64, para outras empresas semelhantes à HP >> Página 77, para uma mudança tecnológica >> Página 181, para um grande líder com grandes ideais | E TAMBÉM: *Bill and Dave, de* Michael S. Malone; e *Escolhas Difíceis* (Ediouro, 2007), de Carly Fiorina.

Personal History

Uma História Pessoal. DBA, 1998.

KATHATINE GRAHAN

Resenhado por Jack

Não é comum nos dias de hoje que uma pessoa dirija uma grande empresa por quase 30 anos. Mais incomum ainda é se essa pessoa for uma mulher. Katharine Graham dirigiu a Washington Post Company, que pertencera a seu pai, após a morte do marido, em 1963, até 1991. Quando assumiu a direção, não havia mulheres dirigindo uma organização do porte do *Post*. Katharine não só se saiu bem – ela se superou, e no livro *Uma História Pessoal* ela conta sua história com tanto brilhantismo que foi agraciada com o Prêmio Pulitzer em 1998. Entretanto, seu êxito foi fruto de muita luta. Durante todo o exercício do cargo de editora ela enfrentou problemas para conquistar o respeito dos colegas e dos subordinados e, nesse livro, Katharine discute sua luta para confiar nos próprios instintos. Na verdade, são seu patente êxito como líder e seu status como ícone moral que tornam o livro uma leitura indispensável.

Grahan nasceu em uma família de posses. Seu pai foi financista e, mais tarde, servidor público. Sua mãe era uma intelectual filiada ao Partido Republicano. Grahan diz que teve uma infância protegida. Seu inerente autoconhecimento é evidenciado nesta história: ano sim, ano não, a família fazia uma viagem através do oeste acampando, a fim de constatar que nem todas as pessoas viviam em mansões. Grahan reflete sobre essa lição com bom senso e sabedoria: "Acho que a lição funcionou, mas tinha seus limites. Em suas viagens à Califórnia, a família levava 5 rancheiros, 11 cavalos de montaria e 17 animais de carga, o que tornava a jornada bastante confortável." Essa observação é um exemplo do que torna a história pessoal tão convincente: Grahan levou uma vida extraordinária, mas reconheceu que sua experiência era uma exceção.

Contudo, ela não tinha medo do trabalho, e não era escrava da riqueza e das oportunidades. Após um ano como caloura em Vassar, Grahan se transferiu para a University of Chicago e, durante a Depressão, envolveu-se com a política trabalhista. Sem dúvida ela se beneficiou dos contatos que a família tinha – após se formar, com a ajuda do pai, conseguiu um emprego em um jornal de San Francisco – mas suas mãos continuavam manchadas de tinta enquanto ela cobria a agitação trabalhista nas docas e mantinha contato com líderes sindicais.

Quando Grahan assumiu a direção da Washington Post Company após a morte do marido, a empresa consistia no jornal diário, na revista *Newsweek* e em algumas estações de rádio e televisão. Como presidente, ela supervisionava as três divisões. Enfrentando tanto desafios inerentes ao cargo como desafios acidentais, seu reinado teve início no período em que os mais importantes eventos do século ocorreram. O assassinato de John F. Kennedy, de Martin Luther King Jr. e de Robert F. Kennedy e a intranquilidade racial tornaram o jornal ainda mais importante na rotina do americano. Conforme quis o destino, na época em que o *Washington Post* começou a expandir sua influência, os periódicos da cidade de Nova York passaram a enfrentar problemas trabalhistas, e três foram obrigados a fechar. Os redatores que trabalhavam para publicações semanais também foram demitidos, o que permitiu que o *Post* conseguisse alguns bons colaboradores – especificamente para o setor de editoriais e de notícias nacionais e internacionais – e, assim, elevasse o padrão, enquanto o das outras publicações semanais decaía.

A ausência de concorrentes e um sólido orçamento editorial permitiram que Grahan assumisse alguns riscos não convencionais. Por exemplo, ela permitiu que o correspondente do *Post* no Vietnã afirmasse que, na verdade, o imperador estava nu, embora o governo americano tivesse publicado declaração contrária. Além disso, Grahan aproveitava as oportunidades de desenvolver relacionamentos com figuras importantes. O livro inclui sua correspondência sobre a Guerra do Vietnã com o presidente Johnson enquanto o *Post* dava uma virada, assumindo posição particularmente provocante contra a guerra, considerando-se que o marido de Grahan fora responsável pela indicação de Johnson à vice-presidência, em 1960.

Surpreendentemente, e de certa forma reconfortante, o livro de Grahan revela suas inseguranças em relação ao lado comercial do mundo dos jornais. Ela reconhece que estava muito mais interessada no lado editorial do *Post* e, por causa disso, às vezes se desentendia com o editor. Por exemplo, quando Bob Kennedy foi assassinado, logo de manhã Grahan recebeu um telefonema do gerente de circulação perguntando o que deveria fazer. Ficou decidido que eles entregariam a edição que já havia sido planejada e, a seguir, preparariam uma edição extra que seria novamente distribuída. Grahan tomou essa decisão nas docas do porto. Seu editor ficou furioso por ela não o ter consultado antes.

Entretanto, não devemos supor que Grahan tenha cedido seu poder sem nenhum interesse em melhorar seu comando no que dizia respeito ao lado comercial. Ela visitava empresas como a Texas Instruments, a Xerox e a NCR, tentando compreender os fundamentos básicos da boa gestão. Passou uma semana na IBM fazendo um curso para executivos seniores, a fim de se familiarizar com os computadores. Apavorada e irritada porque era a única mulher presente, Grahan descobriu que os outros participantes do curso estavam tão apreensivos quanto ela diante da aventura de se familiarizar com a tecnologia. Ela sentia prazer em se colocar em situações nas quais aprendia coisas novas e ficava com as unhas sujas.

"Eu disse a [Phil Geyelin, repórter diplomático do *Wall Street Journal*] algo que tenho dito a todos os editores com os quais venho trabalhando – que eu não queria ler no jornal nada de grande importância ou que representasse uma mudança abrupta que não tivéssemos discutido antes; que eu queria participar tanto das decolagens quanto das aterrissagens."

Katharine Grahan acreditava que podia fazer diferença. E teve êxito em seu empreendimento ao manter um rígido código moral e, ao mesmo tempo, ao permanecer aberta a mudanças e não sucumbir a suas inseguranças. É impossível não ficar encantado com suas histórias, como sua narrativa sobre a ocasião em que, sentada ao lado de Truman Capote em um barco, leu e fez a crítica do primeiro exemplar da obra *A Sangue Frio* (Companhia das Letras, 2003). Ao ler *Uma História Pessoal,* sinto-me grato pela oportunidade de poder vislumbrar a incrível trajetória dessa mulher e de aprender um pouco sobre uma das figuras mais proeminentes do mundo moderno dos negócios.

Personal History. Vintage Books, 1998.

PARA SABER MAIS >> Página 278, para uma orientação sobre como lidar com uma inesperada mudança na carreira >> Página 40, para importantes momentos de liderança >> Página 54, para recomendação de uma revista | E MAIS: *A Good Life*, de Ben Bradlee; *Power, Privilege and the Post*, de Carol Felsenthal; e *Todos os Homens do Presidente*, de Carl Bernstein e Bob Woodward.

Moments of Truth

A Hora da Verdade: O clássico sobre liderança que revolucionou a administração de empresas. Sextante, 2005.

JAN CARLZON

Resenhado por Jack

Nos anos 1970, a Suécia era conhecida por causa do ABBA, do automóvel Saab, do clima frio, das loiras e do socialismo, não por ser a última palavra em liderança. Isso tudo mudou quando Jan Carlzon, aos 32 anos, assumiu a direção da Vingresor (subsidiária de turismo da SAS, Scandinavian Airlines). O sucesso de Carlzon com a Vingresor valeu-lhe a presidência da controladora, a SAS, que, na época, passava por prejuízos intensos após 17 anos de lucros consecutivos. Durante sua passagem na SAS, Carlzon transformou uma companhia aérea de uma gestão sofrível para uma empresa de aviação de classe internacional que se tornou a maior da Europa, operando mais de mil voos diários para 103 destinos em 34 países. *A Hora da Verdade* é a autobiografia de Carlzon, que conta sua trajetória na SAS em uma série de relatos interessantes para qualquer pessoa do mundo dos negócios.

Quando assumiu a presidência da Vingresor (onde entrou recém-formado), era conhecido pelos corredores como "Ego Boy" (ególatra). Após a promoção, passou a agir com a superioridade que considerava adequada para o presidente, oferecendo soluções para os problemas de todo mundo. Um colaborador chamou-o de lado e lembrou-lhe de que não fora promovido para ter todas as respostas, mas para ser uma presença de apoio. Carlzon relembra o episódio como um momento decisivo em sua carreira.

> A empresa não pediu que eu tomasse todas as decisões sozinho, apenas que criasse o clima e as condições adequadas para que cada um desempenhasse bem o seu trabalho. Comecei a entender a diferença entre um executivo tradicional, que dá uma ordem atrás da outra, agindo de cima para baixo, e o novo líder, que deve definir o tom, sem perder de vista a realidade mais ampla.

Seis anos depois, quando assumiu o cargo de COO da SAS, usou essa abordagem inteligente para dar uma guinada na combalida companhia aérea, dando maior autonomia aos empregados da linha de frente.

Carlzon constatou que, em média, cada cliente interage com um empregado da SAS por 15 segundos. Ele chama essas interações de "momentos da verdade", pois seja essa rápida troca feita com um agente de passagens ou um carregador de bagagens, é durante esses momentos que o cliente faz sua avaliação sobre a organização que o está servindo. Todo o marketing ou slogans inteligentes não representam nada se aquele momento for insatisfatório para o cliente. Portanto, Carlzon criou uma organização que fornecia treinamento e delegava poder a cada um de seus 20 mil empregados. Como resultado, o cliente tem a sensação positiva de eficiência e eficácia após cada interação.

Com essa mudança, Carlzon transformou a filosofia da SAS, tradicionalmente "orientada para a produção", em uma filosofia "orientada ao cliente". Mas o desafio inicial, antes de aperfeiçoar o atendimento, era determinar quem era o cliente da SAS. Carlzon decidiu concentrar-se nos passageiros comerciais, pois são os mais lucrativos. Raramente fazem cotações de preços, porém são também os mais instáveis, pois querem chegar a seu destino com um mínimo possível de dificuldade. No caso dos viajantes comerciais, raramente a marca se sobrepõe à conveniência.

"Um indivíduo que não tem informações não pode assumir responsabilidades; um indivíduo a quem são fornecidas informações não pode se eximir das responsabilidades."

Esse foco em um cliente específico orientou cada decisão subsequente tomada por Carlzon. Por exemplo, a compra de novos airbuses para substituir os antigos DC-9s já estava sendo orquestrada quando Carlzon assumiu o comando. O custo operacional dos airbuses seria reduzido em 6% comparado ao dos DC-9s, mas a lotação das aeronaves precisaria atingir 100% para que essa economia fosse possível. Como o airbus tinha 240 lugares comparados aos 110 lugares dos DC-9s, esse era um desafio bastante grande. Carlzon logo descobriu que sua base de passageiros era pequena demais para preencher aviões maiores. A SAS precisaria aumentar o número de passageiros para conseguir reduzir o número de voos. Mas tal manobra iria de encontro às necessidades do passageiro comercial, que quer e precisa ter muitos voos disponíveis, partindo e chegando nos mais variados horários. Tomando uma decisão incomum, a SAS desativou os airbuses. Conforme escreve Carlzon: "Nossa nova perspectiva orientada ao cliente começa com o mercado, não com o produto." Se hoje essa decisão já seria revolucionária, imagine na época.

As mudanças que Carlzon introduziu na SAS não foram implantadas com facilidade. À medida que ele se esforçava para reduzir a pirâmide administrativa representada pelo estilo de gestão vigente, os gerentes de nível médio sentiam-se pressionados pelos dois lados. A alta administração queria que os companheiros da linha de frente tivessem liberdade para realizar coisas extraordinárias para os clientes. Essa descentralização foi, sem dúvida, uma grande conquista para todos, exceto para aqueles que exerciam funções intermediárias. Depois de contar algumas histórias divertidas sobre gerentes de nível médio que acabaram descendo de cargo, Carlzon esclarece que em qualquer organização pertencente a este mundo achatado, os ocupantes de cargos intermediários precisam compreender que "sua autoridade se resume a traduzir as estratégias gerais em diretrizes práticas a serem seguidas pelo pessoal da linha de frente e mobilizar os recursos necessários para permitir que a equipe alcance seus objetivos".

Muitos livros de negócios precisam de 250 a 300 páginas para fornecer o que esse pequeno tesouro oferece em 144. A reorganização operada por Carlzon em uma linha aérea europeia durante a década de 1980 pode parecer distante de nossos desafios atuais, mas o livro fala, de modo sucinto, sobre um estilo de liderança e de gestão excepcional. Isso, sem dúvida, é particularmente relevante, levando-se em consideração a atual expansão dos recursos disponíveis ao alcance dos consumidores na hora de decidir o que comprar. Nós nos deparamos com momentos da verdade todos os dias quando viajamos ou fazemos compras, mas muitas empresas ainda não assimilaram os ensinamentos de Carlzon, escritos 20 anos atrás. A leitura deste livro fará você mudar seu modo de tomar decisões na qualidade de consumidor e como fazer negócios na qualidade de fornecedor de serviços.

Moments of Truth: New Strategies for Today's Consumer-Driven Economy. HarperCollins, 1989.

PARA SABER MAIS >> Página 281, para o que o CEO deseja que você saiba >> Página 45, para a liderança humanística >> Página 80, para a capacidade de ouvir seus clientes. | E TAMBÉM: *Service America in the New Economy*, de Karl Albrecht e Ron Zemke; *Customers for Life*, de Carl Sewell e Paul B. Brown; e *O Cliente em Segundo Lugar* (Makron Books, 2004), de Hal F. Rosenbluth e Diane McFerrin Peters.

Sam Walton: Made in America – My Story

Sam Walton: Made in America. Campus/Elsevier, 1993.

SAM WALTON E JOHN HUEY

Resenhado por Jack

Sam Walton é considerado o maior comerciante do século XX. Seu legado, que começou com uma lojinha em Newport, Arkansas, transformou-se em um gigante do varejo que, em 2007, apresentou receita de $380 bilhões. A despeito de seu êxito sem paralelo, Walton não conseguia entender que tipo de notícia maldosa a revista *Fortune* pretendia revelar quando o apontou como o homem mais rico da América, em 1985. Em suas memórias, recontadas no livro *Sam Walton: Made in America*, Walton diz: "Eu dirigia uma velha caminhonete com gaiolas na caçamba para meus perdigueiros, usava um boné de beisebol com o logotipo do Wal-Mart ou cortava o cabelo na barbearia perto da praça da cidade..." O livro conta a saga desse homem bem-sucedido que venceu pelo próprio esforço; usando seu próprio vocabulário, bem pé no chão. O acréscimo de citações de pessoas que o conheceram de perto nos dá a impressão de que o conhecemos pessoalmente. Embora o tom talvez seja um tanto exagerado, não prejudica a história: Sam Walton era um homem extraordinário e tinha uma história extraordinária para contar.

Walton era um rapaz extremamente inteligente e ambicioso que se escondia sob uma aparência comum. É suficiente analisar sua infância para perceber que, desde pequeno, era um líder. Foi o jogador mais jovem do Eagle Scout na história do Missouri na época em que sua capacidade foi reconhecida. Foi zagueiro de seu time de futebol nos tempos de escola, quando seu time se tornou imbatível. Como jogador de basquete, foi capitão da equipe, mesmo com sua baixa estatura, e seu time era imbatível. Walton era um jovem com forte tendência à competitividade, o que muito o ajudou ao longo de toda a sua vida.

A história da infância de Walton é semelhante àquela de muitas pessoas de seu país. Ele morava em uma cidade pequena, formou-se na universidade enquanto trabalhava na JC Penney, apaixonou-se e se casou. Prestou o serviço militar como soldado do ROTC (Corpo de Treinamento de Oficiais da Reserva) durante a Segunda Guerra Mundial e, depois da guerra, mudou-se para uma pequena cidade no estado de Arkansas porque a esposa, Helen, recusava-se a morar em uma cidade que tivesse mais de 10 mil habitantes. Em 1945, Walton usou $5 mil de seu próprio dinheiro e $20 mil de seu sogro para comprar a lojinha em Newport.

Nos cinco anos subsequentes, Walton expandiu sua empresa, que passou a contar 16 lojas. Nos primeiros anos ele continuou a expansão de sua organização, abrindo lojas em cidades menores. Essas cidades foram escolhidas porque Walton só abria uma nova loja se a cidade não ficasse muito distante do centro de distribuição mais próximo (a entrega do produto não deveria levar mais de um dia). Mantendo o escritório corporativo no Arkansas, a empresa conseguiu reter suas rotas para as cidades pequenas.

Entretanto, Walton não era o único empreendedor a enxergar o potencial dos negócios de varejo com desconto. Em 1962, S.S. Kresge inaugurou o Kmart, Dayton Hudson inaugurou o Target, e Woolworth lançou o Woolco. A resposta de Walton foi a abertura da primeira loja Wal-Mart, que foi inaugurada no mesmo ano em Rogers, Arkansas. Em um período de 5 anos, o Kmart abrira 250 lojas, obtendo receita total que montava a $800 milhões, e o Wal-Mart abrira 19 lojas, obtendo receita total que montava a 9 milhões, pois Walton mantivera seu plano original de se concentrar em mercados menores. As outras organizações que ofereciam descontos disputavam os grandes mercados. Durante os primeiros anos do Wal-Mart, Walton continuou a dirigir 18 lojas de variedades e um punhado de lojas Wal-Mart. As histórias de seus primeiros tempos de contabilidade e distribuição são divertidas e, ao mesmo tempo, assustadoras. Por exemplo, ele continuou a usar o método de escaninhos para arquivar recibos e documentos até que suas responsabilidades aumentaram, pois a rede então contava mais de 20 lojas.

"Muito do que acontece nos dias de hoje com empresas de alto desempenho e seus CEOs com salários astronômicos [sic], que 'saqueiam' a empresa do alto de seus cargos e não se preocupam com ninguém a não ser com eles mesmos, realmente deixa-me muito aborrecido."

É a cultura criada por Walton que mais impressiona. Seus primeiros gestores realmente investiram dinheiro nas lojas que administravam. Walton visitava as lojas continuamente e estudava seus concorrentes. Quando viajava a negócios, ou mesmo nas férias, com a família, costumava parar em qualquer varejista para estudar suas táticas. A seguir, ele as aperfeiçoava e melhorava essas ideias "roubadas" e as experimentava em suas lojas, de modo que a empresa estava continuamente se renovando.

No decorrer de sua vida, é provável que você ocasionalmente conheça pessoas donas de um dinamismo e de uma energia sem limites, e não é de admirar que sejam bem-sucedidas. Imagine que a mesma coisa aconteceria se você conhecesse Sam Walton. Suas habilidades de comunicador e seu estilo característico representavam um papel importante na forma como ele convencia seus empregados a entrarem (e a permanecerem) a bordo de seu navio firmemente comandado. Muitos livros foram escritos sobre a empresa de Sam, mas se você quiser conhecer as origens do Wal-Mart, nada melhor do que saber dos fatos através do homem que o criou. A paixão que Sam Walton coloca em seu trabalho é admirável, e ele compartilha essa paixão em suas memórias. Na verdade, ele até mesmo aconselha o leitor a "tomar emprestado/roubar" seus êxitos.

Sam Walton: Made in America – My Story. Bantam Books, 1993.

PARA SABER MAIS >> Página 286, para globalização >> Página 236, para inovação >> Página 83, para execução. | E TAMBÉM: *The Wal-Mart Effect, de* Charles Fishmam; *Dell: Estratégias que revolucionaram o mercado* (Market Books Brasil, 1999), de Michael Dell em parceria com Catherine Fredman; e *Wall-Smart,* de William H. Marquardt.

Losing My Virginity

Perdendo Minha Virgindade e: *Richard Branson – A Autobiografia*. Editora de Cultura, 1999.

RICHARD BRANSON

Resenhado por Jack

Richard Branson é, embora de forma discutível, o mais bem-sucedido empresário dos últimos cinquenta anos. Ele criou 360 empresas e marcas diferentes, desde a Virgin Cola à Virgin Music, passando pela Virgin Atlantic. Algumas dessas empresas faliram, como a Virgin Cola, e algumas estabeleceram o padrão do setor, como a Virgin Atlantic. Mas não pense que isso é tudo. Ele chama este livro de Volume Um de sua autobiografia. O livro aborda os primeiros 43 anos de sua vida, embora o primeiro capítulo comece com sua tentativa frustrada de dar a volta ao mundo em um balão, em 1997. A obra termina em 1993, quando ele se viu obrigado a vender a Virgin Music para salvar a Virgin Atlantic – momento ao qual se refere como o ponto baixo de sua vida empresarial. O tema geral do livro é a sobrevivência, e o trabalho está repleto de histórias de sobrevivência, momentos que ocorreram no decorrer de sua vida, de seu inusitado espírito empreendedor, de seus êxitos e fracassos, que falam tanto de inspiração como de cautela para aqueles que desejarem seguir seus passos.

Como ocorre com a maioria das biografias, Branson começa pelo começo, relembrando sua infância, contando histórias sobre a família e a escola. Enfrentando os desafios da dislexia e com seu espírito rebelde, Branson passou por tempos extremamente difíceis em relação à autoridade na escola. Tinha ideias a respeito de mudar algumas regras arcaicas — e desse desejo surgiu o jornal voltado ao público jovem: o *Student*, lançado em parceria com um amigo, Nick Powell (cujo modo de pensar era semelhante ao de Branson, permitindo-lhe explorar novas ideias enquanto Nick as colocava em prática nas linhas de frente). O primeiro número do jornal foi publicado em janeiro de 1968, quando Branson tinha 17 anos. Branson recorda histórias sobre a forma como ele e Nick visitavam bancos e grandes empresas para conseguir anunciantes, e seus métodos revelam sua faceta criativa. A dupla visitou a Coca-Cola, dizendo que a Pepsi estava estourando no mercado e, a seguir, reverteu a tática, visitando a Pepsi e dizendo a mesma coisa sobre a Coca-Cola. Além disso, Branson não tinha receio de ir em busca de uma grande história, e suas entrevistas incluem personalidades como Mick Jagger e John Lennon. Lennon quase colocou Branson fora do negócio quando lhe prometeu uma canção não divulgada que seria distribuída como encarte do jornal na forma de um disco flexível. Branson tentou acelerar a impressão da edição seguinte, esperando vendas espetaculares, mas Lennon não entregou a canção. Essa história reflete apenas um dos insucessos de Branson, mas que não o desviou de sua rota.

Em 1970, o *Student* empregava quase 20 pessoas – todas ganhando £20 por semana. Nessa época, Branson havia identificado outro nicho a ser explorado. Ele sabia como a música era importante para os leitores do *Student*. Constatou também que as lojas que vendiam discos não davam descontos e, assim, ele se antecipou e incluiu no *Student* ordens postais para compra de discos a um preço mais baixo. Houve enorme aceitação e daí surgiu uma nova empresa. Naturalmente, ele sabia que precisariam de um nome engenhoso, e Virgin foi sugerido porque eles eram iniciantes no ofício. A Virgin Mail-Order Records recebia pacotes e pacotes de ordens postais, mas o estouro não durou. Em janeiro de 1971, o Sindicato dos Trabalhadores dos Correios entrou em uma greve que se estendeu por seis meses.

Esse obstáculo mais uma vez colocou Branson no modo de sobrevivência... estado que parecia estimular sua criatividade. Ele detectou a oportunidade de vender música em um local que era, na verdade, uma loja de varejo. Naquela época, as lojas de discos eram áreas formais e sem atrativos, pertencentes a pessoas que tinham pouco conhecimento sobre o que era novo ou empolgante. A primeira loja de discos Virgin, localizada na Oxford Street, em Londres, criou um ambiente no qual os clientes podiam fazer barulho, conversar e ouvir música nova. Enquanto Nick dirigia a loja, Branson descobriu que poderia economizar vendendo discos destinados à exportação e que, portanto, custavam menos. Essa decisão o fez passar uma noite na prisão, e a mãe teve de pagar sua fiança. No final, ele foi obrigado a pagar multa de £60 mil. Branson sempre foi um trabalhador que procurava atalhos – mas naquela noite, jurou jamais fazer algo capaz de levá-lo à prisão ou de deixá-lo em maus lençóis.

"Contudo, ao contrário de perder a virgindade, independentemente do mundo que você tenha criado para si mesmo, sempre é possível continuar a abraçar o novo e o diferente."

Logo Branson percebeu que a margem no nível de vendas a varejo era pequena e que o verdadeiro dinheiro era ganho nos bastidores. Descobriu uma mansão decadente nas imediações de Londres na qual poderia montar estúdios de gravação, e comprou-a por £30 mil, contraindo um empréstimo de £20 mil no banco e levantando o restante entre amigos e familiares. Como os principais estúdios de gravação não acolhiam com interesse bandas jovens, Branson decidiu que na mansão a coisa seria diferente e, porque tinha quartos que os músicos poderiam ocupar enquanto gravavam e um moderno estúdio construído em um prédio adjacente. O estúdio acabou se tornando famoso no mundo todo, graças a suas instalações modernas e à atmosfera ali reinante. Em 1992 Branson, com pesar, vendeu o selo Virgin para a EMI por $1 bilhão, para ajudar a subsidiar a Virgin Atlantic Airways, inaugurada em 1984.

Essas são apenas algumas das histórias que fazem você ler avidamente as páginas de *Perdendo Minha Virgindade*. Cada decisão tomada por Branson é um exemplo de sua contínua busca pela próxima grande sacada. Sua capacidade de reconhecer essas oportunidades e de aprender com seus fracassos e tropeços podem servir de exemplo para todos os leitores. Quando lhe pedem para descrever sua filosofia pessoal de negócios, Branson diz: "Não é tão simples assim; para ser bem-sucedido você precisa entrar de sola, e se puder contar com uma boa equipe e tiver mais do que uma pequena pitada de sorte, talvez consiga fazer algo acontecer".

Losing my Virginity: How I've Survived, Had Fun and Made a Fortune Doing Business My Way. Three Rivers Press, 2004.

PARA SABER MAIS >> Página 285, para a criação de uma empresa com magnetismo >> Página 246, para a idealização de uma vida com magnetismo >> Página 99, para a criação de marcas com magnetismo | E TAMBÉM: *The Rebel Rules*, de Chip Conley; *Buffett: A formação de um capitalista americano* (Nova Fronteira, 1997), de Roger Lowenstein; e *Sete Homens e os Impérios que Construíram* (Futura, 2002), de Richard S. Tedlow.

EMPREENDEDORISMO Essa palavra não existia antes de 1950. Contudo, ferreiros, padeiros e fabricantes de castiçais enfrentaram os mesmos desafios que hoje são enfrentados por agricultores que cultivam produtos orgânicos e por programadores de sistemas. Esses negócios foram gerados pela paixão, mas, em termos práticos, muitas vezes não se tornam viáveis. O empreendedorismo é moderno, traiçoeiro e vital – todos esses qualificativos serviram de inspiração para nossas escolhas.

The Art of the Start

A Arte do Começo: O guia definitivo para iniciar o seu projeto. Best Seller, 2006.

GUY KAWASAKI

Resenhado por Jack

Se você procurar com cuidado na biblioteca ou nas livrarias de sua cidade, encontrará uma infinidade de livros que falam sobre a fundação de uma empresa. Assim, como poderá encontrar aquele que o ajudará a colocar sua ideia em prática sem que seja preciso comprar uma pilha desses livros? Neste caso, a credibilidade do autor é fundamental. Sem dúvida, você quer aprender com alguém que tenha passado por essa experiência, e quer também que esse alguém possa transmitir seu conhecimento de forma inspiradora, oferecendo conselhos que possam ser colocados em prática.

Guy Kawasaki seria seu confiável guia com o livro *A Arte do Começo*. Em 1984 ele foi contratado pela Apple para convencer os fabricantes de software a desenvolverem programas para o inacabado computador Macintosh, tarefa que é descrita em seu primeiro livro, *Selling the Dream*. É fundador e hoje diretor executivo do *garage.com* e investidor em empresas de tecnologia recém-fundadas. Com base em sua vasta experiência, Kawasaki está convencido de que começar um negócio (ou contratar a pessoa certa, estabelecer uma marca – ou seja, empreender qualquer iniciativa) é uma arte, não uma ciência, e com este livro ele o ajudará a dar início, com estilo, à sua empreitada.

Se você já assistiu a uma palestra de Kawasaki – se nunca assistiu, procure fazê-lo – sabe que ele tem um estilo diferente. O livro *A Arte do Começo* está impregnado de sua sensibilidade ímpar. Por exemplo, o uso que Kawasaki faz das Listas dos 10 Mais é famoso, e ele as emprega com maestria. Mas não pense que se sentirá entediado. O autor usa um tom leve e não perde o senso de humor. Por exemplo, em uma relação das formas de evitar contratações equivocadas, ele menciona as 10 Principais Mentiras que os candidatos dizem, incluindo:

> Mentira: "Jamais permaneço em uma empresa por mais de um ano porque logo me sinto entediado."
> Verdade: "As pessoas levam cerca de um ano para descobrir que sou um tolo."
> Mentira: "Sou vice-presidente, mas não tenho subordinados."
> Verdade: "Em minha empresa, qualquer tolo pode se tornar vice-presidente."

Kawasaki utiliza muitas dessas técnicas singulares para apresentar o material. "Perguntas Feitas com Frequência" transformam-se em "Perguntas Evitadas com Frequência". Gráficos servem para contrastar o bom senso comum com os conselhos do mundo real de Guy. Cada capítulo começa com GIST (Great Ideas for Starting Things), e muitas vezes inclui um "minicapítulo" cobrindo tudo: do projeto de camisetas à "Arte de Fofocar". O elemento final de cada capítulo é uma relação da leitura recomendada.

"Trabalhar em uma start-up não é fácil... Portanto, acreditar no que você está fazendo é tão importante quanto a competência e a experiência."

As organizações inteligentes dão espaço para conselhos que possam ser colocados em prática. No capítulo Abordagem de Vendas (*Pitching*), o autor fala da regra "10/20/30" para apresentações, segundo a qual uma apresentação deve ter apenas 10 slides, durar 20 minutos e usar fonte tamanho 30. É certo que, em geral, as reuniões de lançamento são programadas para terem a duração de uma hora, mas Kawasaki sugere 20 minutos por duas razões. A primeira: a reunião anterior pode ter se prolongado, e o tempo dos participantes é curto; a segunda: provavelmente você precisará de um tempo mais amplo para a discussão no final. Também nesse capítulo o autor recomenda que se estabeleça o cenário para sua apresentação ao fazer aos participantes três perguntas: "Qual é seu tempo disponível?" "Quais são as três coisas mais importantes que posso lhe transmitir?" "Posso fazer rapidamente a apresentação dos slides e deixar as perguntas para o final?" Essa abordagem talvez faça você pensar que as perguntas dos participantes poderão diferir do material preparado, mas vale a pena arriscar. Essas recomendações podem mudar a dinâmica da apresentação, pois, com elas, você tornará as coisas mais transparentes e demonstrará consideração pelos participantes, o que não é comum e causa boa impressão.

Ao comprar *A Arte do Começo* você estará investindo nos 25 anos de experiência de Kawasaki no Vale do Silício, seu tempo na Apple e seu tempo como capitalista de iniciativas de risco. Ao ler *A Arte do Começo,* você se familiariza com o estilo de escrever de Kawasaki. Esse é um dos livros importantes tanto pela maneira como o autor expõe o assunto como pelo conteúdo. O começo é sempre o ponto mais difícil, e Kawasaki concentra-se nos aspectos que requerem atenção quando você dá início a qualquer tipo de empreitada, negócio ou qualquer outra iniciativa.

The Art of the Start. Portfolio, 2004.

PARA SABER MAIS >> Página 281, para dados de vendas >> Página 279, para dados de gestão >> Página 115, para dados de marketing. | E TAMBÉM: *Selling the Dream, de* Guy Kawasaki*; E-Boys, de* Randall E. Stross; e *High-Tec Start-Up, de* John L. Nesheim.

The E-Myth Revisited

O Mito do Empreendedor Revisitado: Como fazer de seu empreendimento um negócio bem-sucedido. Saraiva, 1996.

MICHAEL E. GERBER

Resenhado por Jack

Você faz o melhor *cannoli* de North Boston ou o melhor salsichão de Sheboygan, e está pensando em abrir seu próprio negócio. Seus amigos e familiares, e mesmo estranhos, afirmam que sua criação é tão boa que só poderá ser um grande sucesso. O primeiro passo em direção a seu novo empreendimento será fazer uma segunda hipoteca de sua casa. O segundo, deixar seu enfadonho emprego.

Você acha que acabei de descrever a receita para fundar sua bem-sucedida empresa? Reflita novamente! Você corre o risco de se encantar com o *Mito do Empreendedor Revisitado*, erro frequentemente cometido pelo empresário ao colocar o carro na frente dos bois pensando que pode ser bem-sucedido apenas com uma boa ideia e trabalho árduo. Antes que o primeiro livro de Gerber sobre o assunto, *The E-Myth*, fosse publicado, a maioria dos livros sobre pequenas empresas falava sobre ter uma boa ideia e, a seguir, desenvolvê-la. Embora o autor fale sobre os detalhes da administração de uma empresa pequena, seu principal objetivo é apresentar alguns importantes conceitos comerciais, contanto uma história com a qual os leitores possam se identificar.

No livro *O Mito do Empreendedor Revisitado* você conhecerá Sarah, doceira que faz as melhores tortas da região. Ela gostaria de abrir seu próprio negócio, mas está indecisa sobre como dar o salto de sua posição de especialista em tortas para aquela de uma bem-sucedida proprietária de uma pequena empresa. No começo Sarah se sai bem, pois contrata um gerente competente para administrar a empresa, enquanto ela se concentra naquilo em que é especialista – fazer tortas. Infelizmente, o gerente sai para assumir um cargo melhor e Sarah é obrigada a enfrentar uma fusão. Através da história de Sarah, Gerber apresenta as lições sobre como tornar um novo negócio bem-sucedido, sem que o leitor precise decifrar as regras abstratas ou conselhos hipotéticos muitas vezes incluídos em outros livros sobre pequenas empresas.

Gerber acredita que a causa comum do fracasso das pequenas empresas jaz no "Pressuposto Fatal": se você compreende o trabalho técnico de uma empresa, compreende uma empresa que desenvolve trabalho técnico. Em outras palavras: fazer tortas *não* é a mesma coisa que administrar uma confeitaria. Gerber afirma que para ser bem-sucedido como proprietário de uma pequena empresa são necessários três requisitos distintos: capacidade técnica, capacidade administrativa e capacidade empresarial. Ele considera que a falta de conhecimento em uma ou mais dessas áreas é a causa do fracasso da maioria das pequenas empresas. O que nos anima é que Gerber acredita que essas capacidades podem ser adquiridas.

Gerber afirma que o verdadeiro produto de uma empresa não é *o que* ela vende, mas *como* vende. Gerber formaliza essa crença em um sistema que denomina "Franchise do Formato da Empresa". O segredo é criar uma empresa dependente de sistemas, não uma empresa dependente de indivíduos. Para tanto, é preciso encarar sua empresa como uma franquia em potencial e construir seus sistemas internos com base nessa filosofia. Analisemos a forma como McDonald's, Disney e FedEx operam. A qualidade de seus produtos é sempre a mesma. O modelo é baseado em sistemas, de modo que todos os indivíduos contratados são treinados para usar o traje do Mickey Mouse ou para ficar atrás de um balcão atendendo os clientes, dizendo, por exemplo: "O senhor gostaria de batatas fritas para acompanhar seu pedido?" O resultado é uma empresa plenamente escalável, que não depende de determinados indivíduos.

A fim de se beneficiar dessa escalabilidade, a empresa deve ter condições de crescer. Gerber apresenta três atividades distintas: inovação, quantificação e orquestração. Como inovação, ele sugere mudar coisas tão simples como a forma de receber os clientes. Em vez de dizer: "Posso ajudá-lo em alguma coisa?", o empregado poderia dizer: "O senhor já esteve aqui antes?" Podemos, então, mensurar se essa nova forma de cumprimento aumentou as vendas e, com base nos resultados, aperfeiçoar o modo de cumprimentar o cliente.

"Sua empresa é um meio, não um fim; um veículo para enriquecer sua vida, não para exauri-la."

Gerber termina o livro com uma carta a Sarah. Ele fala com paixão sobre a importância de ser cuidadoso, qualidade que jaz no âmago do empreendedorismo em sua mais pura forma. Mas fazer tortas perfeitas não é suficiente. O mesmo cuidado deve permear o empreendimento comercial como um todo. *O Mito do Empreendedor Revisitado* ensina como transformar um hobby em um meio de vida.

The E-Myth Revisited: Why Most Small Business Don't Work and What to Do About It. Harper-Collins, 1995.

PARA SABER MAIS >> Página 190, para lições do empreendedor. >> Página 149, para lições do técnico >> Página 154, para lições do gestor. | E TAMBÉM: *You Need to Be a Little Crazy,* de Barry Moltz; e *No Man's Land,* de Doug Tatum.

The Republic of Tea

MEL ZIEGLER, PATRICIA ZIEGLER E BILL ROSENZWEIG

Resenhado por Todd

Fico fascinado quando Jack conta histórias sobre os primeiros tempos da 800-CEO-READ. Sempre me sinto arrebatado, imaginando como três prateleiras no fundo de uma livraria puderam se transformar em uma operação milionária, que empregava 15 pessoas, pensando no que Jack fez que nos permitiu sobreviver conforme fizemos, lutando contra megavarejistas e contra o comércio pela internet, tentando entender como a cultura dinâmica se formou. Procuro por algum significado em nosso passado para compreender a empresa que nos tornamos. Não existe nenhuma história escrita sobre a concepção da 800-CEO--READ ou, na verdade, sobre a maioria das empresas. Creio que essa é a razão pela qual gostei tanto do livro *The Republic of Tea*. É a história do nascimento de uma empresa e de seu esforço para mudar o mundo com o chá.

Mel Ziegler, o empresário por trás da Banana Republic, constatou, no decorrer do tempo, que sua empresa de fabricação de vestuário desenvolvera "seu próprio modo de pensar", e ele estava cada vez mais confuso com sua criação. Após decidir vender o negócio, e ainda se recuperando da dolorosa separação, o desiludido empresário de repente se viu em um avião, sentado ao lado de Bill Rosenzwieg. Bill estava em busca de uma ocupação que o atraísse. Os dois tiveram uma conversa daquelas que mudam sua vida, e *The Republic of Tea* é a reprodução da correspondência que trocaram durante quase dois anos. Essa troca de mensagens via fac-símile e cartas entre Mel, Bill e a esposa de Mel, Patricia, compõe *The Republic of Tea,* e narra a evolução de uma ideia que se transformou em empresa.

Rosenzweig sentiu-se imediatamente arrebatado pelas descrições de Ziegler inspiradas no budismo, falando como o chá pode criar um estado de espírito diferente. Ambos imaginavam a república como algo tanto físico quanto psicológico. As ilustrações de Patricia, espalhadas por todo o livro, dão um sentido visual às ideias que estavam fermentando entre os três. Lojas, conjuntos de chá, misturas de chá para crianças e água para chá engarrafada na fonte do Rio Yang-Tsé explodiam como possíveis caminhos de criatividade nas primeiras semanas durante as quais conversaram.

Os três compartilhavam a euforia impulsionada pelos dois homens e depois conversavam sobre os aspectos práticos. Rosenzweig mudou seu foco para compreender a mecânica do mercado de chá. Idas ao supermercado, conversas com negociantes de chá e consultas forneceram um esboço do mundo no qual estavam penetrando. Organogramas idealizados e um portfólio descrevendo a evolução do produto tornaram a ideia mais concreta. O aspirante a empresário apreciaria a eficácia e a cuidadosa preparação de Rosenzweig, mas alguns detalhes contidos nas mensagens que enviava a Ziegler prenunciavam os problemas que os esperavam.

"Consegui convencê-lo de minha função."

A tensão aumentou entre os dois sócios. Ziegler sentia que Rosenzweig estava mais interessado em falar sobre a empresa do que em torná-la realidade. Rosenzweig estava inseguro, reconhecendo em observações acrescentadas ao livro, que ele precisava da orientação e do apoio de Ziegler. Este, percebendo essa insegurança, deixou claro seu papel: ele estava disposto a fornecer orientação e possivelmente investir na empresa em formação, mas sua contribuição não iria além disso. Com a confiança minada, Rosenzweig abandonou a Republic e assumiu um cargo na empresa de projetos de um amigo, prometendo desenvolver a empresa de chá.

A ideia foi retomada com nova energia depois que um ano se passou sem nenhum progresso real. Dessa vez ele agiria a seu próprio modo. Era preciso que se tornasse um especialista em chá. Passou um mês em Londres, centro mundial do comércio de chá, aprendendo detalhes sobre como distinguir as várias nuances e sabores. Retomou também as conversas com Ziegler, dessa vez com novas expectativas. "Deixei de esperar que ele tomasse a liderança para abrir o negócio porque finalmente ficou claro que se eu não tomasse a dianteira, ninguém mais o faria. A *Republic of Tea* foi fundada pelos três autores em 1992. Finalmente a ideia havia resultado em frutos.

O livro *The Republic of Tea* apresenta inúmeros insights que refletem o yin e o yang do empreendedorismo; captura o alvoroço que envolve uma nova ideia empresarial, a implacável praticidade do mercado e mostra como, no final, o único indicador no qual você pode confiar é seu coração. Logo depois que redescobriu sua paixão pelo projeto, Rosenzweig perguntou a Ziegler qual seria o momento certo para começar um negócio. Em seu usual modo ponderado de falar, Ziegler respondeu: "Sempre e nunca."

The Republic of Tea: The Story of a Business, as Told through the Personal Letters of Its Founders. Currency/Doubleday, 1994.

PARA SABER MAIS >> Página 109, por que compramos >> Página 30, para a magia das viagens >> Página 112, para o poder das experiências | E TAMBÉM: *Brewing Up a Business*, de Sam Calagione; *Dedique-se de Coração: Starbucks Coffee* (Campus/Elsevier, 1999), de Howard Schultz e Dori Jones Yang; *Typo*, de David Silverman; e *The Dip*, de Seth Godin.

The Partnership Charter

DAVID GAGE

Resenhado por Todd

Os pesquisadores da Marquette University analisaram mais de 2 mil empresas e constataram que 94% daquelas que tiveram crescimento excepcional foram fundadas por duas ou três pessoas. Proprietários individuais representam apenas 6% do segmento que mostra um grande crescimento e quase metade das empresas que mostram crescimento lento.

A despeito da comprovação de que uma parceria pode levar ao êxito, a ideia de ter um sócio faz muitos empresários iniciantes ficarem horrorizados. A revista *Inc.* fez uma pesquisa entre seus leitores sobre esse assunto e dois entre três responderam que consideravam uma sociedade uma má ideia. Quando os pesquisadores perguntaram por quê, a maioria respondeu que "conflitos inevitáveis" e "expectativas não alcançadas" poderiam causar problemas.

Como os dados demonstram que muitas vezes uma parceria é necessária ou inevitável, essa é a oportunidade para os professores abordarem os relacionamentos singulares que se estabelecem entre sócios, mas, em vez disso, as faculdades de Administração despendem boa parte das aulas discutindo os meandros dos relacionamentos entre gestores e empregados.

Profissionais da área médica e advogados, por exemplo, após anos de estudo, costumam adotar algumas práticas embora nunca tenham aprendido as regras do negócio no qual estão inseridos e no qual toda a sua carreira irá se desenrolar.

Existe também um equívoco no cânone dos livros sobre negócios em relação à administração de parcerias, e o livro *The Partnership Charter* é um excelente recurso para lidar com tal equívoco.

Na administração de uma empresa que tenha um ou dois sócios, qualquer dos cenários que se seguem pode se fazer presente:

- Um dos sócios insiste em contratar um empregado com quem o outro sócio não simpatiza.
- Um dos sócios é acusado de assédio sexual.
- A empresa recebe de um concorrente uma oferta de aquisição de controle não solicitada.
- A empresa fica sem capital.
- Uma crise pessoal ou familiar prejudica a capacidade de um dos sócios de exercer suas funções.
- De repente um dos sócios perde o interesse no negócio.

- Um dos sócios é pego fazendo falcatruas.

(A relação completa é apresentada na página 196 de *The Partnership Charter)*

David Cage expõe essas possíveis experiências e atribulações na obra *The Partnership Charter*, ao analisar o relacionamento singular existente entre sócios. Em geral, os relacionamentos comerciais carecem das ligações emocionais encontradas nos relacionamentos pessoais, e os limites são estabelecidos com base na porcentagem que o sócio tem no capital da empresa, nos salários e títulos. Contudo, mudanças na vida particular dos sócios ou na saúde da empresa inevitavelmente são refletidas na sociedade. Embora algumas condições possam ser regidas pelos documentos jurídicos que estabeleceram a empresa, Gage sugere a elaboração de uma carta de direitos que aborde um conjunto mais amplo dos direitos e obrigações que os sócios venham a ter com o passar do tempo.

"A carta de direitos é uma ferramenta indispensável, pois poucos indivíduos sabem qual seria a maneira correta de agir na qualidade de sócio."

O processo da carta de direitos estabelece as regras básicas sobre a maneira como a sociedade irá operar. Uma visão comum para a empresa é criada e acordada. Os direitos relativos à participação acionária são determinados com base em fatores que vão desde o volume do capital investido até a extensão do controle exercido pelos sócios. A designação de cargos e títulos constitui etapa subsequente depois que os sócios decidem sobre a extensão da atuação de cada um na nova empresa e como será o processo de tomada de decisão. Ainda mais importante, um plano é elaborado para decidir como os dividendos serão distribuídos. Esse processo compara e contrasta os sistemas de valores de cada sócio e suas expectativas a respeito da maneira como a sociedade irá operar. Se todos esses aspectos ficarem bem claros desde o início, diz Gage, os possíveis conflitos futuros serão minimizados ao longo da vida da sociedade.

Os empresários são cautelosos em relação a sociedades por razões equivocadas. As sociedades comerciais são relacionamentos complexos e dinâmicos, mas são essas nuances e sinergias que proporcionam uma chance maior de êxito para qualquer iniciativa empresarial.

The Parnership Charter: How to Start Out Right with Your New Business Parnership (Or Fix the One You're In). Basic Books, 2004.

PARA SABER MAIS >> Página 263, para a compreensão de nossas razões fundamentais >> Página 263, para a compreensão das emoções >> Página 178, para a parceria mais famosa do Vale do Silício | E TAMBÉM: *Start-ups That Work*, de Joel Kurtzman e Glenn Rifkin; *Ridding Shotgun*, de Nathan Bennet e Stephen A. Miles; e *Team of Rivals*, de Doris Kearns Goodwin.

Growing a Business

PAUL HAWKEN

Resenhado por Jack

Há mais de vinte anos, Paul Hawken, cofundador da Smith & Hawken, fornecedora por correio de ferramentas de alta qualidade para jardinagem, escreveu este livro incomum para a época. A maioria dos livros sobre o assunto abrir uma empresa versava sobre levantar capital, contratar os melhores funcionários ou elaborar um plano de negócios. *Growing a Business* é um livro sobre criar um bom negócio que seja sustentável e que dê a você, empreendedor, satisfação. O livro o ajudará a se tornar um homem de negócios melhor, mostrando como focar o *porquê* dos negócios em vez de focar o *como*. Hawken mostra o objetivo deste livro logo no início: "Quero desmistificar, não através de uma série de argumentos e decisões executivas, mas através de um livro, como um negócio bem-sucedido é a extensão de uma pessoa."

Em 1965, havia 200 mil empresas recém-constituídas nos Estados Unidos. Em 1986, um ano antes de este livro ser publicado, esse número havia crescido para mais de 1 milhão. Essa proliferação mostra a crença de Hawken de que o futuro do comércio será determinado nas ruas pelos pequenos comerciantes, e não nas salas das diretorias, pelas pessoas influentes.

Hawken também acredita que o negócio tem a ver com prática, e não apenas com a teoria – não é diferente de usar uma prancha de surfe ou tocar piano. Para não se esquecer da prática, sugere: "Seja o cliente. Saia e olhe para trás, através da vitrine de seu pequeno negócio. Seja uma criança tentando descobrir como o mundo funciona. Vá a um parque lotado em um dia ensolarado. Não vá para o quarto dos fundos ler mais um livro sobre negócios (até mesmo este aqui)." Não se espera que um novato seja bom desde o início, então, aconselha Hawken: "Relaxe. Não tenha pressa. Trabalhe, pratique e aprenda."

Hawken passa o tempo discutindo a "habilidade comercial", um termo cunhado por Michael Phillips e Salli Rasberry em 1986, no livro *Honest Business*, que ele acredita poder fazer a diferença entre o sucesso e o fracasso. A habilidade comercial é o talento especial para entender o que as pessoas desejam, quanto vão pagar e como tomam suas decisões. Quanto menor o negócio, mais importante é aprender a habilidade comercial. Phillips e Rasberry "dividem a habilidade comercial em quatro atributos específicos: persistência, capacidade de enfrentar os fatos, capacidade de minimizar os riscos e capacidade de ser um aprendiz na prática". Hawken também inclui nesses atributos a capacidade de lidar com números.

Hawken sugere que você financie um negócio novo com seu próprio dinheiro. Evita-se o pagamento de juros e não se cai na tentação de gastar dinheiro de forma boba porque você sabe como foi duro ganhá-lo. Talvez ainda mais importante: não caia na tentação de pedir dinheiro emprestado aos amigos ou à família. Isso evitará que haja complicações nesses relacionamentos. Hawken também responde à pergunta de quanto dinheiro é necessário: o suficiente para entrar no mercado. Essa autossuficiência garante um senso de urgência e qualidade do produto que fará você aprender mais rápido sobre o negócio.

"Ver a recompensa de um comércio como dinheiro e o risco de um negócio como fracasso é não ver nada de jeito nenhum."

Ao escrever resenhas para este livro, descobri que um livro de negócios de sucesso é aquele que se pode pegar, abrir em qualquer página e, imediatamente, encontrar uma informação valiosa, com um fato comprovado, uma história inspiradora ou uma citação profunda que instantaneamente mude nossa visão de mundo. Este livro contém páginas e páginas de tesouros que você gostará de compartilhar em voz alta. Por exemplo, quando Hawken discute como se deve ver o risco, escreve o seguinte: "Se você insiste em ver uma situação em termos de risco, veja de novo. Se você ainda vir risco em vez de oportunidade, caia fora, porque talvez você esteja certo." Sua paixão pelos negócios está em todas as páginas, e à medida que se lê, pode ser que você encontre sua própria paixão alimentada através de suas palavras.

Growing a Business. Simon & Schuster, 1987.

PARA SABER MAIS >> Página 281, para a importância de expandir os negócios >> Página 207, para a expansão dos negócios com a alma >> Página 45, para fazer crescer como um líder. | E TAMBÉM: *Pequenos Gigantes* (Editora Globo, 2007), de Bo Burlingham; *Let My People Go Surfing,* de Yvon Chouinard; *Raising the Bar,* de Gary Erickson e Lois Lorentzen; e *Setting the Table,* de Danny Meyer.

ONDE . . .

. . . realizar um evento inesquecível:

CATALYST RANCH, CHICAGO

Uma espécie de loft, repleto de mesas e cadeiras vintage que se parecem com as cores das balas Skittles, quadros brancos em tamanho grande e um estoque de geladeiras. O staff é o melhor de todos. Visite o Ranch e encontre sua inspiração.

. . . encontrar um excelente livro:

THE ELLIOT BAY BOOK COMPANY, SEATTLE

A livraria independente onde os sonhos se realizam. Entre, sinta o cheiro dos livros antigos e das prateleiras de cedro, pegue um livro e dirija-se à cafeteria para uma xícara de café com um sanduíche orgânico para acompanhar a leitura.

. . . encontrar um lugar para dormir:

LIBRARY HOTEL, NOVA YORK

Virando a esquina da Grand Central Station, está esse hotel butique inspirado no Sistema Decimal de Dewey, com cada andar decorado desde filosofia e psicologia dos anos 100 até geografia e história dos anos 900. Há livros em prateleiras em todos os quartos. Os livros de negócios estão no sexto andar.

. . . e como chegar

MIDWEST AIRLINES

Todos os assentos são de primeira classe, com muito espaço para as pernas. Em vez dos biscoitos pretzels e amendoins, essa companhia aérea com sede em Milwaukee oferece cookies com gotas de chocolate, assados e servidos na hora.

Guerrilla Marketing

Marketing de Guerrilha: Táticas e armas para obter grandes lucros. Best Seller, 1989.

JAY CONRAD LEVINSON

Resenhado por Jack

As pequenas empresas têm um conflito fundamental: grandes ideias de marketing, mas poucos dólares para investir em marketing. *Marketing de Guerrilha* apresenta a solução. Jay Conrad Levinson, ex-executivo de publicidade, criou essa abordagem há mais de vinte anos; agora, uma série de livros com mais de cinquenta títulos usam o apelido Marketing de Guerrilha. Em minha opinião, este livro mostra o momento da verdade, onde tudo acontece, e é o verdadeiro recurso para qualquer um em uma pequena empresa.

Usei a primeira edição deste livro para fazer minha empresa crescer no início dos anos 1980. Naquela época, a empresa se chamava Schwartz Business Books e tinha uma lista de plantão de funcionários com menos de dez nomes. Meu exemplar original tem capítulos sobre marketing direto e vendas por catálogos e anúncios nas páginas amarelas. A edição mais nova, publicada em 2007, omite essas abordagens antiquadas e inclui várias sobre assuntos atuais, como a "nova mídia de marketing", que trata das abordagens do novo século, como "mídia eletrônica de marketing" e "non-media marketing", que inclui exposições, RP (Relações Públicas) e envolvimento da comunidade. Mas a nova edição de *Marketing de Guerrilha* ainda mantém grande parte do que era eficaz no início: o básico. Levinson apresenta, por exemplo, uma página sobre como dizer "oi" e "até logo". Sugere que os clientes ficarão mais inclinados a gostar de você e continuar fazendo negócios se os chamar pelo nome durante as conversas. Esse é o tipo de conselho que formará as habilidades fundamentais das pessoas.

Contudo, antes de começar qualquer tipo de campanha de marketing, sua empresa precisa de uma meta predeterminada, de longo prazo, que colocará todos da organização na mesma direção. Para fazer isso, você deve ter o conceito principal do que é sua empresa. Levinson acredita que o conceito precisa ser expresso em, no máximo, sete palavras. Cita o exemplo de um empreendedor cuja empresa oferece aulas de computação. Seguindo a dica de Levinson, seu conceito principal foi reduzido de quase trinta palavras para apenas três: "Computação para iniciantes." Essa clareza levou a um aumento na presença, pois as pessoas compreendiam, de imediato, o que a empresa oferecia.

Os profissionais de marketing de guerrilha extrapolam no uso da "mini-media", que inclui campanhas publicitárias, cartas pessoais, envio de cartões, telemarketing, distribuição de circulares... e deixam que os cartões de visita façam um trabalho dobrado. Em determinado momento, quando comecei meus esforços para fazer minha empresa crescer, confeccionei folhetos e os distribuí a amigos para que fossem colocados nos quadros de avisos de suas empresas. Simples, direto e rápido. Dê uma olhada no quadro de avisos de uma cafeteria de sua região para ver essa abordagem em uso.

***"Marketing é todo tipo de contato que sua empresa tem com qualquer um no mundo exterior.* Todo tipo de contato."**

A estratégia de marketing das pequenas empresas não está limitada à minimedia. Levinson acredita que os profissionais de marketing de guerrilha podem usar também a mídia de massa como televisão, jornais, revistas e rádio para promover e vender seus produtos e serviços. O livro apresenta páginas de sugestões sobre como usar a "maximedia" e tirar o máximo proveito para cada dólar gasto.

Levinson conclui o livro com a seção "A Natureza da Guerrilha". Nesta, ele narra os atributos que uma boa empresa de marketing de guerrilha precisa ter. Em especial, descreve um lembrete: "A transmissão instantânea reconhecível de uma ideia, simples e clara, sem nenhuma explicação necessária." O tigre da Kellogg's e o "Boneco da Michelin" são exemplos clássicos.

Quando a edição original foi publicada em 1983, *Marketing de Guerrilha* foi sucesso imediato. A edição mais recente desse eterno best-seller está atualizada para o empreendedor do século XXI. Levinson mostra que as pequenas empresas podem usar os mesmos métodos que suas irmãs maiores e também um grande número de armas que as empresas maiores jamais poderiam usar. Este é o livro que me ajudou a construir minha empresa e que também pode ajudá-lo a construir a sua.

Guerrilla Marketing Easy and Inexpensive Strategies for Making Big Profits from Your Small Business. Houghton Miffin, 2007.

PARA SABER MAIS >> Leia a seção sobre marketing e vendas deste livro, que começa na página 87. | E TAMBÉM: *How to Make Big Money in Your Own Small Business,* de Jeffrey J. Fox; *Marketing de Permissão* (Campus/Elsevier, 2000), de Seth Godin; e *Getting Everything You Can Out of All You've Got,* de Jay Abraham.

The Monk and the Riddle

RANDY KOMISAR E KENT LINEBACK

Resenhado por Jack

Randy Komisar formou-se na Harvard Law School e começou a advogar sozinho em Boston. Depois de tentar carreira na Apple como consultor interno, foi cofundador da Claris Corporation, uma cisão da Apple, e depois desempenhou várias funções importantes em empresas de desenvolvimento de jogos. Além disso, Komisar ajudou a construir a WebTV, o TiVo e a Mondo Media. Com seu extenso currículo, Komisar poderia ser considerado um sábio para os futuros empreendedores.

A natureza não convencional da carreira de Komisar é copiada em suas próprias lembranças/relatos. A maioria dos livros é de ficção ou não ficção, embora alguns, como *Ragtime* (BestBolso, 2007), de E. L. Doctorow, misturem muito bem os dois gêneros. Nos livros de negócios, é ainda mais difícil seguir esse formato, porém, em *The Monk and The Riddle*, Randy Komisar faz isso com primazia. Enquanto compartilha seu próprio questionamento para descobrir o significado real do trabalho, faz a seguinte pergunta aos leitores: "O que você desejaria fazer pelo resto de sua vida?"

Komisar começa o livro com uma história. Durante uma viagem de moto em Myanmar, Komisar dá carona a um jovem monge até seu templo que ficava a algumas horas de distância; o caminho é indicado através de gestos simples e tapinhas nas costas. Ao chegar, o autor conhece o abade do templo que fala inglês. Após uma breve visita, o monge sinaliza que deseja voltar para onde o autor o havia apanhado. Frustrado e cansado, o autor pergunta ao abade por que o monge quer voltar. O abade não tem nenhuma resposta, mas diz: "Imagine que eu tenha um ovo... e queira jogar esse ovo da altura de um metro, sem quebrá-lo. Como posso fazer isso?". À medida que Komisar dirige pelo campo, distraído com a linda paisagem, e de repente nem tão cansado apesar da longa viagem, a resposta lhe vem à cabeça. E o autor nos deixa com essa questão intrigante.

Depois nos encontramos em um escritório no Vale do Silício, onde Komisar está conversando com Lenny, um empreendedor de ficção, que está contando seu plano de negócios. Lenny é cruel. Acredita que ganhará dinheiro vendendo caixões on-line: "Vamos colocar de volta a graça nos funerais", diz. Mas, apesar dessa intensidade e entusiasmo, Komisar não fica impressionado com a abordagem de Lenny. Ele ajuda Lenny a refinar sua ideia, aconselhando-o a mudar seu foco de ganhar dinheiro para o que realmente o motiva. "O que", pergunta para Lenny, "o levaria a passar o resto de sua vida na Funerals.com?"

Komisar ressalta que uma vez que você responda sua própria versão dessa pergunta, tudo mudará. O entusiasmo e a paixão que você encontra fazem os outros ficarem entusiasmados com sua ideia. "É o romance, e não as finanças, que faz valer a pena construir uma empresa", Komisar aconselha.

"Não importa o quanto trabalhemos duro ou quão esperto sejamos, nosso sucesso financeiro depende, principalmente, de circunstâncias fora de nosso controle."

The Monk and the Riddle foi escrito durante o *boom* da bolha da internet. Naquela época, as regras eram muito diferentes. Komisar, de forma acertada, destaca em uma análise retrospectiva, a qual introduz a nova edição, que, apesar da ideia de Lenny sobre a empresa, as lições não estão ligadas aos negócios pela internet e ao mundo "melhor, mais rápido e mais barato" pelo qual tanto lutam as start-ups na internet. Pelo contrário, explica: "Na verdade, *The Monk* não é essencialmente um livro de negócios; ou seja, não trata como comprar barato e vender caro, e, sim, como criar uma vida enquanto se ganha dinheiro. Trata da necessidade de criar uma existência com um significado que o envolva no tempo e no lugar em que você está. Trata do propósito do trabalho e da integração do que uma pessoa faz com o que ela acredita. *The Monk* não trata do *como*, mas do *porquê*".

O que me chama a atenção neste livro é a combinação da vida fascinante de Komisar e as lições contempladoras que apresenta através da história de Lenny. É muito raro os livros sobre empreendedorismo verem o lado humano da empresa. Em sua busca para encontrar a resposta ao enigma do monge, Komisar percebe que, como normalmente se diz, viver o presente é que faz nossos esforços valerem a pena, e precisamos focar cada passo, e não a linha de chegada. Essa mensagem simples pode acabar com grande parte do estresse em nossa vida, até mesmo quando tentamos mudar essa vida com um novo esforço no mundo dos negócios ou com qualquer outra mudança radical. De fato, é a oportunidade rara de aprender diretamente com o mestre.

The Monk and the Riddle: The art of creating a life while making a living. Harvard Business School Press, 2001.

PARA SABER MAIS >> Página 6, para como alcançar outra onda zen >> Página 8, para mais vibrações zen, Página 198, para um toque zen para start-ups. | E TAMBÉM: *A Mágica de Pensar Grande* (Record, 2007), de David Schwartz; e *Founders at Work,* de Jessica Livingston.

NARRATIVAS Quando os escritores visitam as empresas e as fábricas, seus relatos capturam o romance do que muitos acham tão irresistível sobre o objetivo de uma empresa. Observam também a disfunção organizacional e suas raízes em nossas falhas pessoais. Os livros neste capítulo mostram as histórias tanto de fracasso quanto de sucesso nos extremos do capitalismo.

McDonald's

McDonald's: A verdadeira história do sucesso. Bertrand Brasil, 1996.

JOHN F. LOVE

Resenhado por Jack

Há áreas na maioria das cidades nos Estados Unidos em que os restaurantes de fast-food de todas as marcas parecem estar localizados um em cima do outro. A marca mais predominante de todas é o McDonald's, e nesse livro John Love conta a história do crescimento notável dessa empresa até o status de mega. Em geral, os livros sobre as empresas são "autorizados", vetados pelos staffs jurídicos (e, portanto, não reveladores) ou, então, negativos, com exposições "por trás dos bastidores". Love é cuidadoso ao contar aos leitores a sua posição. "Esse não é um livro corporativo, não é o tipo de história que as empresas reúnem para comemorar um marco. Sou um jornalista independente e a McDonald's Corporation não teve nenhum controle editorial sobre este trabalho". Mesmo assim, *McDonald's* foi escrito de forma imparcial, conseguindo passar aos leitores um retrato completo dessa marca onipresente. Love conta a história da indústria de fast-food, a sociedade que mudou no período pós-guerra, os visionários irmãos McDonald, o estrategista Ray Kroc, a discussão sobre a franquia e outros fatores (e ficção) sobre a McDonald's Corporation como nós a conhecemos.

O crescimento da indústria de fast-food foi uma mudança monumental no estilo de vida de nossa sociedade. Como normalmente acontece quando uma mudança significativa ocorre, muitos fatores entram em jogo. Após a Segunda Guerra Mundial, as famílias tinham mais dinheiro para gastar, o automóvel estava mais acessível para uma base maior de consumidores e tornou-se a forma preferida de transporte familiar, e o *baby boom* havia começado. Os empreendedores de todas as partes do país estavam explorando as oportunidades que surgiam por causa desses fenômenos, mas apenas alguns foram bem-sucedidos como o McDonald's. Love conta aos leitores como Bob's Big Boy, Burger King, Tastee Freeze, Dairy Queen e Kentucky Fried Chicken começaram, e mostra como o McDonald's partiu do zero para tornar-se a potência que é hoje.

Apesar de seu papel proeminente no sucesso da rede, Ray Kroc não criou o conceito McDonald's. Foram os irmãos McDonald – Richard e Maurice – que criaram, em 1937, um pequenino drive-in em San Bernardino, na Califórnia, e continuaram a melhorar a empresa com o passar do tempo.

Ao visitar os irmãos McDonald para ver por que eles estavam comprando tantos liquidificadores de sua empresa, Ray Kroc viu o potencial do cardápio simplificado dos irmãos, um processo rápido para preparar a comida do cliente, e um restaurante mais familiar e amigável, bastante diferente dos populares lugares da época, voltados ao público adolescente e que serviam hambúrgueres nos carros. O restaurante dos irmãos McDonald vendeu uma tonelada de produtos: filas se formaram antes da abertura e durante todo o dia ficou lotado. No dia 2 de março de 1955, Ray Kroc tornou-se o franqueador dos irmãos e da marca McDonald's.

Love conta inúmeras histórias para ilustrar as dificuldades surpreendentes e bastante comuns que as novas empresas, até mesmo aquelas que sabemos que são marcas dominantes, enfrentam no início de suas atividades empreendedoras. Os leitores ficarão fascinados ao saber como Kroc conseguiu os $2,7 milhões em dinheiro que precisava para comprar a rede dos irmãos McDonald e como ficou muito bravo ao descobrir que os irmãos não haviam incluído o restaurante original no acordo (ele abriu um novo restaurante a uma quadra e tirou o antigo da jogada). O autor também conta como a maioria das ofertas exclusivas do McDonald's – como o Egg McMuffin e o Big Mac – nasceram de experimentos feitos pelos franqueados que depois foram apresentados ao staff da empresa.

"[Ray A. Kroc] foi imortalizado como o fundador de uma nova e importante indústria. Suas conquistas no setor de alimentação foram comparadas às de John D. Rockefeller, no setor de refinamento de petróleo, Andrew Carnegie, na produção de aço, e Henry Ford, na montagem de automóveis."

Já foi dito que não importa onde você compre as batatas fritas do McDonald's, elas sempre terão o mesmo sabor. E com certeza essa era a meta de Kroc. O poder da marca depende dela, porque o forte apelo psicológico do fast-food está em sua confiabilidade. Kroc acreditava na uniformidade em todas as lojas. Se o dono não seguia as normas, não receberia a licença para abrir o segundo restaurante. Por exemplo, havia apenas um restaurante na área próxima à sede da empresa em Oak Brook, Illinois. "Era um dos mercados mais subdesenvolvidos [da empresa]. A razão: Joseph Sweeney, que havia obtido aquela região através de um acordo feito com Kroc em 1957, era dono de uma loja que não seguia os rígidos padrões [da empresa]. Sweeney nunca obteve licença para abrir uma segunda loja. A empresa recomprou sua franquia em 1968 e agora a velha região de Sweeney tem nada menos do que 15 [restaurantes] McDonald's." A rígida estratégia de gerenciamento de Kroc garantiu a uniformidade nos restaurantes.

Esse livro de 548 páginas está repleto de histórias inspiradoras contadas no estilo mais direto do jornalista. Os leitores aprenderão as lições acidentais que tratam do desenvolvimento de novos produtos e fornecedores, da criação da franquia e do design específico dos equipamentos. O compromisso do treinamento em todos os níveis da organização e a padronização da oferta dos produtos são ideias que ainda não são bem usadas em muitas empresas e indústrias. Esse não é um livro prático sobre como ganhar milhares de dólares, mas uma visão reveladora de uma das empresas de maior sucesso do século XX.

McDonald's Behind the Arches. Bantam, 1995.

PARA SABER MAIS >> Página 187, para outro empreendedor que criou uma potência global >> Página 109, para entender melhor a experiência do varejo >> Página 85, para mais lugares inesperados para se buscar ideias. | E TAMBÉM: *The Emperors of Chocolate*, de Joel Glenn Brenner; *Por Deus, pela Pátria e pela Coca-Cola* (Ediouro, 1993), de Mark Pendergrast; *The Wal-Mart Effect*, de Charles Fishman; e *País Fast Food* (Ática, 2001), de Eric Schlosser.

American Steel

RICHARD PRESTON

Resenhado por Jack

American Steel é uma história surpreendentemente bem escrita por Richard Preston sobre um inconformado que pegou uma indústria velha e decadente – a indústria siderúrgica americana – e mostrou que ela poderia não só concorrer, mas vencer, ao empregar métodos inovadores de produção e adotar uma maneira séria de tratar os trabalhadores. Mas o apelo deste livro vai além do típico em um livro de negócios ou em uma lição de história. Ele parece um thriller romântico, no qual Preston descreve, de forma eloquente, os cenários de uma época perigosa e desesperada na vida da indústria siderúrgica americana. "Enormes arcos azuis percorriam a montanha de máquinas e carros amassados e quebrados... Os trabalhadores não conseguiam escutar suas vozes gritando de pavor por causa do barulho do aço sendo derretido. O barulho parecia abrir uma fenda em seus crânios e um odor de almíscar impregnava o edifício, o odor do derretimento de um enorme arco."

Desde a metade dos anos 1800 e o desenvolvimento da Carnegie Steel Company, os Estados Unidos governaram a indústria siderúrgica e obtiveram lucros exorbitantes. Com sua confortável posição, a indústria siderúrgica americana não buscou métodos novos para produzir aço de forma mais eficiente ou mais econômica, adotando o velho *modus operandi:* "Se não está quebrado, não conserte." O dinheiro que foi investido foi usado para substituir os equipamentos antigos e não para explorar novas formas de fazer negócio. Outras quantias foram para a força de trabalho, já que os sindicatos eram capazes de conseguir contratos fantásticos para seus trabalhadores.

O método padrão de produção envolvia o uso de uma fornalha para transformar o ferro em aço, mas o processo de fabricação demandava um espaço muito grande, com fabricantes como a Gary Works, em Gary, Indiana, ocupando quase 10km da beira do lago Michigan com uma fábrica com aproximadamente 2,5km de profundidade. Estava claro que havia muita coisa errada com a Big Steel, e uma enorme tempestade se formava – os altos custos de produção, os detritos e a crescente concorrência da Ásia e da Europa.

Os fabricantes europeus desenvolveram um método alternativo para produzir o aço. Os fornos elétricos a arco, conhecidos como "miniusinas", usavam metal de sucata em vez de minério de ferro para produzir o aço. Esse método de fabricação também era benéfico porque permitia à indústria diversificar seu produto e iniciá-lo ou interrompê-lo de forma fácil, dependendo da demanda. Em 1969, Ken Iverson, presidente da Nulcraft Corporation – uma siderúrgica que, mais tarde, passaria a se chamar Nucor Corporation – e o herói de *American Steel,* de Preston, abriram uma miniusina nos Estados Unidos, mais especificamente em Darlington, na Carolina do Sul, e essa mudança corajosa desconcertou a Big Steel.

"Um bom executivo não se fere fácil e cura-se rapidamente."

Durante anos, por causa desse pioneirismo, a Nucor conseguiu êxito em uma indústria que estava fracassando. Iverson foi inovador, não só nos métodos de produção, mas também em sua abordagem de gerenciamento. Iverson criou uma empresa com uma hierarquia pequena de (atualmente) apenas cinco níveis: desde o porteiro até o CEO, eram necessárias apenas quatro promoções. À medida que a Nucor cresceu, passando de um resultado de $1,1 milhão em 1970 para $42 milhões no final dos anos 1970, o staff da empresa contava menos de 20 pessoas. Esse staff enxuto permitia a tomada de decisões rápida e um ambiente de trabalho mais autônomo para as usinas siderúrgicas. Entretanto, o sucesso veio acompanhado de alguns problemas. As tentativas de sindicalizar a Nucor fracassaram. Embora os trabalhadores da Nucor ganhassem muito menos do que seus colegas sindicalizados, a Nucor oferecia um programa de bônus que permitia aos trabalhadores dobrar seus ganhos com o sucesso da empresa.

Em 1986, Iverson viu o crescimento de sua empresa diminuir e encontrou uma nova oportunidade na fabricação de folhas de aço, que tinham grande demanda na indústria automotiva. Deu um passo sem precedentes ao investir em uma máquina nova, enorme e ainda não testada, que levava o aço fundido e, então, em um único processo, produzia o aço enrolado. Com essa nova máquina, Iverson acreditava que seria capaz de fabricar 1 milhão de toneladas de aço com apenas 500 trabalhadores. No Japão – uma das indústrias siderúrgicas mais avançadas do mundo – eram necessários 2.500 trabalhadores para isso. A opção de reduzir a força de trabalho mudou completamente a situação, e a Nucor superou, de longe, a meta original de Iverson.

A narração de Richard Preston reconta a história instigante da criação dessa usina anômala, localizada de forma irônica em Crawfordsville, Indiana. Mas, isso faz sentido se você considerar que a usina precisava de sucata de metal, força de trabalho e fácil acesso aos serviços públicos, e havia tudo isso de sobra no Cinturão da Manufatura. O elenco dos personagens inclui Iverson; o gerente geral da usina, Keith Earl Busse; e os dedicados trabalhadores que manipulavam o aço fundido em nome da Nucor. Preston enche a história com romance e suspense típicos de um drama de ficção. Sua descrição de uma explosão enquanto os trabalhadores usavam um processo experimental me fez continuar lendo enquanto caminhava, sem conseguir largar o livro, para descobrir a conclusão do acidente. Aqui está só um pedacinho para provar:

> Cinco segundos após a concha limpar a torre de fundição, ouviu-se um ruído de guincho do guindaste. Millet, que estava em pé perto da área de controle, dentro da cabine, ouviu o barulho e olhou para cima. Viu que os cabos do guindaste haviam arrebentado e descarrilado. A concha estava caindo no chão. Era um objeto enorme, com cerca de 4,5m de altura, cheia quase até a boca de aço líquido. O fundo da concha estava a aproximadamente 12m do chão. Ela parecia passar bem devagar pelo deque conforme caía, os cabos do guindaste guinchavam... Fez-se um enorme clarão brilhante e amarelado e, então, a luz se apagou.

Eu teria dificuldade de encontrar um livro do qual já tenha falado tanto para meus colegas quanto *American Steel*. Richard Preston é um grande escritor de não ficção e eu o colocaria junto com escritores contemporâneos como Malcolm Gladwell e Michael Lewis. Aqui ele nos mostra seu talento em uma história de criatividade e ressurreição. A história de Ken Iverson e seu sucesso na Nucor é inspiradora, educativa e demonstra que a adoção de uma nova tecnologia, bem como uma empresa inovadora que retém seu capital humano, pode ser bem-sucedida nos negócios.

American Steel: Hot Metal Men and the Resurrection of the Rust Bell. Prentice-Hall Press, 1991.

PARA SABER MAIS >> Página 71, sobre como a Nucor era realmente impactante >> Página 266, a engenharia é uma arte >> Página 236, a inovação é uma arte | E TAMBÉM: *Plain Talk,* de Ken Iverson; *And the Wolf Finally Came,* de John Hoerr; *Making Steel,* de Mark Reutter; e *Andrew Carnegie,* de David Nasaw.

De *The Financier*, de Theodore Dreiser, escrito em 1912, e O Homem no Terno de Flanela Cinza (Girafa, 2005), de Sloan Wilson, escrito em 1955, até o mais recente *Then We Came to the End*, de Joshua Ferris, os livros de negócios são difíceis de ser definidos e têm apresentado um ciclo de vida tumultuado e confuso. Temas clássicos sobre a ética do trabalho americano e a busca da felicidade, parábolas do orgulho autodestrutivo e histórias sobre o homem que se refez tornam essa fórmula útil para vários tipos de pessoas, desde estudantes do ensino médio até executivos do alto escalão. Muitos livros de negócios abordam, de forma direta, assuntos corporativos, enquanto outros estão cheios de lições sutis, mas apenas alguns passaram no teste do tempo e continuam sendo um testemunho comovente da necessidade de todos os leitores de saírem do seu próprio mundo e aprenderem com as experiências alheias.

Achados na ficção

O Grande Gatsby
F. Scott Fitzgerald

Considerado de longe o maior romance americano, *O Grande Gatsby* talvez seja também o melhor resumo do sonho americano: Jay Gatsby, jovem, bem-sucedido e rico, contempla, com anseio, de sua nova mansão, as luzes da região mais exclusiva de East Egg. Ele quer mais, quer fazer parte desse grupo, e o livro é tanto um testemunho dessa possibilidade de ascensão à alta classe da vida americana como também uma condenação aos padrões morais de agir em benefício próprio. O Gatsby não tem dentro de si um Rockefeller como possam achar seus sócios; pelo contrário, tem um coração sangrando, despedaçado. Fitzgerald consegue demonstrar melhor como o excesso de ambição rouba de Gatsby essa coisa que o tornou "Grande" em comparação com seus pares.

A Confederacy of Dunces
John Kennedy Toole

Destinado a ser lembrado pela tragédia da publicação póstuma, e pelos humor e encarnação jocosa de uma Nova Orleans sobrenatural, *Dunces* demonstra também a aversão das pessoas ao trabalho e à labuta – quer dizer, além das mordomias e dos momentos de autodescobrimento. Ignatius Reilly, obeso e flatulento, encontra-se em uma esquina enquanto caminha em meio aos carrinhos de cachorro-quente do French Quarter, que enfiavam os sanduíches goela abaixo mais do que os próprios clientes. Na verdade, todos ali pareciam ter um trabalho por alguma outra razão além de ganhar dinheiro, desde Miss Trixie, aspirante a Holiday Ham, até Burma Jones, que se escondia da polícia. Até mesmo Ignatius quer algo mais do que manter uma mãe superprotetora. No livro, Toole capta o ridículo solitário de se percorrer as ruas em busca de algo, e mantém um olhar crítico do absurdo das pessoas, dos lugares, da fome e das tarefas comuns a um dia de trabalho.

Pastoral Americana
Philip Roth

Seymour Levov, vulgarmente conhecido como "O sueco", é o Gatsby de Roth nos anos 1960, deslocado pela revolta social da época. Rico em detalhes sobre o legado da indústria de luvas da área de Newark, na qual Seymour nasceu, o romance explora a devoção indispensável de uma duradoura empresa familiar. Ao mesmo tempo lírica e engraçada, a história de Roth passa por gerações, oferecendo uma visão do estilo americano, tanto específico como geral, que acaba provando que ser correto, leal, decente e honesto nem sempre evita que a sociedade derrube os muros ao redor de qualquer fortaleza.

Um Homem por Inteiro
Tom Wolfe

Nesse épico de Wolfe, um relato escancarado das esferas sociais, políticas e empresariais da Atlanta moderna, o foco varia mas permanece centrado em Charlie Croker, um desiludido magnata corporativo que cai em desgraça. Isso, junto com a recente demissão de Conrad Hensley, funcionário do armazém que fica a 4.800km de distância, confere empatia com os desconhecidos, as massas escravas e enfatiza a vasta distância entre os pobres e os portões das mansões de seus empregadores. Wolfe mantém um olhar penetrante em todo o livro, mostrando a intensa batalha de egos no mundo dos negócios entre o orgulho da autopreservação e a dívida devastadora, gigantesca.

E Nós Chegamos ao Fim
Joshua Ferris

A próxima geração dos livros de negócio, a crítica hilária de Ferris sobre a vida moderna nos escritórios e o mundo do marketing, se parecem com um roteiro do filme "Office Space" ou da série "The Office". Além de engraçado, também segue o mesmo estilo de usar a sátira como Toole. Ferris apresenta todos os nossos maneirismos, dramas ridículos e futilidades normalmente dissimulados no escritório. No livro, a prosa faz um retrato que, além de divertir, é uma revelação forte dessa alternativa universal de 40 horas semanais, conhecida como "trabalho".

Escrito por Todd Lazarski e Rebecca Schlei

The Force

A Força. Best Seller, 1994.

DAVID DORSEY

Resenhado por Jack

A Força é uma narrativa de não ficção sobre vendas, muito diferente de outros livros práticos sobre o tema inseridos nesta coletânea. No cerne deste livro, o autor mostra um vislumbre da dinâmica de uma equipe sênior de vendas. Mas o livro revela o lado espinhoso das vendas e inclui as práticas agressivas necessárias quando as metas são voltadas aos resultados de curto prazo. A narrativa parece um romance ou um cruzamento de "The Office" com "Glengarry Glen Ross". Ainda assim, *A Força* apresenta a perspectiva interna das personalidades e da perseverança necessárias para vencer na altamente competitiva arena de vendas.

David Dorsey, ex-jornalista, começa bem depois do período de glória da Xerox, quando era preciso cortar um dobrado para vender as dispendiosas copiadoras. Graças ao acesso que só ele tinha à vitoriosa equipe de vendas da Xerox em Cleveland, Ohio, Dorsey passou um ano atrás de Fred Thomas, gerente de vendas, e equipe, em um período em que estavam significativamente longe de suas metas anuais. Thomas, de alto desempenho e muitos anos de casa, fazia o possível para que ele e a equipe atingissem os objetivos, embora questionasse seu compromisso em relação ao que o esforço exigia. *A Força* é mais do que um livro de negócios, é uma obra que revela o constante empenho pessoal de cada integrante da equipe, e de seus familiares, quando o futuro depende quase exclusivamente de saber quais são os ínfimos pontos certos a tocar para fechar uma venda vital.

Dorsey se supera em traçar um retrato fiel de cada personagem, permitindo que o leitor veja todas as facetas desses realizadores incansáveis. Frank Pacetta, um astro da equipe de vendas da Xerox e um dos sujeitos mais intrigantes do livro de Dorsey, incorpora tanto o lado heroico quanto o repugnante da profissão de vendas. Sua determinação e êxito ao tirar seu distrito da 57ª posição, em um ranking de 67 territórios da Xerox, e colocá-lo como número um no país são características lendárias. Seus representantes fariam tudo por ele, o que é compreensível diante de sua capacidade inacreditável de motivar a força de vendas com frases como: "Pessoal, a gente trabalha, mas se diverte. Vocês podem fugir da realidade sem graça que a maioria das pessoas vive nas empresas porque aqui, comigo, vocês podem ser tão loucos quanto no tempo de faculdade e, ainda assim, ganhar um salário anual de seis dígitos." Na verdade, eles se divertiam e vendiam o tempo todo. Quando a equipe atingia as metas de vendas, Pacetta promovia festas nababescas, como alugar o Firestone Country Club por um dia. Contudo, ele conduzia o grupo com mão de ferro, exigindo uniformidade e esperando resultados excepcionais. Naturalmente, seus subordinados tinham de ter uma visão pragmática do mundo – tinham de jogar para vencer. Do contrário, estariam perdidos. Não havia meio termo. Pacetta usava analogias com esportes e guerra o tempo todo para motivar os funcionários. A despeito do retrato intenso que Dorsey apresenta de Pacetta, a despeito da bazófia e certa euforia exagerada, encontrei uma veia triste na narrativa.

"Quando vendemos, assumimos o controle sobre outras pessoas, motivamos essas pessoas a fazer coisas que não fariam de outro jeito, mas o tempo todo é preciso fazê-las se sentirem como se estivessem no controle."

O mantra desse lado negro de vendas – em que cada dia gira em torno da meta mensal e os vendedores vivem e respiram resultados – está resumido nas palavras de Frank para Fred: "'coloque o capacete, Freddie. Isto aqui é uma verdadeira guerra.'" A perspectiva de bastidores de *A Força* também permite aos leitores acompanhar como um representante novato, o coitado do atendente de telemarketing, é transformado em vendedor de sucesso. Aprender maneiras de maquiar um contrato, inserindo tarifas artificiais nas cláusulas das minutas para conseguir levar o negócio adiante, fazia parte do treinamento. Esse tipo de manipulação levava o cliente a sentir-se em posição de vantagem quando, o tempo todo, o vendedor "estava fazendo você gastar um dinheiro que nunca pensou em gastar", escreve Dorsey. *A Força* revela tudo isso e o leitor é privilegiado – e talvez um pouco chocado – com a visão desse outro lado da mesa.

Aprecio o fato de *A Força* revelar o lado mais espinhoso da profissão de vendas, uma realidade com a qual lutei em todos esses anos em que giro meu próprio negócio. Mas a importância do livro está em ser uma narrativa de um setor que passou por uma drástica transição e das dificuldades que muitos vendedores, outrora bem-sucedidos, passaram a enfrentar para atingir as metas. Talvez você ache que *A Força* é uma história de fundo moral sobre a vida em vendas ou talvez leia o livro para encontrar inspiração e vencer em uma profissão competitiva. Seja como for, *A Força* apresenta visão singular na realidade diária do combustível que move os negócios: as vendas.

The Force. Ballantine Books, 1995.

PARA SABER MAIS >> Página 106, para vendas no cinema >> Página 281, um livro de vendas para iniciantes >> Página 107, para dicas excelentes para aprimorar-se em vendas. | E TAMBÉM: *Xerox: American Samurai*, de Suzanne Snyder Jacobson; *SPIN Selling, de* Neil Rackham; *Selling to VITO, de* Anthony Parinello; e *Hope is Not a Strategy, de* Rick Page.

The Smartest Guys in the Room

BETHANY MCLEAN E PETER ELKIND

Resenhado por Jack

Li obras de ficção criminal, assisti a investigações da polícia inglesa na PBS e aguardei ansiosamente pelos lançamentos de meus autores favoritos de suspense: James Lee Burke e James W. Hall. Talvez minha predileção pessoal por uma boa história de mistério seja uma das razões pelas quais o caso da Enron me fascina. Deixando de lado as imagens assustadoras de funcionários chorando (as vítimas da história) sentados na calçada da sede, mais especificamente na beirada do grande totem com a letra "E" da empresa, suas carreiras resumidas aos poucos pertences embalados nas caixas de papelão sobre o colo, a história das fraudes e o triste fim da Enron, esta tem tudo para ser uma das mais cativantes narrativas de suspense. Como em todas as boas histórias de detetive, esta é repleta de personagens com motivos questionáveis (ou admiráveis) e todos os ingredientes para uma perfeita tempestade.

Primeiro, vejamos o cenário. Fundada em Omaha, Nebraska, a Enron tornou-se holding em 1979. A empresa mudou-se para Houston e ganhou dinheiro com a transmissão e distribuição de gás e eletricidade. Antes, o setor de energia era regulamentado pelo governo e, consequentemente, os custos e lucros eram controlados. Durante a retirada do controle governamental nos anos 1980, as oportunidades de experimentar e ganhar rios de dinheiro aumentaram. O CEO da empresa, Ken Lay, sabia que a desregulamentação seria positiva, mas não tinha um plano para tirar o melhor proveito e avançar com a companhia. Jeffrey Skilling, que certamente sabia como, assumiu a liderança da Enron e a empresa subiu como um foguete. No ano 2000, a Enron entrou na lista da *Fortune* 500 com $60 bilhões de capitalização de mercado. O período entre o ingresso de Skilling e o pedido de concordata da Enron consiste em um dos momentos mais interessantes da história corporativa.

Vejamos os principais personagens da trama. Primeiro, a repórter que descobriu as pistas e narra a história, Bethany McLean. Dois traders, que perceberam os primeiros indícios de queda da Enron enquanto procuravam uma "posição vendida", recorreram à Srta. McLean. Um deles lhe disse: "leia o relatório 10-K e veja se consegue descobrir como eles estão ganhando dinheiro". Os traders procuraram a pessoa certa. McLean passara a escrever para a *Fortune* depois de trabalhar como analista em um banco de investimentos, o Goldman Sachs. Sendo assim, quando foi conversar com o pessoal da Enron, soube fazer as perguntas certas. Em seguida, escreveu um artigo, publicado na edição de 5 de março de 2001 da *Fortune,* intitulado "Is Enron Overpriced?" (A Eron está supervalorizada?), que perguntava basicamente de onde vinha o dinheiro.

"O caso Enron é uma história da fraqueza humana, de arrogância, ganância e delírio desenfreado; de ambição movida por uma fúria assassina; de um grande experimento no mundo egresso do controle do governo; de um modelo de negócios que não funcionou e de pessoas inteligentes que acreditaram que a próxima cartada cobriria o último desastre, e que não podiam admitir que estavam erradas."

Agora, vejamos os antagonistas: Jeff Skilling, Ken Lay e a máquina mortífera, uma forma de contabilidade chamada *market-to-market* (atualização diária aos valores de mercado). Lay e Skilling vieram de famílias de classe média baixa, eram homens inteligentes e determinados. Lay tem doutorado em Economia e Skilling obteve o MBA da Harvard Business School com louvor, ou seja, estava entre 10% dos alunos mais brilhantes da famosa instituição. Em 1984, Lay ingressou na empresa que logo passaria a chamar-se Enron como presidente do Conselho e CEO. No período de um ano, liderou a aquisição com uma empresa de Omaha, a InterNorth, e, para ajudar no processo, a empresa manteve a consultoria McKinsey & Company, que tinha entre os consultores o jovem Jeffrey Skilling. Em 1990, Skilling foi contratado como presidente do Conselho e CEO de uma nova divisão da empresa, a Enron Finance.

A despeito das semelhanças em termos de realizações e ambição, as diferenças entre Lay e Skilling eram gritantes. Lay gostava muito do que fazia. Adorava o lado social da função, era um verdadeiro político (ele achava que tinha a chance de ser secretário do Tesouro americano em 2000), e não gostava de tomar decisões difíceis nos negócios. Adorava o glamour que o poder lhe dava e, acompanhado da família, usava, sem cerimônia, os jatos da empresa. Durante um almoço improvisado na sala de reuniões, um assistente levava um lanche servido em porcelana fina enquanto os demais executivos da cúpula comiam sanduíches embrulhados em papel.

Jeff Skilling era um homem brilhante, capaz de conceituar novas ideias com rapidez e simplificar questões complexas, mas não era bom no trato com as pessoas. Não se importava com a opinião alheia a seu respeito. Ele se interessava mesmo era pelo preço das ações na bolsa e em fazer bonito nas teleconferências trimestrais de Wall Street. Apresentava excelentes ideias, mas tinha dificuldade de colocá-las em ação. Tempos depois, um executivo da Enron explicou bem o problema: "Jeff Skilling é bom em projetar poços, não em cavá-los." Também tinha dificuldade de desistir de uma ideia nitidamente fracassada e, com o passar do tempo, essa limitação o levaria ao desastre.

Como a Enron negociava contratos de longo prazo para fornecimento de energia a consumidores de grande porte como municípios e prestadoras de serviços públicos, os clientes costumavam assinar contratos com prazos de dez anos. Segundo as práticas contábeis normais, esses ativos e passivos deveriam ser "lançados" no balanço patrimonial durante todo o período do contrato. A contabilidade *market-to-market* permite lançar o valor total estimado do contrato no dia em que foi firmado. Em 1992, Skilling e a Enron conseguiram a aprovação da SEC (órgão americano equivalente à nossa CVM - Comissão de Valores Mobiliários) para usar o sistema. Os problemas com esse método contábil são duplicados: primeiro, o lançamento da venda não implica a entrada de dinheiro, o que geralmente resulta em volumes de vendas enormes e graves problemas de caixa; em segundo lugar, esse método permite mostrar aos fiscais um enorme crescimento bem antes da entrada efetiva da receita. O golpe fatal na Enron foi a falta de dinheiro em caixa provocada pela constante busca por crescimento a qualquer preço, em um esforço para manter o preço das ações em alta – aumentando, consequentemente, todos aqueles gloriosos planos de opção de compra de ações. Na verdade, eles só entraram em dívida. No fim das contas, diziam que a Enron tinha $38 bilhões de dívidas e nenhum fluxo de caixa.

Homens inteligentes, ricos e influentes não destroem deliberadamente sua fonte de riqueza e poder. Nesse caso, foram vítimas da própria criação ou talvez dos próprios egos. O fraco da Enron não foi proposital; foi resultado de uma série de acontecimentos interligados. Isso pode acontecer de novo? Sem dúvida. Especialmente quando há arrogância na presidência, quando os salários dos vendedores são baseados no sucesso de curto prazo, quando os altos executivos concentram-se totalmente no crescimento para corresponder ao sucesso rápido exigido em Wall Street, quando existe um sistema contábil que sustenta tal conceito e, por fim, uma empresa de auditoria que faz vistas grossas. Adicione à receita a indústria da retirada do controle governamental e veja o que acontece.

Quando a história apareceu nas manchetes, passei a devorar todas as informações sobre o assunto. Lia o *Wall Street Journal* diariamente para acompanhar as últimas notícias. Também li vários livros lançados após o declínio. No entanto, este livro foi publicado intencionalmente mais tarde, pois os autores queriam ter a história completa e todos os fatos para poderem publicar o título definitivo sobre o assunto: *The Smartest Guys in the Room*.

The Smartest Guys in the Room: The Amazing Rise and Scandalous Fall of Enron. Portfolio, 2004.

PARA SABER MAIS >> Página 225, para arrogância: a sequência >> Página 170, para arrogância: a introdução >> Página 126, para todas as regras que eles quebraram. | E TAMBÉM: *Covil de Ladrões* (Bertrand Brasil, 1993), de James B. Stewart; *The Predator's Ball,* de Connie Bruck; e *Barbarians at the Gate,* de Bryan Burrough e John Helyar.

When Genius Failed

ROGER LOWENSTEIN

Resenhado por Todd

Em todo o livro *When Genius Failed*, o jornalista econômico Roger Lowenstein prevê a maldição iminente, e não é surpresa alguma o desfecho da história do fundo LTCM (Long-Term Capital Management). Mas o ponto forte desse trabalho de Lowenstein é mostrar como a arrogância cega derrubou a empresa e quase todo o sistema financeiro. Com base no trabalho de dois ganhadores do prêmio Nobel e nos recursos cada vez mais poderosos da tecnologia da informação, a LTCM aplicou a teoria acadêmica à realidade dos negócios como nunca se viu antes e tornou-se um estudo de caso sobre como os mercados desafiam a explicação estereotipada. A narrativa de Lowenstein, embora localizada no complicado mercado financeiro da atualidade, conta uma história antiga que muitos reconhecerão.

Tudo começa com John Meriwether, um garoto do meio-oeste americano cuja inclinação para jogos de azar e mercado de ações levou-o de professor de Matemática do ensino médio à negociação de títulos na Salomon Brothers. Nos anos 1970, o mercado de ações passava por uma revolução em virtude do acesso instantâneo aos preços proporcionado pela nova tecnologia da computação, e Meriwether via boas possibilidades por toda parte. Suas primeiras atividades como trader concentravam-se nas margens entre as diferentes taxas de juros sobre os títulos. Como esses títulos eram facilmente valorizados, Meriwether achava que o mercado normalmente "desovava" os títulos de dívida em reação a notícias desfavoráveis. Conforme a margem aumentava, surgiam oportunidades de arbitragem de câmbio (compra e venda imediata no maior preço), permitindo a Meriwether apostar que as margens diminuiriam depois que a poeira baixasse. Suas apostas calculadas renderam belos lucros para a LTCM, que passou a ampliar o raio de ação de Meriwether nas negociações. Contudo, o operador acreditava que precisava de uma vantagem a mais no novo jogo.

Em resposta, contratou o que havia de melhor e mais brilhante no mundo acadêmico. Seu próspero Arbitrage Group foi composto por estudantes e professores graduados no MIT, Harvard e na London School of Economics. Esses magos dos dados logo tomaram gosto por Wall Street. De repente, seus modelos deixaram de receber meros elogios em publicações obscuras e passaram a gerar dinheiro de verdade. Meriwether gerenciava, incentivava e protegia o grupo do andar de trading de Salomon. Ele também estimulava o interesse da equipe por apostas, com jogos internos que iam de eleições às frequentes partidas de *liar's poker* (o jogo da mentira).

À medida que sua carreira na Salomon atingia o ápice, Meriwether foi forçado a deixar a empresa devido à descoberta de várias violações em títulos cometidas por um trader de sua equipe. Ansioso por recuperar o prestígio em Wall Street, Meriwether formou um fundo hedge chamado LTCM (Long-Term Capital Management), com o objetivo de alcançar o mesmo tamanho e escopo da operação que administrava na Salomon. Ele não teve dificuldade de contratar quase todos os integrantes de sua equipe mais leal. Convidou também Robert Merton e Byron Scholes, superestrelas do mundo das finanças acadêmicas que, como revela a trajetória da LTCM, ganharam o Prêmio Nobel de Economia pelo trabalho como um todo. Meriwether forneceu os meios para colocar sua equipe em ação: um montante de $1,25 bilhão.

Os traders retomaram a velha prática, negociando as margens sobre os juros dos títulos. Scholes descreveu as pequenas quantias ganhas em cada transação com os investidores na fase de levantamento de fundos como "aspirar cada níquel que ninguém mais consegue ver". A única maneira de ganhar grandes quantias era a alavancagem, que implicava contrair dívidas enormes para efetuar as milhares de negociações necessárias para gerar lucros substanciais. O mecanismo foi o aspecto genial e, como se constatou mais tarde, a grande falha da estratégia.

"'Vocês estão catando moedas na frente de um rolo compressor', avisou delicadamente um administrador de investimentos."

A modelagem testada na Salomon e aperfeiçoada na nova empresa funcionava perfeitamente bem. Meriwether e seu *dream team* encontraram verdadeira panaceia: garantiram resultados com pouco risco. No primeiro ano, a LTCM dava um retorno de $0,28 para cada S1 investido em sua carteira. As fórmulas diziam aos traders exatamente o que e quando comprar. Com o passar do tempo, a LTCM começou a acreditar que sua modelagem poderia funcionar para outras apostas. No entanto, tornou-se vítima do próprio sucesso: o dinheiro ganho precisava girar e as oportunidades no mercado de títulos tornavam-se cada vez mais escassas. Era relativamente simples prever o valor de um título; outros instrumentos – como ações, moedas e swaps de taxas de juros – implicavam riscos mais altos, muitos dos quais exigiam discernimento por parte dos traders. Desse modo, a LTCM começou a afastar-se perigosamente de sua estratégia de sucesso, muito embora, em quatro anos, tenha quadruplicado seu capital, deixando os investidores extasiados.

Entretanto, em agosto de 1998, o mundo veio a baixo e, em questão de cinco semanas, a LTCM perdeu tudo. Muitas das apostas da equipe mostraram-se equivocadas; em vez de seguir o comportamento rotineiro, as margens dos títulos começaram a aumentar. Os traders não acreditavam no que viam. O formidável volume de alavancagem que a LTCM usava exacerbou o problema. Quase todas as empresas de Wall Street estavam envolvidas de alguma forma, a maioria em virtude de empréstimos vultosos cedidos à administradora de fundos hegde. Essas empresas também desenvolveram operações internas semelhantes, com negociações similares, concorrendo com a LTCM de várias maneiras. Por fim, o Federal Reserve reuniu uma coalizão de 14 bancos, que forneceram $3,65 bilhões para manter a solvência da LTCM. O socorro financeiro acalmou os mercados, os investidores retomaram o dinheiro em dois anos e mais uma página da história financeira foi virada, com provas concretas de que os mercados são muito mais do que movimentos aleatórios.

Lemos as narrativas sobre casos ou setores da economia por causa das lições que nos trazem, e Lowenstein tem muito a compartilhar. Ele alega que a intervenção do Fed impediu a autocorreção do mercado, fornecendo o estopim para outras imprudências financeiras. Enquanto a queda da Enron foi causada pela ganância, o colapso da TCM foi fruto da arrogância: os traders acreditavam que podiam prever o futuro. O livro termina com uma breve observação de Meriwether e seus traders. Dois anos após a derrocada, eles formaram a JWM Partners com $250 milhões de capital inicial fornecidos pelas mesmas pessoas que ajudaram a formar a LTCM. Se não existissem as consequências, será que alguém aprenderia alguma lição?

When Genius Failed: The Rise and Fall of Long-Term Capital Management. Random House, 2001.

PARA SABER MAIS >> Página 228, para um livro do colega em trading de Meriwether >> Página 170, para outro fracasso corporativo que ainda reverbera >> Página 266, sobre como aprender com os erros. | E TAMBÉM: *A Fogueira das Vaidades* (Rocco, 1988), de Tom Wolfe; *O Jogo da Mentira* (Campus/Elsevier, 1992), de Michael Lewis; e *Buffett* (Nova Fronteira, 1997), de Roger Lowenstein.

Moneyball

MICHAEL LEWIS

Resenhado por Jack

Norman Mailer, Tom Wolfe e Joan Didion são excelentes escritores contemporâneos de não ficção e não temo em dizer que Michael Lewis é autor do mesmo calibre. Ele e Malcolm Gladwell elevaram a narrativa de não ficção a novos patamares. Quando você une Michael Lewis e um assunto interessante, está feita a magia.

Em 2003, Michael Lewis escreveu *Moneyball*, que detalha a ressurreição de Billy Beane do time de beisebol Oakland Athletics. Se você é fã de negócio ou de beisebol, ou um admirador de histórias formidáveis de perdedores que se superam, este livro é leitura obrigatória. Primeiro, deixe-me contar como termina a narrativa: de meados dos anos 1990 em diante, o Athletics teve uma das cinco menores folhas de pagamento do beisebol e, durante o mesmo período, contou com uma das melhores equipes no esporte. E daí? Bem, coloque-se no lugar de Billy Beane, um gerente geral muito jovem, colocado em uma posição indefensável, destinada ao fracasso. Ninguém investia no time que, vale dizer, era formado por jogadores de segunda categoria e Beane não recebia instrução alguma sobre como melhorar a equipe. Mas ele venceu. Se eu quisesse usar um clichê bastante gasto, diria que ele venceu porque "pensou fora do quadrado". Mas seu verdadeiro feito foi trabalhar em um esporte muito tradicional com uma abordagem inovadora e uma boa dose de coragem. Essa é uma lição que todos nós podemos aplicar aos negócios. Veja o que aconteceu.

Beane decidiu que as estatísticas consagradas usadas por outros times não eram tão valiosas ou confiáveis quanto o outro conjunto de indicadores que ele descobrira. Em meados dos anos 1970, um fanático por beisebol, Bill James, criou uma maneira alternativa de analisar o desempenho de um jogador de beisebol. Em vez do aproveitamento no bastão, ele usou uma porcentagem do aproveitamento do rebatedor em relação ao número de bases conseguidas – um método útil, porém não pioneiro. A verdadeira inovação de James foi perceber que um qualificador crucial era contar com rebatedores com boa disciplina de base (ou seja, que não rebatiam arremessos ruins). Quanto melhor o rebatedor trabalhasse o arremesso e quanto mais ele andasse, maior o número de *runs* (corridas que valem pontos) para o time. Não é preciso dizer que fazer pontos é o verdadeiro objetivo do beisebol. Beane aplicou o novo indicador de James ao Athletics.

Com esses dados em mãos, Beane começou sua procura por jogadores jovens, com passe barato, ou jogadores veteranos em fim de carreira, mas com alguns anos produtivos à frente. No decorrer de algumas temporadas, assim que os jogadores jovens conseguiam o passe livre e migravam para outros times que pagavam mais, o Athletics conseguiu bons *first round picks* (jogadores preferenciais na rodada de seleção). Desse modo, no *draft* (processo de recrutamento de calouros da liga americana) de 2002, o time conseguiu sete *first-round picks* (o maior número da história moderna do *draft* no beisebol). Foi assim que o Athletics escolheu jogadores jovens e talentosos para alcançar bons resultados em relação ao novo e radical indicador de desempenho.

"No que mais parecia uma investigação científica sistemática do esporte, a equipe operacional de Oakland precisou reanalisar tudo – do preço de mercado do *foot speed* (velocidade de movimentação do jogador em campo) até a diferença inerente entre um jogador mediano da liga nacional e um da Triple-A (liga de acesso à Liga Profissional de Beisebol dos Estados Unidos)."

Além de usar os indicadores alternativos de Bill James, Beane aplicou outras ideias contestatórias. Nada de escolher arremessadores do ensino médio (de faculdades, tudo bem, mas dificilmente encontra-se bons arremessadores nos *campi*), nada de roubar bases nem fazer *bunts* (toque sutil que o rebatedor dá com o taco na bola apenas para colocá-la em jogo, geralmente com o intuito de fazer um corredor ganhar mais uma base). Mantenha o foco nos resultados e números reais, não em velocidade e porte físico. O beisebol é um jogo com uma história intensa e práticas doutrinadoras, portanto, com cada uma dessas decisões inovadoras, a abordagem de Beane foi considerada incomum, para dizer o mínimo.

As negociações de Beane tornaram-se lendárias. Alguns dirigentes de outros times da liga nacional não atendiam suas ligações, pois Beane já havia metido a mão no bolso deles no passado. A equipe administrativa do Athletics passou a usar a tecnologia e a proliferação de estatísticas disponíveis na internet para acompanhar a trajetória de cada jogador nas diferentes ligas amadoras e profissionais. Como o time procurava jogadores com um conjunto de habilidades diferenciado, conseguia "pagar barato" por um jogador que se encaixasse no perfil. Entretanto, Beane tinha de tomar cuidado porque se outro dirigente cuja equipe tivesse algum jogador de seu interesse tomasse conhecimento das intenções do Athletics, colocaria o valor do passe nas alturas, deixando o jogador fora do orçamento de Beane.

Os especialistas podem dizer que o segredo de gerir um negócio bem-sucedido está em reconhecer e reter talentos, negociar e manter-se dentro do orçamento. Essa regra não muda no mundo do beisebol. O que Michael Lewis consegue fazer é contar uma fascinante história de sucesso que oferece sucessivos insights para os negócios. Ainda assim, *Moneyball* é mais que a narrativa sobre um homem de negócios perspicaz. Michael Lewis conta uma história capaz de inspirar qualquer leitor a pensar de modo criativo e exclusivo, em vez de se limitar aos recursos escassos. A grande lição deste livro é a necessidade de encontrar novos indicadores. Encontrar um novo meio de gerir os negócios com parcimônia e criatividade. Este livro incomum deve ter lugar cativo na estante de todo homem e mulher de negócios.

Moneyball. W.W. Company, 2004.

PARA SABER MAIS >> Página 118, para outro excelente contador de histórias >> Página 121, para outros escritores formidáveis >> Página 257, para outro ponto de vista de seu pool de talentos. | E TAMBÉM: *O Jogo da Mentira* (Campus/Elsevier, 1992), de Michael Lewis; *Iludido pelo Acaso*, de Nassim Nicholas Taleb; e *Shoeless Joe*, de W.P. Kinsella.

APROFUNDANDO-SE EM DIFERENTES SETORES

Livros que tratam de determinados setores da economia não ficam apenas na superfície. Eles explicam como nosso trabalho se encaixa no contexto mais amplo, compartilham as práticas usadas em outros segmentos e mostram o que acontece por trás dos bastidores.

The Wal-Mart Effect

Charles Fishman

Nenhuma outra empresa atingiu o tamanho e o status do Wal-Mart. Seu foco persistente no custo e na eficiência tornou-o uma força dominante na economia mundial, definindo o padrão em embalagens, design de produtos e práticas empresariais. Com *The Wal-Mart Effect*, Fishman mostra como o gigante de Bentonville continua a mudar o mundo dos negócios.

O Grande Filme

Edward Jay Epstein

Epstein nos mostra os bastidores raramente vistos das operações de Hollywood e das seis principais empresas de mídia que dominam a indústria cinematográfica. Geralmente os custos de uma produção ultrapassam o faturamento; os grandes astros embolsam imensos salários enquanto as empresas de mídia geram lucros não pela venda de ingressos, mas com as licenças de reprodução e a comercialização de produtos relacionados ao filme. Esse é *O Grande Filme* resumido neste livro.

Oil on the Brain

Lisa Margonelli

Margonelli acompanha a trajetória do combustível proveniente de refinarias do mundo todo até os tanques dos automóveis. A autora conta a história do dono de um posto de gasolina independente que ganha mais vendendo água do que gasolina. Ela descobre que, ao comprar um carro novo, o consumidor geralmente se preocupa mais com acessórios supérfluos do que com a economia de combustível. Cada relato joga luz no processo complexo que envolve o abastecimento de veículos.

The Travels of a T-Shirt in the Global Economy

Pietra Rivioli

Rivioli, professora de Economia da Georgetown University, propôs-se a descobrir como é a produção de camisetas. Dos campos de algodão na cidade de West, no Texas, até uma confecção na China, a autora descobre que os políticos em Washington, D.C., ditam cada etapa do processo e, em última análise, o livre comércio tem um custo muito mais alto do que ela imaginava.

Para outros títulos sobre setores específicos da economia, visite o site (em inglês) www.100bestbiz.com.

Escrito por Kate Mytty e Rebecca Schlei

INOVAÇÃO E CRIATIVIDADE são aspectos que vão muito além das artes. Aliás, achar que a imaginação é algo restrito aos departamentos de arte não ajuda ninguém. Embora dramaturgos e compositores venham inovando há séculos, muito acima da criatividade encontrada nos outros setores, é prudente seguir algumas pistas. Nossas escolhas concentram-se na inspiração e no processo de desenvolvimento de novas ideias.

Orbiting the Giant Hairball

GORDON MACKENZIE

Resenhado por Todd

Adoramos perguntar aos leitores se eles já leram *Orbiting the Giant Hairball* porque, quando conseguimos resposta afirmativa, valeu a pena ter feito a pergunta. A resposta deles começa com o não verbal: pelo telefone, pode-se ouvir uma pausa conforme eles se lembram da experiência de ter lido o livro; pessoalmente, pode-se ver tudo o que se passa com a pessoa bem devagar – seus ombros caem um pouco, respiram fundo e sorriem. Somente depois é que respondem verbalmente com um simples "sim". Poucos livros geram tamanha resposta emocional.

Gordon MacKenzie começa seu livro com a história dos alunos de colégio e criatividade. Durante os workshops que ele promove para mostrar às crianças como faz suas esculturas de metal, MacKenzie sempre faz uma pergunta em suas aulas para saber quantos deles são artistas. Os alunos do ensino fundamental levantam a mão com muito entusiasmo, mas conforme as crianças vão crescendo, poucas são as mãos que se levantam. A pressão para se enquadrarem e "serem normais", tão comum à medida que as crianças crescem, abafa seus gênios criativos. Com essa pequena história, ele apresenta a má notícia – esse mesmo abafamento da criatividade acontece nas empresas.

MacKenzie explica que a frase "criatividade corporativa" é com frequência um oximoro. Ele teve um chefe que se referia à Divisão Criativa da Hallmark em que os dois trabalhavam como "uma bola de pelo gigante". A descrição incomodava MacKenzie até que ele refletiu sobre a questão: "De onde vêm as bolas de pelo?" "Bem, dois pelos juntos. Depois eles se juntam a outro, e a outro e a outro. Em pouco tempo, onde antes não havia nada, começa a se formar essa massa enrolada, impenetrável."

À medida que a bola de pelo cresce, tudo e todos são empurrados em direção ao núcleo. Os físicos organizacionais da normalidade e da conformidade comandam o dia. MacKenzie admite que é por isso que muitas organizações são bem-sucedidas. Contudo, o problema é que as pessoas nunca alcançam seu potencial total, e muito menos as empresas que os contrataram.

Todas as histórias e sugestões de MacKenzie promovem formas de conseguir manter a si e aos outros nessa órbita criativa. A solução do autor não é desembaraçar a bola de pelo, mas encontrar um jeito para as pessoas se livrarem das garras do poder da organização e, ainda assim, continuar em órbita. Alguns dos tópicos são surpreendentes. Ele passa um capítulo inteiro falando sobre provocação e como isso rouba das pessoas a confiança para correr riscos. O Capítulo 19 é apenas uma sentença longa: "Orville Wright não tinha licença para pilotar."

Em outra história, MacKenzie, quando estava mobiliando um novo conjunto de escritórios, comprou uma coleção de latas de leite antigas. Quando decidiu usá-las como engenhosas lixeiras, foi forçado a justificar sua compra. Acusado de adquirir material de escritório não aprovado, ele ficou furioso. Seu colega de trabalho perspicaz salvou o dia quando sugeriu que os itens fossem doados à coleção de arte da empresa e depois devolvidos à companhia. Os regulamentos corporativos foram cumpridos e todos ficaram felizes. MacKenzie faz uma reflexão e diz que ter deixado sua raiva tomar conta da situação roubou dele a oportunidade de criar uma solução que funcionou para todos – uma habilidade daqueles que orbitam a bola de pelos gigante precisam ter.

"Orville Wright não tinha licença de piloto."

Suas histórias são inspiradoras, porém, o mais importante é que MacKenzie oferece um mapa às barreiras nas estradas da criatividade inerentes às organizações. Não é uma abordagem comum. Existem vários livros sobre como você mesmo pode se tornar mais criativo ou como sua equipe pode gerar mais ideias. O pano de fundo de uma pessoa criativa que trabalhe para uma organização criativa como a Hallmark torna a mensagem verdadeira e até mesmo mais profunda. ("Uau, se Gordon teve esses problemas, então a minha jornada será muito mais difícil.")

O que faz *Orbiting the Giant Hairball* ser diferente de qualquer outro livro de nossa coleção é a perfeita fusão entre palavra e imagem. Muitos livros de negócios tentaram usar gráficos e figuras para realçar a mensagem, mas, muitas vezes, fracassaram. O tratamento visual sempre parece ser algo secundário. MacKenzie utiliza ilustrações como indicadores em todo o texto em vez das costumeiras citações destacadas ou títulos de seções. Seu bordão sobre a evolução organizacional proposta da Hallmark, de pirâmide para uma cerejeira, aparece em um papel quadriculado amarelo como notas para rabiscar, e um pedaço de papel enrugado, no final do capítulo, descreve, em um instante, como foi a apresentação. A escolha inicial de MacKenzie de ser seu próprio editor também contribuiu para que o livro escapasse da tendência de ficar dentro das regras das bolas de pelos gigantes.

A única coisa que me deixaria feliz por ter escrito esta resenha seria você responder "sim" quando alguém lhe perguntasse se você leu *Orbiting the Giant Hairball.* Um sorriso inspirador por si só já valeria a pena.

Orbiting the Giant Hairball: A Corporate Fool's to Surviving with Grace. Viking, 1998.

PARA SABER MAIS >> Página 67, para mais informações sobre as bolas de pelo << Página 30, para "coisas mágicas que podem ser feitas com essa bola" | E TAMBÉM: *Rules of the Red Rubber Ball,* de Kevin Carrol; *One Great Insight Is Worth a Thousand Good Ideas,* de Phil Dusenberry; e *Unstuck,* de Keith Yamashita e Sandra Spataro.

The Art of Innovation

A Arte da Inovação. Futura, 2001.

TOM KELLEY E JONATHAN LITTMAN

Resenhado por Todd

IDEO, empresa de design bem-sucedida do Vale do Silício, deu vida a uma lista surpreendente de produtos revolucionários – o mouse original da Apple, a agenda eletrônica portátil Palm V, os monitores premiados da Samsung – deixando os outros curiosos em saber qual o diferencial da IDEO para criar produtos e serviços tão memoráveis.

A resposta pode ser encontrada em *A Arte da Inovação*, um livro com a característica inconfundível do século XXI sobre como gerar novas ideias. As primeiras páginas são mais um tipo de biografia da empresa do que um guia para a transformação de produtos, mas, quando chega o Capítulo 3, o texto toma fôlego e mostra por que é um excelente exemplo de como um livro de negócios pode se tornar tão valioso. A IDEO abre suas portas e leva o leitor a um passeio em que revela o que torna o estúdio/empresa tão bem-sucedida. O autor e gerente geral da IDEO, Tom Kelley, adverte os leitores a não pensarem que existe uma formula mágica para a geração de novas ideias – uma lição que exemplifica o tipo de conselho honesto que se propaga por todo o livro.

Muitos dos métodos que Kelley recomenda contêm uma mentalidade das "melhores práticas". A crença principal da IDEO, na observação, foi emprestada da antropologia. A observação leva a insights inesperados: escovas de dente maiores, mais grossas, são melhores para quem tem mãos menores. A empresa ignora o mito da pessoa única e acolhe o poder das equipes, apontando para um grupo de 14 pessoas que ajudou Thomas Edison a inventar o telefone, a vitrola e a lâmpada, como exemplo. Fazer protótipos, uma atividade associada com engenheiros e técnicos, é simplesmente uma palavra para fazer; os modelos tornam-se as manifestações físicas da predisposição deles para a ação.

O brainstorm é parte essencial do processo de inovação na IDEO. Em vez de reuniões nebulosas debruçadas sobre café e bolo, Kelley diz, cada pessoa que participa do brainstorm deve começar a sessão com uma opinião clara, visivelmente focada no problema, com 60 minutos de sessão produzindo 100 ideias. Para melhorar a memória do grupo, cubra tudo na sala com papel; isso permite bastante espaço para as ideias e fica mais fácil voltar e encontrar uma que precise ser mais trabalhada. Enumerar cada uma delas é um truque simples que a IDEO aprendeu para motivar o grupo, e que permite o movimento rápido entre as ideias, sem perder o lugar do grupo. As melhores práticas mostram que as sessões de brainstorm são mais do que uma ferramenta na IDEO. Kelley esclarece: "É, também, uma influência cultural difundida para ter certeza de que as pessoas não percam muita energia girando em círculos..."

"Reconheça publicamente uma pessoa que assume riscos, uma que quebra regras, até mesmo um fracasso, e explique por que toda empresa bem-sucedida precisa delas."

A arte da inovação ensina que as melhores ideias surgem muito mais do que quando se sonha acordado. A observação triunfa sobre a conjectura. As equipes vencem os indivíduos. Fazer alguma coisa acontecer sempre supera a imaginação de como poderia ser.

The Art of Innovation: Lessons in Creativity from IDEO, America's Leading Design Firm. Currency/Doubleday, 2001.

PARA SABER MAIS >> Página 244, para hábitos que estimulam a criatividade << Página 160, para o que impede o "fazer" << Página 165, para como manter as equipes conversando | E TAMBÉM: *As Dez Faces da Inovação* (Campus/Elsevier, 2007), de Tom Kelley e Jonathan Littman; *Thoughtless Acts?*, de Jane Fulton Suri e IDEO; e *Everyday Engeneering*, de Andrew Burroughs e IDEO.

Jump Start Your Business Brain

DOUG HALL

Resenhado por Jack

Talvez você já tenha tido a chance de ver Doug Hall na televisão como um dos juízes do reality show *American Inventor*. Suas qualificações para aparecer no programa e escrever este livro incluem tornar-se inventor aos 12 anos, tirar o diploma universitário em Engenharia e dedicar-se durante anos à Procter & Gamble como o principal inventor de marketing, antes de começar sua empresa, a Eureka! Ranch – uma organização cujo único propósito, de acordo com seu site, é acelerar o crescimento da receita. O livro de Hall, *Jump Start Your Business Brain*, compartilha com os leitores seu sistema de análises desenvolvido na Ranch: com isso ele acredita que é possível melhorar, de forma acentuada, as chances de sucesso de um próximo projeto ou ideia.

Os conceitos de Hall baseiam-se em análises científicas. Sessenta mil pontos de dados suportam seu sistema analítico, junto com "mais de 1.200 mil reações de clientes aos conceitos do novo negócio [que] foram mensurados e analisados para identificar as verdades essenciais que definem as ideias dos clientes vencedores". Na primeira parte, "A física do marketing", Hall afirma que existem três fatores que podem melhorar muito suas chances de sucesso para o próximo produto ou ideia. De fato, ele garante que é possível melhorar a porcentagem de sucesso dos 20% usuais para bem mais de 40% ao seguir esses ensinamentos. Os três princípios são: (1) Benefício Visível – ou O que o cliente ganha com isso? Hall ensina que se deve ser muito direto com o benefício visível para abrir espaço no mercado; (2) Razão Verdadeira para Acreditar – a confiança do cliente nunca esteve tão em baixa e, por isso, é crucial que você seja digno de crédito e cumpra suas promessas; e (3) Diferença Dramática – "sem exclusividade você tem uma commodity que gera margens de lucro compatíveis com qualquer produto produzido em massa". Segundo Hall, essa exclusividade, que deve ser dez vezes maior do que você acha que deveria ser, tem também de ser uma função do Benefício Visível e da Razão Verdadeira para Acreditar. Quando o cliente se baseia em experiências anteriores positivas e relevantes, sua empresa tem mais chances de sucesso. Em resumo, Hall diz que o Benefício Visível é o *que* você está oferecendo, a Razão Verdadeira para Acreditar e *como* você vai cumprir sua promessa e a Diferença Dramática é *por que* os clientes devem ficar entusiasmados.

Na parte seguinte, "Criatividade Capitalista", Hall apresenta três leis fundamentais para a geração de ideias de sucesso: (1) Explore o estímulo – "estímulos são o combustível que alimenta o pensamento de crescimento do negócio – ou, na verdade, qualquer pensamento criativo": (2) Tire o melhor proveito da diversidade – "a diversidade é o combustível que transforma a fagulha em uma reação em cadeia de criação de ideias contínuas"; (3) Encare os medos – as duas leis anteriores somente começam a existir quando você enfrenta seus medos. O capítulo sobre encarar os medos é uma revelação porque você descobrirá que enquanto muitas pessoas usam outras limitações, como orçamento, normas organizacionais ou empregados passivos como desculpas para limitar o crescimento criativo de uma empresa, é, de fato, o medo que pode estar na raiz de qualquer limitação imposta. Encontrei essa declaração em um livro do poeta David Whyte que foi especialmente revelador: "'Criatividade é parar de se esconder e expor-se. Praticar a criatividade é humilhar-se em público.'" Hall deixa claro que a criatividade pode, algumas vezes, exigir que a pessoa coloque o ego de lado ou nade contra a maré em uma reunião. Embora não confortável, este é um desafio essencial para a maioria de nós.

"A missão deste livro é... ajudar os gerentes a criar produtos, serviços e propaganda que convençam os clientes a gastar dinheiro."

A inspiração para a pesquisa de Hall veio do trabalho de W. Edwards Deming. Hall relata o que Deming ensinou:

> A única maneira de melhorar a qualidade da fabricação era aprimorar o processo através de sistemas melhores, treinamento do trabalhador e aprimoramento sistêmico. Quando o processo é melhorado, afirmava o Dr. Deming, o resultado inevitável é uma reação em cadeia de redução de desperdício, menos retrabalho e maior satisfação do cliente. Conserte o sistema, dizia Deming, e você consertará a fábrica.

Hall pegou essa filosofia e a aplicou aos conceitos de geração de ideias e construção de negócios. Ele acredita que o conceito de Deming pode ser aplicado em qualquer pequeno negócio ou em seu departamento, e não está limitado aos sistemas de produção da fábrica. O problema pode não ser a concorrência, seus empregados ou o mercado. Em vez disso, Hall acredita que a causa de muita estagnação é a maneira como você escolhe novas ideias ou novos produtos. Com *Jump Start Your Business Brain*, ele nos fornece o processo necessário para melhorar nossas chances de "ganhar" a próxima sessão de geração de ideias.

Jump Start Your Business Brain: The Scientific Way To Make More Money. Emmis Books, 2001.

PARA SABER MAIS >> Página 194, para como dar a partida em sua start-up << Página 139, para mais sobre Deming >> Página 273, para como torná-lo memorável | E TAMBÉM: *Jump Start Your Marketing Brain,* de Doug Hall; *Cracking Creativity,* de Michael Michalko; e *Regras para Revolucionários* (Campus/Elsevier, 1999), de Guy Kawasaki e Michele Moreno.

SUGESTÕES DE CONFERÊNCIAS

A comunicação contínua com seus pares inspira progresso e estimula novas ideias. Que lugar é melhor para continuar o diálogo do que uma conferência, na qual você pode ouvir os líderes do setor compartilhando ideias e falando sobre elas com quem estiver ao redor?

SXSW Interactive

É aqui que geeks consagrados, criadores de conteúdo sérios, empreendedores da nova mídia e pessoas criativas se reúnem por cinco dias de debates instigantes e festas. Cerca de 400 especialistas do ramo vêm a Austin, Texas, para compartilhar seus conhecimentos. Não existe escassez de informação nesta conferência educacional moderna. Além dos grupos, há uma Feira de Negócios de Filmes/Interativos (IF!) + exposição de demonstração de ferramentas empregadas por criadores digitais e cineastas afins. Há também, é claro, o festival de música.

TED Conference

Mais de mil pessoas comparecem ao evento anual em Monterrey, Califórnia. Já está tudo vendido com um ano de antecedência. O conteúdo é ciência, negócios, artes e assuntos globais. Durante quatro dias, cada um dos cinquenta palestrantes tem 18 minutos para fazer a apresentação aos participantes. Sem divisão por grupos de trabalho, todos podem compartilhar as mesmas experiências. É por isso que essa conferência é um sucesso — todo o conhecimento está conectado e é compartilhado.

Gel

A GEL (Good Experience Live – boa experiência ao vivo) cobre um conjunto de tópicos variados, de cinema e literatura até negócios.
Os participantes saem sentindo-se renovados e inspirados depois de terem visitado as galerias de arte da cidade de Nova York, partilhado experimentos tecnologicos e aprendido com as oficinas.

POP!Tech

Todo mês de outubro, 500 pensadores visionários de ciências, tecnologia, negócios, design, artes, educação e governo encontram-se em Camden, Maine, para explorar ideias e tecnologia de ponta e as forças de mudança que estão moldando nosso futuro coletivo. Os participantes compartilham o que aprenderam com as comunidades pelo mundo todo e por meio de livros, televisão, eventos ao vivo via satélite e muito mais. Mesmo depois do término da conferência Pop!Tech, as conversas continuam a inspirar as pessoas ao redor do mundo.

Escrito por Aaron Schleicher

A Whack on the Side of the Head

Um "Toc" na Cuca: Técnicas para quem quer ter mais criatividade na vida. Cultura, 1989.

ROGER VON OECH

Resenhado por Jack

Todas as ideias têm um ciclo de vida. Elas nascem, vivem e morrem, e é preciso que novas ideias venham substituí-las porque, diferentemente de bons cachorros, boas ideias não vêm quando são chamadas. O desafio de ser criativo é eterno, e quando o negócio é gerar ideias, a nova tecnologia não necessariamente torna o desafio mais fácil. Mas o livro de Roger von Oech sim. Ele pegou um assunto potencialmente complicado, devido a sua subjetividade, e o desmembrou em conselhos estimulantes e funcionais.

No núcleo do livro estão 10 capítulos que descrevem, em detalhes, o que von Oech acredita serem os maiores bloqueios mentais à criatividade. Cada capítulo aborda esses perigos: seja prático, siga as normas, brincar é falta de seriedade, evite ambiguidade, não seja bobo. Em cada capítulo o autor concentra-se nos fundamentos do pensamento criativo. Por exemplo, do capítulo "Seja Prático" vem o conselho: "Quando for julgar novas ideias, concentre-se inicialmente nas características positivas, interessantes e potencialmente úteis. Essa abordagem não somente neutraliza uma predisposição negativa natural, mas também permite que novas ideias sejam desenvolvidas." Sendo um cara que sempre tentou ser pragmático no que diz respeito a novas ideias, fui acusado de ser negativo. Essa abordagem fundamental mostra que ao mudar as lentes através das quais você olha primeiro para uma ideia, pode abri-lo para um acordo ou até mesmo uma inspiração.

No final de cada capítulo há um resumo igual a este de "Brincar é falta de seriedade": Se a necessidade é a mãe da invenção, a brincadeira é o pai. Use isso para fertilizar seu pensamento.

> **DICA**: Da próxima vez que tiver um problema, brinque com ele.
> **DICA**: Se você não tem um problema, brinque de qualquer jeito. Talvez você tenha algumas ideias novas.

Muitas vezes existe uma séria desconexão ao usar o pensamento criativo para resolver problemas de negócios. Muitos acreditam que os fatos e as pesquisas levam a soluções antes de passar algum tempo para brincar, achando que brincar não é trabalho sério.

"Ao mudar a perspectiva e brincar com nosso conhecimento, podemos transformar o comum em extraordinário."

Os exercícios que von Oech usa para estimular a criatividade na resolução de problemas são únicos. Por exemplo, ele oferece aos leitores o seguinte cenário: Você é um profissional de marketing e lhe foi dado o desafio de promover o acúmulo excessivo de estoque de $1 milhão de uma empresa de rolamentos de esferas. O que você faz? O pensamento criativo primeiro permite que você busque ideias dentro de sua experiência, mas depois é necessário tentar abordagens diferentes, uma depois da outra e muitas vezes, não indo muito longe. Mas não se pode ter limites. "Usamos ideias loucas, bobas e não práticas como trampolim para novas ideias práticas", diz von Oech. Uma vez que o cenário tenha passado por um brainstorm, ele revela as possibilidades, que incluem: use o rolamento de esferas como medidor de nível, costure-os em um colete de lona e use-os como "roupa de peso" para atletas em treinamento ou use-os como recheio de pufes ou de outros tipos de mobília. O autor explica que "o objetivo desse exercício é que uma ideia, um conceito ou uma coisa – nesse caso um rolamento de esferas – tome o significado do *contexto* no qual você o colocou. Se você trocar o contexto, ele terá um significado diferente. Por exemplo, transferir os rolamentos de esferas do contexto das 'coisas que reduzem fricção' para o de 'coisas que brilham e são bonitas' nos dará todos os tipos de joias e ideias de arte". Esse exercício é um jeito eficaz de mostrar como até mesmo quando estamos pensando de forma criativa, muitas vezes temos barreiras autoimpostas que, de fato, limitam nossa criatividade. Remover as barreiras, algumas vezes até no sentido literal, é uma maneira de abrir nossos olhos para possibilidades adicionais.

É difícil transmitir todas essas informações de estímulos que Roger von Oech compartilha conosco nessa pequena resenha. Em cada página você sentirá uma nova luz sobre como a criatividade deveria fazer parte de nosso trabalho. Ele distribui cotas de mudança de perspectiva em todo o livro, por exemplo: "'Uma descoberta consiste em ver o que todo mundo já viu e pensar o que ninguém pensou'", de Albert Szent-Gyorgyi e "'Todo ato de criação é, antes de tudo, um ato de destruição'", de Pablo Picasso. *Um "Toc" na Cuca* é um guia que irá ajudá-lo a descobrir sua alma criativa.

A Whack on the Side of the Head: How You Can Be More Creative. Business Plus, 2008.

PARA SABER MAIS >> Página 287, para outro kit de ferramentas de criatividade << Página 88, entrando na cabeça de alguém >> Página 88, para algumas perspectivas estimulantes | E TAMBÉM: *Um Pequeno Passo Pode Mudar Sua Vida: O método Kaizen* (Nova Fronteira, 2005), de Robert Maurer; *Guia Prático para a Criatividade* (Ediouro, 1996), de Julia Cameron; e *Creativity*, de Mihalyi Csikszentmihalyi.

The Creative Habit

TWYLA THARP

Resenhado por Todd

Minha paixão por grandes ideias malucas certamente obscurece minha visão, mas depois de ler *The Creative Habit,* de Twyla Tharp, fiquei certo de que a inovação corporativa não se compara aos desafios da criação artística. Antes que você comece a enumerar todas as diferenças, eu pediria que você parasse e considerasse a última campanha de marketing ou atualização de maquinário em que esteve envolvido. Você mensurou os resultados com base no crescimento das vendas e comparou com os resultados de seus concorrentes... ou imaginou se ele se comparava a uma pintura de Picasso ou a uma invenção de Edison? A Apple está justamente fazendo isso, e talvez seja hora de você começar a fazer o mesmo.

"Scratching" é o termo que Tharp, uma das maiores coreógrafas americanas, atribui aos passos exploratórios iniciais para conceber uma nova ideia. O assunto a ser investigado (*scratch*) vem de nossa experiência – recordar o passado, conversar com os amigos, observar a natureza. "Investigue entre os melhores e você irá aumentar automaticamente a qualidade das ideias concebidas." Para Tharp, a música que ela escolhe faz ou quebra a dança que ela cria, e Mozart, Beethoven, Brahms e Haydn são suas primeiras opções. Os companheiros que você escolhe na fase investigatória moldam todo o processo criativo.

Depois que essas ideias iniciais alçam voo, você precisa de um meio de capturá-las. Para Tharp, todo projeto começa com uma simples caixa de papelão. Tudo o que ela consegue durante o processo fica nessa caixa, da mesma forma que um músico pode capturar uma melodia em uma pauta ou um ilustrador registra um esboço em um caderno de rascunho. Qualquer que seja o dispositivo, as inspirações são guardadas em algum local para que confinem a própria criatividade. O primeiro item de cada uma de suas caixas é uma ficha que especifica o objetivo do projeto. Para seu show da Broadway, "Movin' Out", uma caixa desdobrou-se em 11 caixas. As fichas diziam "contar uma história" e "fazer a dança valer para os dançarinos", e as caixas continham itens como a discografia completa de Billy Joel, uma cópia do filme "Embalos de Sábado à Noite" e um colete de macramê.

Tharp discute a criatividade com a graciosidade que permeia sua carreira de coreógrafa. Como uma extensão natural de seus olhos para a arte, o design do livro é elegante, com um texto superdimensionado preenchendo páginas superdimensionadas. À narrativa, seguem-se exercícios – outro paralelo com sua vida de dançarina. O material revela mais sobre a autora, o processo criativo e – esperamos – o leitor participativo. Tharp termina seu livro com um senso de satisfação em relação à vida que ela escolheu: "Quando as peças se juntam, uma vida criativa tem o poder de alimentar o que normalmente associamos ao alimento, ao amor e à fé."

"Aplicar algoritmos à criatividade equivale à tentativa dos bioquímicos de descobrir a fórmula da química do amor. Esta empreitada requer um toque de romance."

Em *O Cérebro do Futuro:* (Campus/Elsevier, 2007), Dan Pink afirma que "o novo MBA virou MFA (Master in Fine Arts – Mestre em Belas Artes)", e ele está certo. Os artistas vêm se envolvendo com a constante e sistemática geração de ideias por séculos há mais do que nós, pobres tipos corporativos. Já é hora de empregarmos esses mesmos métodos de criatividade para enriquecer nossos projetos. Antes que a próxima tela em branco ou página vazia cruze o seu caminho, adquira um exemplar de *The Creative Habit* e, depois de devorá-lo, deixe-o na mesa de cabeceira por muito tempo.

The Creative Habit: Learn It and Use It for Life. Simon & Schuster, 2006.

PARA SABER MAIS >> Página 71, para o que acontece no setor quando se encontra inspiração » Página 202, para como os negócios também precisam de prática | E TAMBÉM: *The War of Art,* de Steven Pressfield; *O Cérebro do Futuro:* (Campus/Elsevier, 2007), de Daniel H. Pink; e *Bird by Bird,* de Anne Lamott.

The Art of Possibility

A Arte da Possibilidade. Campus/Elsevier, 2001.

ROSAMUND STONE ZANDER E BENJAMIN ZANDER

Resenhado por Jack

Há cerca de dez anos, a Harvard Business School Press contou com a presença de Benjamin Zander em sua convenção anual, quando ele elaborava seu livro que seria publicado a seguir. Eu estava presente naquele dia e constatei que ele era um dos melhores motivadores que já havia conhecido. Zander é maestro da Filarmônica de Boston, professor e, como pude ver na convenção, um brilhante comunicador. Junto com sua esposa, Rosamund Stone Zander, *coach* de executivos e terapeuta familiar, ele escreveu um livro sobre possibilidades, usando histórias inspiradoras, parábolas, e relatos pessoais engraçados. Logo de cara, eles escrevem: "Partimos da premissa de que muitas das circunstâncias que bloqueiam nossa vida cotidiana podem apenas parecer fazê-lo, em função do contexto dos pressupostos que carregamos. Elabore um esquema diferente para o mesmo conjunto de circunstâncias e novos caminhos irão surgir." A forma de internalizar essa transformação reside, como Zander aprendeu em sua carreira na música, na prática.

A primeira "prática" do livro é "Foi tudo invenção". Após páginas de pesquisa científica demonstrando como os animais, os insetos e os seres humanos percebem seu ambiente e buscam sentido nessas sensações, os autores afirmam que estamos confinados pelos conceitos que criamos. Nós não enxergamos além de nossos pressupostos. A prática vem de questionar esses pressupostos. Uma vez que a realidade "é invenção", inventar uma história ou criar um esquema de significado que aumente nossa qualidade de vida e da vida dos que nos rodeiam é o primeiro passo.

Benjamin Zander lecionava em um curso de graduação do New England Conservatory para instrumentistas e cantores. Depois de 25 anos de ensino, ele percebeu que, ano após ano, seus alunos tinham muito medo das audições de conclusão de curso porque temiam os riscos em função de seu desempenho. Então Zander começou seu próximo curso dizendo que todos tirariam nota 10. A única exigência era que os alunos escrevessem uma carta a Zander do futuro começando com "Prezado Sr. Zander, tirei dez porque..." e incluíssem nessa carta o que eles haviam feito para merecer tal nota. As cartas que Zander cita em seu livro são verdadeiramente surpreendentes em sua percepção e paixão. Quando você remove a pressão da nota, você libera a criatividade. Os alunos descobriram a liberdade de correr riscos que não teriam coragem de tentar se Zander não tivesse removido a limitação da avaliação acadêmica.

"Uma fábrica de sapatos manda dois olheiros de marketing para uma região da África para estudar as perspectivas de expansão do negócio. Um deles manda um telegrama dizendo, SITUAÇÃO PÉSSIMA PT NINGUÉM USA SAPATOS. O outro envia um telegrama triunfal, dizendo EXCELENTE OPORTUNIDADE DE NEGÓCIO PT ELES NÃO TÊM SAPATOS."

O simples ato de erradicar nossos instintos limitados por regras pode transformar uma sala de aula ou uma cultura corporativa. O casal Zander refere-se a isso como a "Regra Número 6". A essência da regra é que não existem regras e que você deve relaxar e parar de se levar tão a sério. Quando você relaxa, as pessoas à sua volta seguem o exemplo: "Este novo universo é de natureza cooperativa e conta com a realização de todos os nossos desejos cooperativos." Afastar as limitações autoimpostas dá espaço para um nível mais profundo de interação, o que resulta em novas possibilidades.

Você pode imaginar as mudanças que as 12 lições restantes inspiram, com outras "práticas" como Acender uma Fagulha, Liderar de Qualquer Poltrona e Como as Coisas São. A leitura deste livro pode ser revolucionária se você estiver aberto às ideias de Zander – se você estiver interessado em encontrar mais contentamento e satisfação em seu trabalho e em sua vida. *A Arte da Possibilidade* ensinou-me a enxergar através de uma lente diferente, que leva a uma vida mais humana, satisfatória e apaixonada.

The Art of Possibility: Transforming Professional and Personal Life. Penguin, 2002.

PARA SABER MAIS >> Página 236, para a arte da inovação » Página 207, para a arte em pequenas empresas » Página 45, para como a liderança é uma arte | E TAMBÉM: *Você Está Preparado para o Sucesso?* (Campus/Elsevier, 2006), de Srikumar S. Rao; *Reinventando o seu Próprio Sucesso* (Campus/Elsevier, 2007), de Marshall Goldsmith e Mark Reiter; e *Liderança e a Nova Ciência* (Cultrix, 1999), de Margaret J. Wheatley.

Existem alguns livros internacionais de gestão que valem a pena ser lidos e que você não encontrará em sua livraria local. Cada livro é radicalmente diferente de um livro tradicional de gestão, único no formato e repleto de ilustrações. Se procura novas perspectivas, você encontrará algumas nestes livros.

Novas Perspectivas

que <u>não</u> se encontram na livraria mais próxima

Creativity Today

Igor Byttebier e Ramon Vullings, Holanda

Byttebier e Vullings acreditam que criatividade é importante em todas as carreiras e que você é responsável pelo desenvolvimento de sua criatividade pessoal. Eles ajudam a promover a criatividade com estudos de caso, exercícios e diversos desafios, como encontrar soluções para congestionamentos no trânsito e filas de espera.

The Idea Book

Fredrik Härén, Suécia

Uma boa ideia é muitas vezes inspirada por algo que vem de fora. Com esse objetivo, *The Idea Book* tem 150 páginas repletas de formas de aprender sobre criatividade por meio de diversas atividades, histórias e citações de pensadores famosos, como Albert Einstein e o fundador da IKEA, Ingvar Kamprad, intercaladas por 150 páginas em branco para anotar novas ideias, à medida que surgem.

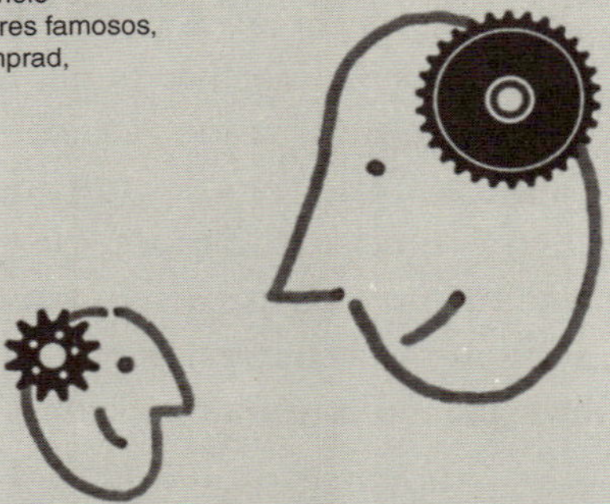

Life's a Pitch

Stephen Bayley e Roger Mavity, Reino Unido

Dois livros distintos se juntam em *Life's a Pitch*. Ambos tratam de apresentação. Segundo Mavity, as pessoas respondem mais prontamente à emoção do que à lógica, e o modo como você se apresenta é mais importante que o produto que está vendendo. Bayley vê a vida como um teatro e escreve sobre como se tornar um ator melhor.

KaosPilot A-Z, 2ª edição

Uffe Elbaek e amigos, Dinamarca

Em 1991, Elbaek fundou uma revolucionária faculdade de administração chamada KaosPilot, com um currículo baseado em criatividade, projetos e design de negócios. Este livro incorpora essa educação. Na lista de colaboradores constam a saudosa Anita Roddick, da The Body Shop; Kevin Kelly, da revista *Wired*, e outros. Elbaek explica que "*KaosPilot A-Z* é um livro repleto de valores, convicções e orientações cruciais; cheio de vida, referências, dicas, flashbacks, pontos de vista e altos e baixos... ah, e também tem várias figuras".

Escrito por Kate Mytty e Dylan Schleicher

GRANDES IDEIAS Estes livros levam a encruzilhadas inexploradas, que conectam o conhecimento comum ao mais avançado entendimento do mundo. Novas percepções surgem nestas esquinas, quando as muralhas da disciplina acadêmica são removidas. O futuro dos livros de gestão está aqui.

The Age of Unreason

A Era da Irracionalidade. Cetop, 1992.

CHARLES HANDY

Resenhado por Jack

Quando eu tinha minha loja de discos, conhecia meu produto melhor do que qualquer um que entrasse na loja porque tenho paixão inata por música. Porém, quando mudei de ramo para vender livros de gestão — tenho que confessar – eu me dava bem nas conversas ao fornecer informações sobre os editores ou detalhar o histórico de um autor. Eu podia falar sobre qualquer coisa, menos sobre o conteúdo, pois não tinha a formação acadêmica ou a experiência pessoal para discutir os méritos de determinado livro. *A Era da Irracionalidade* foi o primeiro livro de gestão a falar minha língua. Foi através dele que Charles Handy abriu meu caminho para os livros de gestão.

Nascido e criado na Irlanda, filho de um arcediago e educado em Oxford, Handy ficou dez anos na Shell. Na década de 1960, ele cursou a Sloan School of Business, onde conheceu Warren Bennis e outros líderes de vanguarda que lhe despertaram o interesse pelas organizações e pela forma como trabalham. Depois disso, ele lecionou na London Business School por quase três décadas, escreveu 18 livros e muitos artigos. Handy se autodenomina "filósofo social" e é dessa perspectiva que ele defende a abordagem humanística da gestão que tanto me atraiu. Em *A Era da Irracionalidade*, Handy fala sobre mudança, vida e trabalho – coisas que são essenciais para uma vida melhor.

Quando da publicação de seu livro, em 1989, Handy declarou que "a Era da Irracionalidade está chegando", que a mudança "errática", uma mudança irregular e imprevisível, havia se estabelecido como norma. Handy dá um exemplo revelador de mudança errática. Quando ele começou a trabalhar ainda novo, a probabilidade é que trabalhasse 47 anos, 47 semanas por ano e 47 horas por semana, ou seja, um pouco mais de 100 mil horas. A geração seguinte trabalha a metade desse total, entrando para o mercado de trabalho depois da faculdade, trabalhando 37 horas por semana, 37 semanas por ano (devido a treinamento e feriados), totalizando apenas 50 mil horas. Tudo isso mudou em apenas uma geração. Imagine o efeito que isso pode ter no lazer, na educação, na vida familiar e em como a sociedade geralmente acaba passando o tempo.

Handy diz: "Agora, pela primeira vez na experiência humana, temos a chance de moldar nosso trabalho de acordo com a forma como vivemos, em vez de adequar nossas vidas a nosso trabalho. Seríamos loucos se perdêssemos essa oportunidade." Para conseguir isso, precisamos levar o trabalho para fora da organização, já que isso nos proporciona mais controle sobre ele. Com a mudança para 50 mil horas, temos mais tempo para ter esse controle, e Handy nos aconselha a gastar mais tempo descobrindo novos talentos, conhecendo novas pessoas e adquirindo novas habilidades.

"O objetivo deste livro é promover um melhor entendimento das mudanças que já nos cercam para que possamos, como indivíduos e como sociedade, sofrer menos e usufruir mais."

Handy não se opõe às organizações, embora ele enxergue um deslocamento gradual para uma organização "em forma de trevo". Dentro dessa estrutura, existem três grupos distintos de pessoas que são "gerenciadas diferentemente, remuneradas diferentemente e organizadas diferentemente" e das quais se esperam coisas diferentes. O primeiro dos três grupos é a "essência" – profissionais qualificados, gestores e técnicos. A segunda folha do trevo compreende terceiros, que realizam trabalho especializado, porém não essencial, e os membros da terceira folha são trabalhadores temporários e de meio período. Handy acredita que esse terceiro grupo seja o que mais cresce enquanto as empresas migram para a economia de serviços. A organização em forma de trevo, imaginada por Handy há quase vinte anos, está se comprovando nos dias atuais.

Mantendo a coerência com seu autodefinido papel como filósofo social, ele aplica o conceito de "trevo" às escolas. Além das escolas existentes, outra folha teria um administrador educacional, que criaria um programa educacional apropriado para cada aluno. A terceira folha abrigaria várias miniescolas com currículo especializado (escolas independentes, de arte, línguas, computação). Essa escola seria pequena, flexível e focada nas necessidades do aluno.

Tenho dificuldade de explicar como a obra de Handy me influenciou. Como muitos livros passam pela minha mesa e povoam as estantes de nosso depósito, é raro que eu tenha livros na minha estante pessoal. Mas Charles Handy é essencial. Tom Peters captou minha opinião sobre Handy quando, em maio de 2007, escreveu em seu blog: "Ele é um dos profissionais mais decentes e ponderados que já conheci. Concordamos com praticamente tudo quando se trata das 'coisas que contam'." Eu não poderia me exprimir melhor. Há muitos anos, tive a verdadeira honra de compartilhar um jantar com Handy. Este livro revelador e atemporal é a oportunidade de conhecê-lo.

The Age of Unreason: Reflections of Reluctant Capitalist. Harvard Business School Press, 1990.

PARA SABER MAIS >> Página 52, sobre como implementar a sua Irracionalidade » Página 57, sobre como divulgar sua Irracionalidade » Página 213, para conhecer uma empresa que sobreviveu à Irracionalidade | E TAMBÉM: *Myself and Other More Important Matters,* de Charles Handy; *The Age of Discontinuity,* de Peter Drucker; e *Nuts!,* de Kevin Freiberg e Jackie Freiberg.

Out of Control

KEVIN KELLY

Resenhado por Todd

O contínuo desenvolvimento da civilização humana tem sido determinado por nossa capacidade de controlar a natureza. O desenvolvimento da agricultura e a domesticação de animais exemplificam o entendimento que obtivemos sobre as plantas e os animais. A polinização cruzada de ervilhas descrita por Mendel em 1866 mostra um controle ainda maior, o primeiro passo em direção à bioengenharia moderna. Kevin Kelly, em seu livro escrito em 1994, *Out of Control*, contesta o conceito de controle e argumenta que os maiores avanços da ciência, da economia e dos sistemas sociais virão através do desenvolvimento livre de amarras.

Isso não significa que o controle não leve ao progresso, apenas que precisamos mudar nossa percepção sobre ele. Kevin acredita que mudanças nas funções de controle surgiram com o avanço dos controles automáticos. Por exemplo, o motor a vapor convertia água superaquecida em energia mecânica, mas foi somente quando James Watt acrescentou um regulador centrífugo que o mecanismo passou a se autorregular. O controle da energia foi seguido pelo controle dos materiais. Os mecanismos de alimentação disponíveis para os fabricantes tornaram possível a criação de uma infinidade de coisas. Kelly imagina: "Câmeras do tamanho de moléculas? Por que não? Cristais do tamanho de edifícios? Como queira... A matéria, em suas mais variadas formas, não mais representa barreira. Hoje ela é praticamente 'livre'." O novo regime de controle automático é o da informação, um paradigma que estamos apenas começando a entender. No entanto, na opinião de Kelly, esse é o paradigma que nos conduzirá a uma era de máquinas capazes de evoluir por si mesmas e tomar suas próprias decisões.

Em 1990, alunos graduados pela Carnegie Mellon projetaram um robô equipado com seis pernas, batizando-o de Ambler. Os projetistas do Ambler esforçaram-se para criar uma máquina que pudesse funcionar autonomamente e que fosse dotada das capacidades necessárias para uma jornada hipotética ao planeta Marte. Mas a criação de duas toneladas mal podia se locomover pela área de teste. A falha do Ambler era o cérebro centralizado e sua necessidade de considerar cada escolha antes de fazer o mais ínfimo movimento. No MIT (Massachusetts Institute of Technology), Rodney Brooks abordou o problema de modo diferente, inspirado na etiologia dos insetos. O robô criado por Kelly,

Genghis, tinha um diminuto microprocessador que operava cada uma de suas seis pernas, imitando os neurônios que as formigas e as baratas têm nas pernas. Cada perna prestava atenção ao que as outras pernas estavam fazendo e agia do mesmo modo, com pouco estímulo da parte de Rodney. Genghis corria pelo chão. Lentamente, Brooks ensinou a máquina a se locomover em ambientes mais complexos, com uma etapa simples construída a partir da etapa anterior.

"A complexidade deve evoluir a partir de sistemas simples que já funcionam", diz Kelly. Com a recente descoberta de neurônios no coração e papilas gustativas no estômago, percebemos que, na verdade, a vida humana também está bastante descentralizada, muito próxima do caos, ou seja, campos onde pululam agentes individuais, cada um representando seu pequeno papel na manifestação de um todo maior. Parece que aceitamos essa funcionalidade a partir de uma colmeia ou de um formigueiro, mas estremecemos ao pensar que a vida talvez possa ser resumida em sub-rotinas, umas construídas sobre as outras. O controle se assemelha a um reflexo multifacetado, mais que a uma consciência altamente estruturada.

"A canção diz: 'Ninguém está no comando. Não podemos prever o futuro.' Agora ouça o outro lado da história: Todos estamos no comando, e podemos aprender a prever o que vem a seguir. Aprender é viver."

As máquinas, sejam elas mecânicas ou biológicas, apenas arranham a superfície da complexidade. Consideremos a escala de muitas organizações humanas e como os indivíduos hoje estão engajados em sub-rotinas menores. Os mercados financeiros, com sua massa de negociantes, cada um agindo independentemente, indicam seu significado econômico através do preço, enquanto os computadores, ironicamente, freiam seu comportamento errático. A internet está dando os primeiros sinais de inteligência à medida que os participantes obtêm resenhas da Amazon, links para o del.icio.us (site desenvolvido por Joshua Schachter, que permite adicionar e pesquisar bookmarks sobre qualquer assunto), e votos no Digg (site que reúne links para notícias, podcasts e vídeos enviados pelos próprios usuários e avaliados pelos mesmos) e que filtram e conferem um significado maior à cacofonia de bits e bytes aleatórios.

Nesta resenha, não posso nem mesmo chegar perto da análise que Kelly faz nas 472 páginas de seu livro. Sua pesquisa é ampla e profunda, e o autor baseia-se na história para conquistar a credibilidade dos leitores e na ficção científica, para alimentar a imaginação destes. Embora escrito em 1994, *Out of Control* mantém qualidade presciente, pois ainda lutamos para aceitar e incorporar um mundo complexo e fora de nosso controle em vista de seu próprio projeto. Kelly diz: "Os poucos anos que restam deste século representam um tempo para fazermos um treinamento das obrigações que nos esperam no século XXI: 'deixar rolar', com dignidade."

Out of Control: The New Biology of Machines, Social Systems, and the Economic World. Basic Books, 1994.

PARA SABER MAIS >> Página 269, para controle da multidão (*crowd*) >> Página 49, para controle corporativo >> Página 16, para autocontrole. | E TAMBÉM: *Emergência* (Jorge Zahar, 2003), de Steven Johnson; e *Sync*, de Steven H. Strogatz.

ChangeThis

Em agosto de 2004, Seth Godin e sua equipe de estagiários desenvolveram um centro de distribuição para a troca internacional de ideias. Ali, pessoas comuns podiam encontrar outras pessoas interessadas em suas ideias e o público podia opinar sobre as que mereciam ser publicadas. Essas ideias novas estariam acima da média e incentivariam as pessoas a tomarem iniciativas.

Dessa forma nasceu o ChangeThis, site que mensalmente publica entre quatro e seis ideias, denominadas manifestos. Alguns manifestos começam como propostas de ideias apresentadas por pessoas de todas as partes do mundo. Essas ideias são submetidas à votação pelo público leitor; as mais populares passam a ser manifestos publicados. Outros manifestos são selecionados e desenvolvidos por pensadores conhecidos, incluindo Tom Peters, Donna Brazile, Malcom Gladwell, Michael Pollan, Al Gore e o próprio Set. Os tópicos vão desde a sustentabilidade da corporação, passando por criatividade, até a nutrição. Todos os manifestos podem ser lidos e distribuídos.

Os temas versam sobre a melhor forma de lidar com e-mails ou com seu tempo livre, ou sobre a maneira de administrar um espaço público visando o benefício da comunidade. ChangeThis procura disseminar ideias que tornariam melhor a vida das pessoas.

> “No momento em que surge, você, nem ninguém, tem certeza se sua ideia é boa. O máximo que você pode esperar é a forte impressão de que é realmente boa. Acreditar nos próprios sentimentos não é tão fácil quanto afirmam os otimistas. Existe uma razão pela qual os sentimentos nos assustam.”
> Hugh MacLeod, “How to Be Creative”. Edição 6.05, 19/10/2004

> “As empresas que aspiram a um objetivo maior... muitas vezes constatam que os clientes, representantes, fornecedores e empregados aplaudem seu êxito. Uma causa claramente definida pode mudar o mundo, seja ela grande ou pequena.” Ben McConnel e Jackie Huba, “The Customer Evangelist Manifesto”. Edição 1, 13/8/2004

> “Henry Ford poderia ter dito: “Somos todos fabricantes”, e estaria certo. Hoje podemos dizer: “Somos todos marqueteiros”, e também estaríamos certos. Seth Godin, “Marketing Mismatch: When New Won't Work With Old”. Edição 42.O1B, 16/1/2008

Para mais informações, visite o site changethis.com

The Rise of the Creative Class

RICHARD FLORIDA

Resenhado por Todd

Se você estiver lendo nosso livro, há uma boa chance de que seja membro da Creative Class (classe criativa) identificada por Richard Florida. Engenheiros, escritores, atrizes e arquitetos formam o núcleo desse novo segmento econômico que se expande ainda mais quando incluímos profissionais como advogados, contadores e gestores, que se valem da criatividade para resolver problemas. *The Rise of the Creative Class* fala sobre a descoberta de quem você é e apresenta também curiosas teorias sobre o papel da criatividade no desenvolvimento econômico.

A pesquisa de Florida mostra que aproximadamente 30% da força de trabalho americana se enquadra perfeitamente na classe criativa que cresceu de 20 milhões de membros, em 1980, para mais de 38 milhões, em 1999. O salário médio de um membro da classe criativa gira em torno de $48.750, quase o dobro do salário daqueles que trabalham nos setores de fabricação ou serviços, e essa quantia responde por metade da receita dos salários nos Estados Unidos. Mas as diferenças não ficam patentes apenas no que diz respeito aos membros.

Florida afirma que a classe criativa foge do convencional e prefere expressar sua individualidade. Por exemplo, nas entrevistas, a classe criativa pergunta aos possíveis empregados o que acham dos benefícios de parcerias do mesmo sexo, independentemente da orientação sexual do candidato, para deixar claro que a empresa é aberta à diversidade. Esse modo boêmio de pensar não é novo, mas hoje esses valores estão sendo adotados por um grupo cada vez maior. Entretanto, entre os critérios que possibilitariam o êxito, a classe criativa acredita no estabelecimento de recompensas obtidas através de trabalho árduo, na determinação de objetivos e nas conquistas, aspectos que separam esse grupo dos boêmios. A adoção desses valores pela classe criativa reflete uma variedade de tendências mundiais que vão desde a permissão do uso, no trabalho, de trajes mais descontraídos às sextas-feiras, até o interesse da empresa pela adaptação e pela saúde dos empregados.

O contrato social entre a classe criativa e seus empregados também mudou. Os trabalhadores esperam ser tratados como indivíduos, exigindo horários de trabalho flexíveis e um código de vestuário ainda mais flexível. Os gestores têm liberdade de personalizar sua abordagem de acordo com cada empregado;

assim, as empresas também se beneficiaram das mudanças ocorridas nesse relacionamento. Como a classe criativa é, basicamente, motivada por desafios, as empresas prendem seus empregados com uma sequência de novos produtos e rígidos programas de lançamento que, por sua vez, geram grande dedicação. Nesse arranjo, a recompensa não é recebida em dinheiro, mas através do reconhecimento dos colegas e dos líderes do setor.

"As melhores cidades, assim como as melhores empresas, realizam muitas coisas com propriedade, oferecendo algo para todas as pessoas."

Se a classe criativa espera regras diferentes no trabalho é porque seus membros seguem regras diferentes na busca por suas aspirações pessoais. "Em sua grande parte, o trabalho criativo é intelectual e sedentário; assim, os membros da classe criativa procuram recarregar as energias por meio de atividades físicas. Florida acredita que o crescimento meteórico do público das academias de ginástica e a crescente popularidade dos esportes radicais, do alpinismo ao esqui, revelam um grupo de pessoas que estão em busca de um estilo de vida criativo e ativo. Ele enfatiza ainda que as atividades às quais essas pessoas se dedicam vêm na forma de esportes individuais como correr, andar de bicicleta e nadar, atividades que, novamente, combinam com os interesses pessoais e com horários de trabalho flexíveis. Essa tendência a um estilo de vida diferente representa o âmago da pesquisa e das conclusões de Florida.

No passado, o acesso à água ou a outros recursos naturais determinava o potencial econômico de uma região. Mas, na opinião de Florida, a classe criativa representa o novo recurso que possibilita o crescimento econômico. Ao escolher um lugar para morar, a classe criativa procura "mercados com mão de obra abundante", que permitem fácil movimentação horizontal de uma empresa para outra. Alguns membros escolhem cidades com fácil acesso à recreação ao ar livre, o que permite flexibilidade para cumprir com horários de trabalho imprevisíveis. Como resultado das conclusões de Florida e com a publicação do livro *The Rise of the Creative Class,* o desenvolvimento econômico regional passou por grande confusão. A inutilidade dos investimentos feitos pelos governos dos estados e municípios para atrair grandes empresas ou financiar estádios esportivos para realização de jogos profissionais foi comprovada pela pesquisa de Florida. Por outro lado, sua tecnologia 3T, seu talento e tolerância representam a esquema básico do qual muitas empresas estão se valendo para aumentar seu capital criativo.

Florida diz que a classe criativa pode fazer muita coisa. Para começar, seus membros precisam reconhecer seus valores comuns relativos à individualidade e ao domínio exercido pelos talentosos, e deixar de lado suas já ultrapassadas diferenças, como, por exemplo, o artista *versus* o engenheiro ou o liberal *versus* o conservador. O próximo passo seria assumir um papel de liderança no crescente capital criativo, através de investimentos em pesquisa e desenvolvimento, tanto públicos quanto privados, e dar apoio às mais variadas formas da cultura local.

As questões econômicas regionais com as quais os líderes empresariais se deparam tornam produtiva a leitura deste livro, mas é a forma como Florida denomina uma nova tribo que fará muitos leitores se identificarem com as teorias do autor e as considerem extremamente estimulantes. Quem não deseja pertencer à Classe Criativa?

The Rise of the Creative Class And How it's Transforming Work, Leisure, Community and Everyday Life. Basic Books, 2004.

PARA SABER MAIS >> Página 234, para a tensão entre a criatividade e a organização >> Página 154, para a ligação existente entre a administração e a retenção >> A página 233 versa sobre a inovação e a criatividade. | E TAMBÉM: *Morte e Vida de Grandes Cidades* (Martins Fontes, 2000), de Jane Jacobs; *O Mundo é Plano* (Objetiva, 2005), de Thomas L. Friedman; e *Bowling Alone*, de Robert D. Putnam.

Emotional Intelligence

Inteligência Emocional: A teoria revolucionária que redefine o que é ser inteligente. Objetiva, 1996.

DANIEL GOLEMAN

Resenhado por Todd

Fazemos parte de uma sociedade cuja ideia fixa é testar nossa inteligência. Mas enquanto tomamos conhecimento dos baixos índices apresentados por nosso país em termos de leitura e de aritmética, o autor Daniel Goleman nos diz que o Quociente de Inteligência, ou QI de um indivíduo, não facilita nenhuma previsão. Os testes de QI representam uma relíquia dos tempos da Primeira Guerra Mundial, quando eram usados para selecionar os milhões de recrutas e designá-los para as posições que lhes fossem mais adequadas. Desde então, uma infinidade de estudos sobre o QI mostra que esse índice não ajuda a prever o êxito ao qual o indivíduo está predestinado no mundo real.

Goleman afirma que as emoções representam um papel mais importante na capacidade do indivíduo de aprender, agir ou se relacionar. E coloca o termo "inteligência emocional" (IE) no vocabulário coletivo, tornando popular a obra dos pesquisadores John Mayer e Peter Salovey. Publicado em 1995, o livro *Inteligência Emocional* é a mais extensa das obras de Goleman, e fornece a melhor pesquisa a respeito do modo como a IE influencia todos os aspectos de nossa vida.

A abertura do livro apresenta uma discussão sobre o autoconhecimento, a primeira das cinco capacidades identificadas na pesquisa original sobre a IE. Na sequência, o autor aborda a capacidade de o indivíduo lidar com as emoções: fala sobre a saudável capacidade do ser humano de detectar e modificar o próprio estado de espírito, passando por um nível intermediário que desperta a consciência, mas aceita um estado mental, seja ele bom ou ruim, até ser arrebatado por um tempestuoso e incontrolável coquetel de emoções. Goleman dá exemplos dos prejuízos que a pessoa sofre quando não sabe lidar com as emoções: Gary não consegue compreender as emoções da noiva, tampouco descrever as próprias, enquanto Elliot, após ser submetido a uma cirurgia para remoção de um tumor cerebral, tem seccionada a conexão neural que permite ponderar o valor emocional das alternativas, perdendo o poder de tomar decisões. Em ambos os casos, sem a capacidade de avaliar seu estado emocional, o indivíduo não consegue lidar com as próprias emoções, e controlá-las passa a ser uma grande façanha.

Nosso cérebro nos proporciona "pouco ou nenhum controle sobre o *momento* em que somos tomados pela emoção ou sobre o *tipo* de emoção que sentiremos". Portanto, ser capaz de controlar essas emoções no momento em que surgem, a segunda capacidade, é fator essencial. Irritação, ansiedade e melancolia são emoções que se desenvolveram ao longo da evolução da capacidade humana de lidar com o perigo, a incerteza e as perdas. Quase todos nós lutamos com formas brandas dessas emoções em nosso dia a dia e com base em pesquisas, Goleman propõe mecanismos que nos ajudam a lidar com as emoções. Ele sugere a leitura ou a televisão como forma de minimizar a irritação e a ansiedade; quando a melancolia e a introspecção tomam conta de nós, devemos sair para dar uma volta e conversar com amigos.

A empatia é tão importante quanto o autoconhecimento, afirma Goleman, e prossegue descrevendo a terceira capacidade da inteligência emocional. Grande parte das pistas que obtemos é gerada por comunicação não verbal. Desde cedo, os bebês tentam encontrar pistas indicando que seu modo de se expressar está sendo compreendido, e imitam o estado de espírito dos pais. Com 1 ano os bebês choram como reação ao choro de outra criança, e aos 2 anos conseguem separar seus sentimentos daqueles de outras crianças, oferecendo um consolo apropriado aos companheiros que demonstram descontentamento. Os adolescentes que desenvolvem tendência natural para a empatia são mais populares, mais extrovertidos e mais felizes nos namoros. A empatia não é uma qualidade fácil de cultivar, e colocá-la em prática requer a capacidade de abstrair-se das próprias emoções para perceber as emoções que estão sendo demonstradas por aqueles que nos rodeiam.

"O autocontrole emocional – adiar a satisfação e conter a impulsividade – é a base de todos os tipos de realização."

A quarta capacidade identificada por Goleman, ou seja, a administração dos relacionamentos, é a arte de controlar as emoções daqueles que estão a nosso redor. Os atores são mestres em brincar com as emoções do público. Os políticos e os líderes empresariais usam essas mesmas habilidades para motivar e persuadir seus constituintes e seus subordinados, respectivamente. Goleman sugere que a observação de crianças brincando é muito produtiva em termos da aquisição de percepções interessantes. Pesquisadores constataram que todas as crianças, sejam elas populares ou não, a certa altura são rejeitadas pelo grupo, mas em vez de forçarem a barra e chamarem a atenção, as crianças populares observam as outras e imitam o que o grupo está fazendo, para que nele sejam incluídas.

Por fim, manter as emoções sob controle pode também representar uma força poderosa na busca por relacionamentos bem-sucedidos. Isso começa com nossa capacidade de controlar os impulsos que poderiam atrapalhar nosso caminho. Na década de 1960, o psicólogo Walter Mischel desenvolveu um teste segundo o qual crianças de 4 anos podiam escolher entre comer uma deliciosa guloseima imediatamente ou esperar alguns minutos para comer duas. O nível de contenção era o prenúncio da capacidade de se relacionar com os outros à medida que as crianças entravam na adolescência. Os adolescentes que haviam demonstrado comedimento quando crianças abraçavam desafios, eram autoconfiantes e tomavam iniciativas, enquanto os adolescentes que, na infância, haviam se mostrado impacientes, eram tímidos, indecisos e tinham tendência a reagir de forma exagerada, ou seja, "tinham pavio curto". Procurar gratificação imediata, deixar-se dominar por esse instinto emocional, é a principal diferença entre um bom executor e um executor excepcional. Goleman sugere também que o otimismo e o cultivo de um estado de espírito positivo são essenciais para fazer a conexão entre as emoções e os esforços bem-sucedidos. Na verdade, hoje a MetLife usa o otimismo como fator determinante para novas contratações na área de vendas.

O livro *Inteligência Emocional* apresenta casos que levam o leitor a reconsiderar uma ampla gama de situações que ocorrem no trabalho ou em sua vida particular, e contém capítulos sobre casamento, gestão e formas de fazer as crianças compreenderem o significado da IE. Para a maioria, a mensagem será como aumentar a percepção sobre as emoções, o que resulta em relacionamentos mais saudáveis. Para muitos, será difícil não identificar, nas descrições de Goleman, situações pessoais, passadas ou atuais.

Emotional Intelligence: Why It Can Matter More Than IQ. Bantam, 1995.

PARA SABER MAIS >> Página 221, para as pessoas que se acham inteligentes >> Página 263, para como as emoções se manifestam a partir de nossos instintos mais primitivos. >> Página 47, para como o amor e a liderança caminham lado a lado. | E TAMBÉM: *Estruturas da Mente* (Artmed, 2005), *de* Howard Gardner; *Casamentos: Por que alguns dão certo e outros não* (Objetiva, 1998), de John Gottman; e *Executive*, de Harry Levinson.

Driven

PAUL R. LAWRENCE E NITIN NOHRIA

Resenhado por Todd

Minha esposa e eu sempre fazemos esta brincadeira quando observamos algum comportamento humano que não conseguimos compreender. Então perguntamos: "O que o homem das cavernas teria feito?" Na maioria das vezes fazemos essa pergunta quando observamos nossos filhos pequenos em suas atividades diárias, mas recentemente nossa reflexão sobre o comportamento tem sido mais ampla e inclui nossos próprios hábitos e motivos relacionados. Por mais que pensemos que tenhamos evoluído para indivíduos refinados, nossos impulsos são os mesmos de nossos ancestrais de 70 mil anos atrás.

Paul Lawrence e Nitin Nohria, professores da Harvard Business School, concordam. Em *Driven*, os autores apresentam a hipótese de que as ações do *homo sapiens* atual estão baseadas em um conjunto de impulsos geneticamente programados. Se você acha que sexo e fome fazem parte da lista, está enganado por um ponto de vista puramente biológico. Os autores assumiram o papel de pessoas estranhas ao mundo acadêmico, tentando ligar as áreas dos biólogos e cientistas sociais. Os autores lamentam que a compartimentalização do conhecimento dentro da psicologia, antropologia, sociologia e das ideologias populares dentro dessas disciplinas torne difícil propor uma teoria uniforme sobre o comportamento humano. Mas é essa a questão em *Driven*.

De várias maneiras, *Driven* é um estudo da teoria da evolução proposta há mais de quarenta anos, e Lawrence e Nohria fazem mais do que um simples trabalho de descrição dessa área. Os autores começam com uma ideia proposta pelo psicólogo Steven Pinker: a mente humana tem uma série de conjuntos de habilidades pré-programadas que vão desde os conceitos básicos de quantidade, a capacidade de escolher habitats adequados até um código moral e sentido do que é correto. Depois, continuam com a postulação do arqueólogo Steven Mithen de que foi a mistura dessas habilidades que levou ao grande salto cognitivo das espécies há 50 mil anos.

Lawrence e Nohria levantaram a hipótese de que, naquela época, o comportamento humano passou a ser estimulado por uma das quatro fontes: aquisição, ligação, aprendizagem e defesa. De forma superficial, é certo que tenham relação com a verdade, mas os autores têm o cuidado de mostrar essas quatro como fontes primárias e os outros motivos, que possamos relacionar de maneira instintiva a essas quatro fontes, como derivativos. Por exemplo, o impulso da aquisição normalmente está mais associado com a ambição e inveja, mas no fundo, esse impulso é pela sobrevivência a longo prazo. O impulso da ligação, de novo em termos evolucionistas, levou-nos à formação de tribos, aumentando, assim, a probabilidade de sobrevivência, mas também está relacionado a atrocidades como o genocídio. É o impulso da aprendizagem que melhor explica como os seres humanos evoluíram individualmente mais do que seus parentes primatas, com a persistência da religião e da arte em todas as culturas humanas conhecidas preenchendo as lacunas de nosso entendimento. O impulso da defesa protege os bens, relacionamentos e até mesmo ideologias e, por um lado, leva a desentendimentos e por outro, à guerra.

"Os seres humanos parecem ter predisposição a ser abertos e curiosos em relação a teorias novas, mas também parece ser verdade que não abandonam as teorias antigas até estarem convencidos de que as novas são melhores – ou seja, mais úteis, compactas e precisas."

Lawrence e Nohria dedicam a parte final do livro a aplicar sua própria expertise com as organizações, usando as lentes dos quatro impulsos. Começam com uma descrição quase utópica de trabalhadores naturalmente se relacionando uns com outros, o impulso de aquisição moderado pelas metas da empresa que foram bem comunicadas e as equipes se defendendo, tanto interna quanto externamente, por causa da necessidade de recursos. Depois os autores usam duas empresas dos Estados Unidos como exemplo de estudo de caso para o design organizacional dos quatro impulsos. Primeiro, a General Motors é comparada com as fabricantes de veículos japonesas. Os autores concluem que o crescimento da empresa sob o comando de Alfred Sloan foi resultado da ênfase no impulso de aquisição, jogando os gerentes e suas divisões uns contra outros pela alocação de recursos. Esse impulso tornou-se ainda mais proeminente na relação da empresa com os fornecedores e sindicatos nós últimos anos e contrasta com seus concorrentes japoneses, que estimulam a ligação através de um grande consenso na empresa e a aprendizagem através da devoção religiosa a uma melhoria contínua. De modo contrário, através das lentes dos autores, a Hewlett-Packard é a empresa exemplar, que fez tudo certo desde o início. A prova que apresentam mostra uma grande consideração dos fundadores Bill Hewlett e David Packard em abraçar um conjunto de valores que permite aos funcionários se engajar em todos os quatro impulsos. O resultado é uma capacidade quase incomparável de se adaptar às mudanças no cenário econômico e aos produtos tecnológicos.

Na tentativa de compreender melhor o comportamento humano, Driven apresenta uma análise esclarecedora para os pais e para mim e minha esposa. Por exemplo, a eficácia de dar a nossos filhos um "tempo" para corrigir o mau comportamento é explicada pelo isolamento temporário e a consequente incapacidade de se relacionar com o resto da família enquanto estão isolados por um tempo. A utilidade dos quatro impulsos de Lawrence e Nohria é explicar o aumento das dívidas com cartões de crédito nos Estados Unidos devido à facilidade com que esses cartões de plástico preenchem nosso impulso de aquisição. Não importa se sua aplicação é pessoal ou social, compreender e dar valor a esses impulsos básicos mostra outra visão dos pontos fortes e fracos em nossa espécie.

Driven: How Human Nature Shapes Our Choices. Jossey-Bass, 2002.

PARA SABER MAIS >> Página 178, para uma organização que satisfez os impulsos >> Página 173, para uma organização que não satisfez os impulsos >> Página 176, para mais sobre Darwin, que inspirou os impulsos. | E TAMBÉM: *Consiliência – A unidade do conhecimento* (Campus/Elsevier, 1999), de Edward O. Wilson; *The Third Chimpanzee*, de Jared M. Diamond; *The Origin of Wealth*, de Eric D. Beinhocker; *O Erro de Descartes* (Companhia das Letras, 1996), de Antonio Damasio; *Como a Mente Funciona* (Companhia das Letras, 1998), de Steven Pinker; e *Survival of the Sickness*, de Sharon Moalen e Jonathan Price.

To Engineer Is Human

HENRY PETROSKI

Resenhado por Todd

Tudo falha; é só uma questão de quando.

Os pais alertam seus filhos: fracassar é comum. Nossos primeiros passos e nossos primeiros passeios de bicicleta sem as rodinhas de apoio nos dão uma ideia do que é sentir o fracasso, literalmente. À medida que conseguimos ter equilíbrio, os joelhos ralados e o orgulho ferido já não são tão frequentes. Henry Petroski começa seu livro, *To Engineer Is Human*, revivendo essas mesmas histórias infantis, alertando-nos de novo e com um olho de engenheiro, descrevendo um mundo mais reminiscente de London Bridge.

Devido a seu design, a caneta em cima da sua mesa provavelmente durará meses, enquanto seu automóvel o levará do ponto A até o B por muitos anos. O tempo de vida desses objetos é determinado por um equilíbrio entre função, estética e economia. Os engenheiros arbitram essas forças concorrentes quando trazem uma ideia ao mundo material. Essa arbitrariedade, como descreve Petroski, é algo mais próximo à arte do que à ciência, mas, às vezes, Petroski alerta, a arte vem à custa da construção e da engenharia de som.

A construção do Hyatt Regency Hotel em Kansas City exigia um grande átrio com dois passadiços suspensos desde o teto por um conjunto de hastes que atravessavam ambas as estruturas. O mecanismo de uma única haste foi substituído, durante o planejamento prévio, por duas hastes separadas para simplificar a construção ao usar as técnicas de padrões de fabricação. Essa pequena mudança deixou o sistema com uma força que mal podia aguentar o peso do passadiço; com pessoas, o desastre foi total. No dia 17 de julho de 1981, o passadiço desabou, matando 114 pessoas e ferindo outras 200.

Petroski usa a história do Hyatt Regency para ilustrar várias nuances da engenharia. Muitas das partes envolvidas foram negligentes: um teto já havia desabado antes e os comentários dos trabalhadores da construção sobre a instabilidade davam aos engenheiros um grande alerta para reexaminar os planos do passadiço. Nenhuma mudança foi feita. Cartas aos editores das publicações comerciais após o acidente também sugeriam o que pareciam ser alternativas óbvias de engenharia. Esse é o segredo. Conhecer a natureza de um fracasso oferece caminhos alternativos para o problema principal, mas essa visão retrospectiva é um luxo que os engenheiros originais não tinham. Assim, voltemos à ideia da engenharia como arte. O design exclusivo e a construção desses passadiços deixaram os engenheiros trabalharem com uma forma de pensar que era muito perigosa, muito mais do que puderam perceber.

Enquanto o campo de estudos parece estar baseado em fatos e fórmulas, pode-se descrever melhor a engenharia como estando baseada em hipóteses, uma prática de trabalho dos indivíduos que desenvolvem ideias que tentam descrever os fenômenos, mas que precisam de constante reavaliação. Os engenheiros passam muito tempo estudando os erros cometidos por outros colegas. Petroski mostra uma pirâmide em Dashur, no Egito, e sua repentina mudança para um ângulo um pouco mais raso da metade para cima, como um exemplo inicial do método de construção através de tentativa e erro. Os arcos das catedrais europeias mostram um epífano pós-construção parecido. A computação gráfica tridimensional e a análise do elemento finito não evitam o fracasso dos engenheiros de hoje, uma vez que os novos designs aumentam ainda mais as tensões entre os fatores conflitantes. Mesmo sendo uma tragédia inequívoca, o desabamento do passadiço do Hyatt Regency tornou-se um estudo de caso muito valioso, com o qual os futuros engenheiros podem aprender.

"A engenharia, assim como a poesia, é uma tentativa de se alcançar a perfeição."

A expertise de Petroski na análise do fracasso dá lições importantes para aqueles que estão nas empresas. As fórmulas para o sucesso organizacional, seja por determinação própria seja através de sugestões, são, como no design, melhor descritas como hipóteses, exatas sob algumas condições e sempre abertas a reexame. O que os engenheiros chamam de "fator de segurança" e os analistas de estoque chamam de "estoque de segurança" está relacionado com a incerteza das condições por um fio do mundo real ou a um sistema de distribuição. As empresas têm suas próprias versões do "fator de segurança" da engenharia, não importa se isso exige colocar caixas extras embaixo da mesa do expedidor ou incluir alguns dias a mais na promessa de entrega para um cliente devido a variações no centro de distribuição; mas é melhor que tenham certeza de que esses fatores de segurança não deixem as práticas comerciais mais infladas e desleixadas.

Nas empresas, o fracasso é aceito da boca para fora, como uma fase natural no processo de aprendizagem, embora internalizar essa ideia pareça um pouco mais difícil. Os acionistas não mostram boa vontade em relação aos produtos com defeito. Os clientes esperam que seu produto chegue na data prometida e em condições impecáveis. A maioria dos outros livros apresentados nessas páginas mostra os detalhes dos trabalhos nas empresas bem-sucedidas, enquanto o livro de Petroski conta uma história mais complicada sobre o fracasso, através da qual os profissionais das empresas podem encontrar a sabedoria. A lição mais importante é saber dar valor ao fracasso como oportunidade de aprendizado. Fracassar é comum. Não aprender com o fracasso leva as empresas a repetirem os mesmos erros. Na engenharia, essa repetição pode custar vidas; nos negócios, nosso meio de vida.

To Engineer Is Human: The Role of Failure in Successful Design. Vintage Books, 1992.

PARA SABER MAIS >> Página 55, para mais formas sutis de fracasso >> Página 225, para como os gênios podem fracassar >> Página 149, para falha operacional. | E TAMBÉM: *A Evolução das Coisas Úteis* (Jorge Zahar, 2007), de Henry Petroski; *The Logic of Failure,* de Dietrich Dorner*; e Mistaker Were Made (But Not By Me),* de Carol Tavris e Elliot Aronson.

The Wisdom of Crowds

A Sabedoria das Multidões: Por que muitos são mais inteligentes que alguns e como a inteligência coletiva pode transformar os negócios, a economia, a sociedade e as nações. Record, 2006.

JAMES SUROWIECKI

Resenhado por Todd

O campo das narrativas de não ficção estava lotado em 2006, com um grande número de livros publicados que examinavam vários aspectos sobre o processo decisório. *Freakonomics* (Campus/Elsevier, 2007), o enorme sucesso popular de Steven Levitt e Stephen Dubner, pega as ferramentas da "ciência triste" e as aplica de forma inesperada a coisas como as decisões domésticas dos traficantes de drogas (parece que muitos preferem morar com a mãe). *Blink: A decisão num piscar de olhos* (Rocco, 2005), de Malcolm Gladwell, explora as nuances da intuição. Enquanto os dois livros anteriores viam o processo decisório através dos indivíduos, James Surowiecki fez uma abordagem completamente diferente ao analisar o poder do processo decisório dos grupos em seu livro *A Sabedoria das Multidões*.

Surowiecki dá inúmeros exemplos para mostrar quando os grupos apresentam uma solução melhor para os problemas do que os indivíduos. Quando os participantes do programa de televisão "Who Wants to Be a Millionaire?" escolhem ligar para um amigo, a probabilidade de uma resposta correta é de 65%, enquanto se pedirem ajuda ao público, a probabilidade de resposta correta é de 91%, na maioria das vezes. A Iowa Electronic Markets reúne os indivíduos que fazem negócios com base no que acham que acontecerá em várias eleições políticas. Esse método baseado no mercado é, na maioria das vezes, 75% mais preciso do que as pesquisas de opinião e prevê os resultados reais da eleição dentro de uma pequena margem de pontos percentuais.

Sem dizer que o processo decisório em grupo é superior em todas as instâncias, Surowiecki propõe três condições que devem ser cumpridas para que as massas superem seus membros. Primeiro, o grupo deve ser diversificado, uma condição que garante uma grande fonte de ideias e perspectivas. Os membros do grupo devem ter certo nível de independência, uma restrição mais dura, dada nossa natureza social e tendência a seguir as multidões. Finalmente, deve haver um método para reunir as opiniões diferentes do grupo. Por exemplo, os mercados usam o preço para harmonizar as opiniões de todos os compradores e vendedores e determinar o valor.

Quando essas condições são cumpridas, os grupos comprovam que se adaptam bem para lidar com as três categorias dos problemas. O exemplo de ligar para um amigo ou fazer previsões da eleição são o que Surowieicki chama de problemas *cognitivos*, aquelas perguntas que têm respostas definitivas. A solução para o problema da *coordenação* está no mercado de ações, nesse caso casando oferta e demanda. As empresas fazem algo muito parecido ao reunir os indivíduos na busca de um propósito. O mais difícil dos três problemas exige *cooperação* para se chegar a uma solução. Os indivíduos têm dificuldade em ignorar seus próprios interesses e adotar uma visão mais ampla. Pagar impostos ou controlar a poluição são alguns dos muitos problemas que se encaixam nessa categoria.

"O que acho que sabemos agora é que, no final, o julgamento da multidão nos dará a melhor chance de tomar a decisão certa, e em vista de todo esse conhecimento, as ideias tradicionais de poder e liderança devem começar a se tornar mais fracas."

A segunda metade do livro é dedicada aos casos, e três deles lidam especificamente com assuntos de negócios. "Comitês, júris e equipes: o desastre do Columbia e como grupos pequenos podem ser obrigados a trabalhar" é o melhor exemplo da capacidade de Surowieicki sintetizar os assuntos sobre economia, sociologia e psicologia, contando uma história do mundo real. Nesse caso, o foco está na disfunção da Equipe de Gerenciamento de Missão da NASA durante o malfadado voo do ônibus espacial Columbia, em 2003. Desde o começo, Linda Ham, líder da equipe, trabalhou a partir de uma conclusão preestabelecida de que os pedaços de espuma que atingiram o ônibus espacial durante o lançamento não ofereciam risco, ignorando investigações e afirmações contrárias. A ausência de um questionamento por parte da equipe de Ham, apesar das evidências, confirma os estudos realizados pelo cientista político Charlan Nemeth, que descobriu que os júris que levam em consideração a opinião da minoria tomam decisões com base em mais detalhes e usam um processo mais rigoroso para chegar às suas conclusões. As transcrições das reuniões da equipe da NASA mostram que Ham não permitiu a opinião da minoria. Surowieicki também usa a pesquisa do psicólogo Garold Stasser para ilustrar alguns dos problemas de equipes pequenas como essa. No experimento de Stasser, todos os membros de uma equipe recebem duas informações iguais, enquanto alguns dos membros recebem uma ou duas informações adicionais. De forma consistente, as equipes deliberaram sobre as informações comuns e não sobre as informações exclusivas obtidas pela minoria. A tragédia do Columbia poderia ter sido evitada através de um processo decisório mais abrangente, que reunisse todos os membros da equipe ao redor da mesa, permitindo que suas informações fossem compartilhadas e incluídas nas deliberações.

As empresas já estão usando *A Sabedoria das Multidões*. Empresas como Hewlett-Packard, Google e Microsoft estão usando os mercados de decisões internos para prever a demanda dos clientes por seus produtos. A Zara, rede varejista espanhola de roupas, usa o feedback em tempo real de suas milhares de lojas no mundo inteiro e seu conceito de três semanas para o ciclo do produto, a fim de introduzir 20 mil produtos novos a cada ano e produzir o tipo e a quantidade necessários para cada loja, repondo o estoque duas vezes por semana. Mas o uso abrangente das equipes precisa de líderes para entender as armadilhas nas dinâmicas de grupo e garantir que a empresa e seus subcomponentes em geral estejam tomando as melhores decisões possíveis.

Da próxima vez que se deparar com a pergunta: "Como podemos resolver este problema?", a resposta deve ser clara – escute a multidão. Ela consegue tomar as decisões certas e ponto final.

The Wisdom of Crowds. Anchor Books, 2005.

PARA SABER MAIS >> Página 283, para os elementos básicos dos pequenos grupos >> Página 165, trabalhando bem em grupos pequenos, >> Página 253, para a dinâmica de grupos complexos. | E MAIS: *Flavor of the Month*, de Joel Best; *Super Crunchers* (Ediouro, 2008), de Ian Ayres; e *Smart Mobs*, de Howard Rheingold.

PESQUISA DE OPINIÃO COM OS LEITORES

Enquanto escrevíamos este livro, fizemos uma pesquisa de opinião para que os leitores pudessem votar nos livros de negócios favoritos, de todos os tempos. Aqui estão os 10 mais:

1. *A Meta*
2. *Os 7 Hábitos das Pessoas Altamente Eficazes*
3. *Good to Great: Empresas feitas para vencer*
4. *O Gerente Eficaz*
5. *Como Fazer Amigos e Influenciar Pessoas*
6. *O Ponto da Virada*
7. *A Vaca Roxa*
8. *Freakonomics*
9. *O Mundo é Plano*
10. *A Descoberta do Fluxo*

Pesquisa de opinião com os leitores realizada, tabulada e auditada por Kate Mytty.

Made to Stick

Ideias que Colam: Por que algumas ideias pegam e outras não. Campus/Elsevier, 2007.

CHIP HEATH E DAN HEATH

Resenhado por Todd

As ideias são traiçoeiras. Contudo, todos os dias somos chamados para expor nossas ideias para os outros – para nossos funcionários, clientes ou esposas e filhos. Normalmente, as palavras e imagens usadas para expor as ideias desaparecem, bem como as tentativas de ideias, conforme o cérebro de nossos ouvintes filtra a interminável corrente de fatos e opiniões, ideias e conclusões. O desafio está em como fazer sua ideia não desaparecer, e, sim, permanecer.

Em sua infância, o desafio de Kennedy é colocar seres humanos na Lua, uma lição de moral de uma das fábulas de Esopo. Cada uma dessas ideias tem qualidades identificáveis que a fazem permanecer em nossa memória. Chip Heath, professor de Stanford, ficou intrigado durante mais de uma década com o fenômeno através do qual muitas ideias ruins chamam atenção, muitas em forma de mitos urbanos. Dan Heath foi cofundador de uma empresa que produz livros-texto com base em vídeos, e descobriu, enquanto trabalhava com alguns dos professores mais queridos do país, que eles usavam metodologias de ensino quase idênticas. Os dois irmãos uniram seus interesses, teorias e experiências para escrever *Ideias que Colam*, um livro que ajudará qualquer um que tenha uma mensagem a torná-la inesquecível e eficaz. Dan e Chip estabelecem seis princípios básicos das ideias que colam: a simplicidade, o inesperado, o concreto, a credibilidade, a emoção e as histórias.

A memória humana se supera ao lembrar de "coisas" identificáveis como apartamentos de um quarto ou casas de campo de meados do século. O concreto é melhor que o abstrato. Isso explica porque é mais fácil se lembrar de sua casa de infância. Também nos preocupamos com os eventos de nossa infância, associando as festas de aniversário e ossos quebrados com os lugares onde isso aconteceu. Essas emoções provocam fortes lembranças e fazem com elas colem ainda mais. O concreto e a emoção são a marca registrada de uma ideia que cola.

Chip e Dan usam o discurso do presidente John F. Kennedy ao Congresso americano em 1961 para ilustrar outro princípio das ideias que colam: o inesperado. Kennedy cobriu a maioria dos assuntos esperados naquela época: a Guerra Fria, a OTAN e a defesa civil. No entanto, a conclusão do discurso mudou o curso da história americana. Ele declarou: "Essa nação deve se comprometer a

OS SEIS PRINCÍPIOS DAS IDEIAS QUE COLAM:

A simplicidade

O inesperado

O concreto

A credibilidade

As emoções

As histórias

alcançar a meta, antes que essa década termine, de fazer um homem aterrissar na Lua e trazê-lo com segurança de volta à Terra..." Essa declaração não era esperada, e a convocação para uma exploração séria do espaço chamou a atenção do público americano. Mais importante ainda, o desafio criou uma "lacuna de conhecimento", já que a nação se perguntava como faria isso. Essa curiosidade – a lacuna entre o que sabemos e o que queremos saber – foi o que impulsionou os Estados Unidos a mandar Neil Armstrong para a Lua em 1969.

Os provérbios são as ideias perfeitas que colam. No provérbio "mais vale um pássaro na mão do que dois voando", o concreto está muito presente ao se fazer referência a objetos claramente compreensíveis. Uma ideia moral complexa com uma ampla aplicabilidade é comunicada de forma simples, sem o desperdício de palavras. Um sentimento parecido pode ser encontrado em espanhol, polonês e latim medieval. Essa ideia parece ter se originado de "O falcão e o rouxinol", de Esopo, escrito em 570 a.C. Agora, essa é uma ideia que colou.

"Queremos separar as ideias que colam – tanto as naturais quanto as criadas – e descobrir o que as fez ficarem coladas."

Como todos os livros bons, de negócios ou outros assuntos, as histórias são a espinha dorsal de *Ideias que Colam*. Elas trazem ideias para a vida – tanto dos irmãos Heath quanto nossas. As histórias, dizem os autores, agem na mente como os simuladores de voo. Os técnicos que consertam as máquinas da Xerox normalmente compartilham suas histórias com seus companheiros durante o almoço. O que à primeira vista pode parecer uma simples troca de experiências entre colegas de trabalho, é, na verdade, um rico ambiente de aprendizado. À medida que cada técnico conta sua história sobre uma máquina que de repente não está funcionando direito, os outros companheiros visualizam os mesmos problemas, preparando-se para um futuro encontro. Essas histórias dos técnicos da Xerox contêm a maioria dos princípios dos Heaths sobre as ideias que colam. Em cada uma delas, você encontrará descrições concretas dos componentes da copiadora, problemas inesperados e frustrações emocionais. O segredo é continuar a história de forma simples para que mantenha sua essência e seu impacto.

O que os CEOs da *Fortune* 500 e os funcionários de assistência médica têm em comum? Os dois têm o desafio incrível de vender ideias para milhares de pessoas. Seja informando uma correção na direção estratégica ou defendendo comportamentos saudáveis capazes de salvar vidas, somente ao fazer suas ideias colarem você verá que seus esforços valeram a pena. É o mesmo com professores, torneiros mecânicos, gerentes e profissionais de marketing... e, claro, com você também. Todo mundo está vendendo alguma coisa (isso no bom sentido do termo). *Ideias que Colam* dá a você as ferramentas para encontrar mais força para suas ideias.

Made to Stick: Why Some Ideas Survive and Others Die. Random House, 2007.

PARA SABER MAIS >> Página 118, para a inspiração dos Heaths >> Página 91, tornando-se o mais lembrado, >> Página 115, para fazer as pessoas falarem. | E TAMBÉM: *Words that Work,* de Frank Lutz; *Story,* de Robert McKee; e *Start-up,* de Jerry Kaplan.

LIÇÕES APRENDIDAS Provamos nossa teoria: livros de negócios resolvem problemas. Os 89 livros mencionados certamente provam isso. Mas os próximos 11 livros têm uma vantagem adicional: a capacidade específica de serem aplicados com rapidez aos problemas que enfrentamos hoje. É o que toda pessoa do mundo dos negócios ocupada procurava: boas lições.

VOCÊ

The First 90 Days

Os Primeiros 90 Dias: Estratégias de sucesso para novos líderes. Bookman, 2006.

MICHAEL WATKINS

O AUTOR: Michael Watkins é professor da Harvard Business School e faz pesquisas sobre liderança e negociação. É autor de *Right from the Start* (2005) e *Shaping the Game* (2006), além de muitos outros livros sobre negociação comercial.

A MENSAGEM: Uma pessoa comum terá cinco transições – mover-se para cima ou para a lateral – durante a vida profissional, diz Watkins. Ser bom em um emprego não quer dizer que será naturalmente excelente em outro. Mas se você demorar muito tempo para se ajustar ou não o fizer adequadamente, fará uma viagem de volta para baixo na escada do emprego. Watkins criou um roteiro com dez passos para ajudar as pessoas nessas transições com conselhos que podem ser postos em prática e de forma instantânea, e resumidos em diretivas como: promova a si mesmo, crie coalizões e garanta ganhos desde cedo.

ALGUMAS PALAVRAS SOBRE... TRANSIÇÕES

"O presidente dos Estados Unidos tem 100 dias para provar que é bom: você tem 90. As ações que você tomar durante os três primeiros meses em um novo trabalho irão determinar sobremaneira se você teve sucesso ou fracassou. As transições são períodos de oportunidade, uma chance para começar novamente e fazer mudanças necessárias dentro de uma organização. Mas também são períodos de vulnerabilidade aguda porque você ainda não estabeleceu relacionamentos de trabalho e uma compreensão detalhada de seu novo papel."

The First 90 Days: Critical Success Strategies for New Leaders at All Levels. Harvard Business School Press, 2003.

PARA SABER MAIS >> Páginas 237-240 do livro *Os primeiros 90 dias,* para soluções para cinco desafios de transição.

LIDERANÇA

Up the Organization

ROBERT TOWNSEND

O AUTOR: Um golpe de propaganda ousado da Avis em cima da prestigiada Hertz. "Somos apenas a número 2, mas sempre nos esforçamos mais" é característica do estilo de Robert C. Townsend, empregado para recuperar a locadora de carros da crise quando foi o CEO de 1962 a 1965.

A MENSAGEM: *Up the Organization* é a primeira cartilha em ordem alfabética de como conduzir um negócio. Townsend era um executivo relativamente jovem, aos 50 anos, quando escreveu o livro em 1970 e sua energia está impregnada em cada capítulo. Alguns são curtos como um parágrafo, mas todos estão em ordem alfabética, com títulos como: "Orçamentos", "Decisões" e "O que não fazer". A eficácia do livro é resultado direto desse tratamento baseado no senso comum de conselhos importantes sobre negócios. A abordagem de Townsend em relação a seu próprio negócio foi se concentrar na inovação, abolir a hierarquia e encorajar a tomada de decisão de todos os empregados acima e abaixo da linha, e essa filosofia reflete-se aqui.

ALGUMAS PALAVRAS SOBRE... CARGOS

"Cargos ou títulos são ferramentas convenientes: existe uma troca aqui. Por um lado, os títulos são uma forma de compensação psíquica e, se muitos títulos são distribuídos, a moeda fica depreciada. Mas um título é também uma ferramenta. Se nosso vendedor é um vice-presidente e o seu é um representante de vendas e ambos estão em uma sala de espera, adivinhe quem será o primeiro a entrar e a receber mais atenção... Se você achar que não consegue candidatos para empregos mais humildes, talvez seus títulos estejam obsoletos. Um restaurante resolveu um problema crônico da escassez de ajudante de garçom ao trocar o título para 'engenheiro de logística'."

Up the Organization: How to Stop the Corporation from Stifling People and Strangling Profits. Jossey--Bass, 2007.

PARA SABER MAIS >> Páginas 141-159 de *Up the Organization.*

ESTRATÉGIA

Beyond the Core

Além das Fronteiras do Core Business. Campus/Elsevier, 2003.

CHRIS ZOOK

O AUTOR: Chris Zook é sócio da Bain & Company, onde lidera a Prática de Estratégia Global da empresa. É também autor de *Lucro a partir do Core Business* (Campus/Elsevier, 2001) e *Unstoppable.*

A MENSAGEM: *Além das Fronteiras do Core Business* é o volume que faz parte da trilogia de livros de negócios de Chris Zook sobre o crescimento da empresa. Suas pesquisas iniciais descobriram que somente uma em cada oito empresas podia sustentar um crescimento razoável em vendas e ganhos durante um período de mais de dez anos. Em *Além das Fronteiras do Core Business*, Zook examina como empresas inteligentes identificam e se expandem para novas áreas de crescimento fora de seus core business, às quais ele chama de "adjacências". Sua pesquisa identifica cinco dimensões para uma oportunidade de crescimento: clientes, concorrência, estrutura de custo, distribuição e marca. Iniciativas de novo crescimento que somente mudam uma dimensão tinham três vezes mais probabilidade de terem sucesso do que aquelas que mudavam três ou mais.

ALGUMAS PALAVRAS SOBRE... A DIFICULDADE DE ACHAR O CRESCIMENTO
"Apenas 25% dos investimentos em iniciativas de crescimento, a maioria deles verdadeiras expansões de adjacência, criaram valor e se agregaram ao crescimento... O índice médio do sucesso para novos produtos é de cerca de 30%; para uma start-up, abaixo de 10%; para *joint-ventures*, cerca de 20% e para aquisições relacionadas, por volta de 30%. Esses estudos ultrapassam os limites de uma imensa variedade de métodos e qualidade de dados, mas todos mostram como é difícil achar e pôr em prática novas fontes de crescimento na empresa."

Beyond the Core: Expand your Market Without Abandoning Your Roots. Harvard Business School Press, 2004.

PARA SABER MAIS >> Páginas 73-107 de *Além das Fronteiras do Core Business,* para saber o que acontece por aí.

Little Red Book of Selling

O Livro Vermelho de Vendas. Makron Books, 2007.

JEFFREY GITOMER

O AUTOR: Jeffrey Gitomer é consultor de vendas e uma força da natureza. Suas apresentações são famosas. Seu entusiasmo não tem paralelo. Sua intensidade é fora de série. Gitomer é colunista e tem imensa audiência em sua *newsletter* semanal distribuída por e-mail – "Sales Caffeine".

A MENSAGEM: Este livro oferece motivação para você sentir-se renovado na segunda-feira de manhã. Nesse trabalho, Gitomer coletou todas as filosofias dos professores de grandes vendas, adicionou bastante energia através de seu estilo de escrita "com linguagem das ruas" e, como resultado, oferece-nos um livro sobre vendas para nos inspirar quando precisamos daquele empurrão extra.

ALGUMAS PALAVRAS SOBRE... (O QUE MAIS PODERIA SER?) VENDER

"Não venda o produto. Não venda o serviço. Venda o compromisso. Eles não podem empurrar um contrato ou um cheque através do telefone – apenas venda o compromisso."

"O *networking* funciona bem quando se emprega o segredo de uma palavra: apareça. Funciona melhor ainda também quando se emprega um segredo de duas palavras: apareça preparado."

"Vender não é tarefa difícil, é algo que deve tocar o coração. Boas questões chegam ao cerne do problema/necessidade/situação muito rapidamente – sem que o comprador sinta-se como se estivesse sendo pressionado."

The Little Red Book of Selling: 12.5 Principles of Sales Greatness. Bard Press, 2004.

PARA SABER MAIS >> Páginas 124-135 de *O Livro Vermelho de Vendas*, Princípio 8.

REGRAS E SISTEMAS DE PONTUAÇÃO (*SCOREKEEPING*)

What the CEO Wants You to Know

O que o Presidente da sua Empresa Quer que Você Saiba: Como a sua empresa funciona na prática. Campus/Elsevier, 2001.

RAM CHARAN

O AUTOR: Ram Charam é consultor de CEOs e altos executivos das empresas da *Fortune* 500. Como exemplo de status peso pesado, Charan foi a primeira pessoa fora da empresa que Jeff Immelt procurou para atuar como consultor quando assumiu a GE após a saída de Jack Welch.

A MENSAGEM: Este livro, de leitura fácil, oferece um curso relâmpago que Ram Charam chama de "tino para negócios". A primeira metade do livro funciona como um manual, explicando um conjunto de métricas financeiras que os gerentes apreciam como rendimento sobre ativos e fluxo de caixa. Charan, depois, inclui seções sobre negócios internacionais, fazendo as coisas acontecerem, bem como um plano de ação de oito páginas dirigido à implementação do projeto. Novos empregados precisam de duas coisas em seu primeiro dia de trabalho: o manual da empresa e um exemplar do livro *O que o Presidente de sua Empresa Quer que Você Saiba.*

ALGUMAS PALAVRAS SOBRE... NEGÓCIOS E INTUIÇÃO

"Use este livro para aprender a linguagem de negócios. Depois, coloque-o de lado e pratique até que os fundamentos tornem-se instintivos, assim como são para os vendedores de rua. Você descobrirá o senso comum dos negócios e estará no caminho para desenvolver o tino para negócios."

"As pessoas com tino para negócios não memorizam apenas essas palavras, como os termos de um livro didático. Elas entendem o significado real, instintivamente percebem o relacionamento entre elas e os usam para criar um quadro mental. Os verdadeiros homens de negócios combinam elementos de ganhar dinheiro ao de conseguir um entendimento intuitivo do negócio total."

What the CEO Wants You to Know: Using Business Acumen to Understand How Your Company Really Works. Crown Business, 2001.

PARA SABER MAIS >> Leia o capítulo 2 do livro *O que o Presidente da sua Empresa Quer que Você Saiba* para mais informações sobre os conceitos básicos de negócios.

The Team Handbook

Times da Qualidade: Como usar equipes para melhorar a qualidade. Qualitymark, 2002.

PETER R. SCHOLTES, BRIAM L. JOINER E BARBARA J. STREIBEL

OS AUTORES: Brian Joiner e Peter Scholtes foram os primeiros professores do movimento de qualidade durante os anos 1980 e 1990. Muito do trabalho deles defende a filosofia gerencial de Deming que, em parte, apregoa as equipes como sendo essenciais para a melhoria da qualidade.

A MENSAGEM: *Times da Qualidade* estabelece o padrão para um manual funcional que pode ser facilmente empregado no local de trabalho. O livro alcançou essa categoria desde a primeira edição, publicada em 1988. Este não é um livro para ajudá-lo a decidir se você deseja começar uma equipe; ao contrário, é um livro necessário para fazer sua próxima equipe projetar um sucesso. Existe um espaço em branco amplo em cada página para anotações e muitas planilhas de trabalho, que podem ser baixadas on-line, para ajudar sua equipe a prosperar.

ALGUMAS PALAVRAS SOBRE... EQUIPES E GESTÃO

"Para ter sucesso, as organizações precisam confiar no conhecimento, nas habilidades, nas experiências e perspectivas de uma vasta gama de pessoas para resolver problemas de muitas faces, tomar boas decisões e apresentar soluções efetivas... As equipes criam ambientes nos quais os membros podem acompanhar a mudança, aprender mais sobre a organização e desenvolver habilidades colaborativas."

"Uma vez que as pessoas reconhecem que os sistemas criam a maioria dos problemas, elas param de culpar os empregados individualmente. Em vez disso, perguntam qual sistema precisa ser melhorado e qual é o mais provável para se buscar e encontrar fonte verdadeira de melhoria."

The Team Handbook. Oriel Incorporated, 2003.

PARA SABER MAIS >> Leia a introdução do livro *Times da Qualidade.*

A Business and Its Beliefs

Uma Empresa e seus Credos: As ideias que ajudaram a construir a IBM. Mcgraw-Hill, 1963.

THOMAS J. WATSON JR.

O AUTOR: Thomas J. Watson Jr. sucedeu seu pai na direção da IBM em 1952. Durante seus 20 anos de permanência na IBM, ele levou a empresa adiante em várias frentes, inclusive na transição da computação mecânica para a eletrônica.

A MENSAGEM: Em 1962, pediram a Watson que proferisse várias palestras na Columbia Graduate School of Business como parte de uma série de apresentações de palestrantes sobre a gestão de grandes organizações. O livro *A Business and Its Beliefs* surgiu da apresentação de Watson, na qual ele fez uma explanação sobre a filosofia humanística de gerenciamento que definiu a IBM e que gira em torno de três dogmas: respeito pelo indivíduo, oferecer o melhor serviço do mundo ao cliente e a responsabilidade para "*realizar todas as tarefas com a ideia de que elas podem ser alcançadas de forma superior.*"

ALGUMAS PALAVRAS SOBRE... COLOCAR A CRENÇA EM PRÁTICA

"Acredito firmemente que, para sobreviver e alcançar o sucesso, qualquer organização deve ter um sólido conjunto de crenças no qual se baseiam todas suas políticas e ações... Além disso, acredito que o fator mais importante no sucesso de uma organização é a adesão fiel a essas crenças... Por fim, acredito que se uma organização vai enfrentar os desafios de um mundo em mutação, deve estar preparada para mudar qualquer coisa sobre si mesma, exceto as crenças arraigadas ao longo da vida corporativa."

A Business and Its Beliefs: The Ideas That Helped Build IBM. McGraw-Hill, 2003.

PARA SABER MAIS >> Leia as páginas 11-28 do livro *A Business and Its Beliefs,* para informações sobre as três crenças simples da IBM.

Lucky or Smart?

Sorte ou Talento? O que realmente faz a diferença para os empreendedores: Os ingredientes para o sucesso nos negócios. Campus/Elsevier, 2005.

BO PEABODY

O AUTOR: Bo Peabody era o perfeito representante do sucesso durante o *boom* da internet dos anos 1990. Ele construiu a Tripod, uma empresa de hospedagem de site com uma comunidade de 1 milhão de membros e a vendeu por $58 milhões nas ações da Lycos, a qual ele transformou em $600 bilhões, dois anos mais tarde.

A MENSAGEM: Peabody afirma que negócios bem-sucedidos são mais resultado de sorte do que talento. O autor diz que além de estar no lugar certo na hora certa, existe uma coisa que os empreendedores podem fazer para melhorar suas chances: comece empresas essencialmente inovadoras, moralmente cativantes e filosoficamente positivas porque, desse modo, pessoas interessantes vão querer trabalhar com você e os clientes vão querer comprar de você. Empreendedores talentosos reconhecem o papel que a sorte representa no resultado final e ignoram a atenção da bajulação da mídia, que pode desviar a verdadeira razão do sucesso.

ALGUMAS PALAVRAS SOBRE... CASO VOCÊ SE TORNE EMPREENDEDOR

"Quando você olha para as nuvens, qual das seguintes alternativas melhor descrevem os seus pensamentos?

A. Uau, aquela nuvem daria um grande quadro.
B. Hum, como poderia descrever aquela nuvem para alguém?
C. Que pergunta tola. Eu nunca olho para as nuvens.
D. Deixe-me ver. Fico me perguntando se eu poderia fabricar um produto químico que não agredisse o meio ambiente e criasse ou dissolvesse instantaneamente as nuvens dentro de uma área geográfica bem definida.
E. Meu Deus, como será que se formam a nuvens?"

"Se você respondeu D, é bem provável que você seja um empreendedor. Se você respondeu E, continue lendo. Ainda há esperança."

Lucky or Smart? Secrets to an Entrepreneurial Life. Random House, 2005.

PARA SABER MAIS >> Leia todas as páginas do livro *Sorte ou Talento?*

NARRATIVAS

The Lexus and the Olive Tree

O Lexus e a Oliveira: Entendendo a globalização. Objetiva, 1999.

THOMAS L. FRIEDMAN

O AUTOR: Thomas Friedman é o colunista de relações internacionais do *New York Times* e autor de quatro livros. Seu livro de 2006, *O Mundo é Plano* (Objetiva, 2006) – uma máxima para o comércio global sem atritos – havia vendido mais de 2 milhões de exemplares até a época em que este livro estava sendo escrito, e continua a influenciar discussões sobre o assunto.

A MENSAGEM: Friedman garante que no vácuo deixado pela Guerra Fria, a globalização entrou com suas próprias regras e lógica. Essa viagem ao redor do mundo nos mostra como os efeitos da tendência estão evidentes em tudo, da política ao meio ambiente, e na "economia de praticamente todos os países do mundo". Friedman usa exemplos vívidos e bem variados – do enorme Taco Bell em Qatar aos negociantes financeiros anônimos sentados em seus porões, transferindo dinheiro de Frankfurt para Tóquio – para destacar as mudanças na forma como nos comunicamos, investimos e aprendemos sobre o mundo.

ALGUMAS PALAVRAS SOBRE... O ESTADO DICOTÔMICO DO GLOBO
"Fiquei impressionado depois que vi que o *Lexus e a Oliveira* eram, na verdade, símbolos muitos bons dessa era pós-Guerra Fria: metade do mundo parecia estar emergindo da intenção dessa guerra para construir um Lexus melhor, dedicado à modernização, simplificação e privatização de suas economias para ter sucesso no sistema de globalização, e metade do mundo – às vezes, metade do mesmo país, metade da mesma pessoa – foi apanhada pela luta de quem ganha qual oliveira."

The Lexus and the Olive Tree: Understanding Globalization. Farrar, Straus e Giroux, 2000.

PARA SABER MAIS >> Leia as páginas 113-137 do livro *O Lexus e a Oliveira*, para aprender sobre o rebanho eletrônico.

Thinkertoys

Thinkertoys: Manual de criatividade em negócios. Cultura, 1995.

MICHAEL MICHALKO

O AUTOR: Michael Michalko é especialista renomado em criatividade e palestrante frequente sobre o assunto no mundo corporativo.

A MENSAGEM: Michalko desenvolveu as ideias sobre pensamento criativo apresentadas aqui quando ainda era oficial do Exército americano a serviço da OTAN. Ele anteviu uma maneira diferente de olhar para os militares, suas políticas e problemas econômicos. Para encontrar soluções, organizou uma equipe de especialistas e coletou todos os métodos conhecidos de pensamento inventivo disponíveis. Depois que saiu do Exército, pediram-lhe que desenvolvesse um laboratório de ideias sobre pensamento criativo para a CIA. Michalko divide o livro em seções de técnicas lineares e uma seção intuitiva para a geração de novas ideias. Dentro dos 39 capítulos, o autor acrescenta quebra-cabeças, jogos e enigmas para ilustrar suas razões.

ALGUMAS PALAVRAS SOBRE... COMO DESENVOLVER A CRIATIVIDADE

"Cada um de nós deve assegurar nossa própria criatividade individual. Embora muitas facetas da criatividade humana sejam similares, elas nunca são idênticas. Todos os pinheiros são muito parecidos, mas nenhum é exatamente igual ao outro. Por causa dessa gama de similaridades e diferenças, é difícil resumir as infinitas variações de criatividade individual. Cada pessoa tem de fazer alguma coisa diferente, alguma coisa que seja única. O artista, afinal de contas, não é uma pessoa especial; cada um é uma espécie de artista especial."

"Se agir como uma pessoa criativa, você certamente se tornará uma. A importância está na intenção e no processo de mudança para se tornar um ser criativo."

Thinkertoys: A Handbook of Creative-Thinking Techniques. Ten Speed Press, 2006.

PARA SABER MAIS >> Leia as páginas 11-21 do livro *Thinkertoys,* para mais informações sobre a maneira eficaz de estimular sua mente.

GRANDES IDEIAS

More Than You Know

MICHAEL J. MAUBOUSSIN

O AUTOR: Michael Mauboussin é chefe de estratégia de investimentos da Legg Mason Capital e professor adjunto da Columbia Business School.

A MENSAGEM: Os 38 ensaios de *More Than You Know* foram originalmente escritos na coluna "The Consilient Observer" enquanto Mauboussin trabalhava para o Grupo Credit Suisse, uma empresa suíça de serviços financeiros. Consiliência – a ideia de que todo o conhecimento pode ser unificado em um sistema de trabalho único – teve influência muito forte na filosofia de investimento de Mauboussin. Cada ensaio liga uma metáfora acessível a uma pesquisa específica e sua implicação para o investidor. Não se assuste com o ponto de vista financeiro. A essência do trabalho de Maubossin é compreender como os humanos podem tomar decisões melhores – algo útil para todos nós.

ALGUMAS PALAVRAS SOBRE... ABELHAS E MERCADOS DE AÇÕES

"Talvez as maiores diferenças entre a colmeia e o mercado sejam os incentivos e o papel dos preços. Em uma colônia, cada abelha age não para maximizar seu próprio bem-estar, mas, sim, pelo bem-estar da colônia (a evolução moldou esse comportamento). Nos mercados, cada corretor procura maximizar sua própria utilidade. Essa diferença pode tornar as colônias mais poderosas do que os mercados porque elas não estão tão suscetíveis ao feedback positivo que cria a fragilidade do mercado... Além disso, as colmeias não têm preços. Os preços são importantes em um sistema econômico de livre mercado porque eles ajudam as pessoas a determinar como alocar recursos. As abelhas transmitem informações através de suas danças, mas os preços nos mercados geralmente vão além de informar os investidores para influenciá-los, incitando a um comportamento imitativo não saudável."

More Than You Know: Finding Financial Wisdom in Unconventional Places. Columbia University Press, 2008.

PARA SABER MAIS >> Leia qualquer ensaio do livro *More Than You Know*. Alguma coisa você aprenderá.

A ÚLTIMA PALAVRA Agradecemos por você ter lido *Os 100 Melhores Livros de negócios de Todos os Tempos.* Escrevemos este livro para ajudar as pessoas a encontrarem soluções para os problemas nos negócios. Esperamos que você tenha encontrado mais do que procurava. Visite nosso site (em inglês) www.100bestbiz.com para mais informações sobre todos os livros apresentados aqui, com trechos de capítulos, entrevistas com os autores, vídeos sobre os livros e muito mais.

Jack e Todd

Índice

Qual(is) o(s) conteúdo(s) de seu interesse?

Jurídico - ☐ Livros Profissionais ☐ Livros Universitários ☐ OAB ☐ Teoria Geral e Filosofia do Direito

Educação & Referência - ☐ Comportamento ☐ Desenvolvimento Sustentável ☐ Dicionários e Enciclopédias ☐ Divulgação Científica ☐ Educação Familiar
☐ Finanças Pessoais ☐ Idiomas ☐ Interesse Geral ☐ Motivação ☐ Qualidade de Vida ☐ Sociedade e Política

Negócios - ☐ Administração/Gestão Empresarial ☐ Biografias ☐ Carreira e Liderança Empresariais ☐ E-Business
☐ Estratégia ☐ Light Business ☐ Marketing/Vendas ☐ RH/Gestão de Pessoas ☐ Tecnologia

Concursos - ☐ Administração Pública e Orçamento ☐ Ciências ☐ Contabilidade ☐ Dicas e Técnicas de Estudo
☐ Informática ☐ Jurídico Exatas ☐ Língua Estrangeira ☐ Língua Portuguesa ☐ Outros

Universitário - ☐ Administração ☐ Ciências Políticas ☐ Computação ☐ Comunicação ☐ Economia ☐ Engenharia
☐ Estatística ☐ Finanças ☐ Física ☐ História ☐ Psicologia ☐ Relações Internacionais ☐ Turismo

Áreas da Saúde - ☐ Anestesia ☐ Bioética ☐ Cardiologia ☐ Ciências Básicas ☐ Cirurgia ☐ Cirurgia Plástica ☐ Cirurgia Vascular e Endovascular
☐ Dermatologia ☐ Ecocardiologia ☐ Eletrocardiologia ☐ Emergência ☐ Enfermagem ☐ Fisioterapia ☐ Genética Médica
☐ Ginecologia e Obstetrícia ☐ Imunologia Clínica ☐ Medicina Baseada em Evidências ☐ Neurologia ☐ Odontologia ☐ Oftalmologia
☐ Ortopedia ☐ Pediatria ☐ Radiologia ☐ Terapia Intensiva ☐ Urologia ☐ Veterinária

Outras Áreas - ______________________________

Tem algum comentário sobre este livro que deseja compartilhar conosco?

____